国家社科基金重大项目"丝路审美文化中外互通问题研究"（17ZDA272）阶段性成果

广东外语外贸大学阐释学研究院科研项目（CSY-2021-ZD-03）阶段性成果

## 国外文化研究前沿译丛

张　进　主编

# 速度文化
## 即时性的到来

The Culture of Speed:
The Coming of Immediacy

［英］约翰·汤姆林森（John Tomlinson）　著

高红霞　张丹旸　张仲沾　译

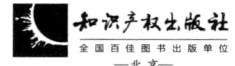
全国百佳图书出版单位
—北京—

English language edition published in 2007 by SAGE Publications Ltd, A SAGE Publications Company of London, Thousand Oaks, New Delhi and Singapore.

© John Tomlinson 2007

本书中文简体字版由 SAGE Publications Ltd 授予知识产权出版社有限责任公司翻译出版，未经版权所有者许可，本书不得以任何形式和途径进行复制和发行。

**图书在版编目（CIP）数据**

速度文化：即时性的到来/（英）约翰·汤姆林森（John Tomlinson）著；高红霞，张丹旸，张仲沾译. —北京：知识产权出版社，2022.11
（国外文化研究前沿译丛/张进主编）
书名原文：The Culture of Speed：the coming of immediacy
ISBN 978-7-5130-8357-7

Ⅰ.①速…　Ⅱ.①约…②高…③张…④张…　Ⅲ.①文化研究—世界　Ⅳ.①G112

中国版本图书馆 CIP 数据核字（2022）第 170174 号

| 责任编辑：刘　睿　刘　江 | 责任校对：王　岩 |
| 封面设计：杨杨工作室·张冀 | 责任印制：刘译文 |

## 速度文化：即时性的到来

[英]约翰·汤姆林森　著
高红霞　张丹旸　张仲沾　译

| 出版发行：知识产权出版社有限责任公司 | 网　　址：http://www.ipph.cn |
| 社　　址：北京市海淀区气象路50号院 | 邮　　编：100081 |
| 责编电话：010-82000860 转 8344 | 责编邮箱：liujiang@cnipr.com |
| 发行电话：010-82000860 转 8101/8102 | 发行传真：010-82000893/82005070/82000270 |
| 印　　刷：天津嘉恒印务有限公司 | 经　　销：新华书店、各大网上书店及相关专业书店 |
| 开　　本：880mm×1230mm　1/32 | 印　　张：9.75 |
| 版　　次：2022年11月第1版 | 印　　次：2022年11月第1次印刷 |
| 字　　数：228千字 | 定　　价：78.00 元 |
| ISBN 978-7-5130-8357-7 | |
| 京权图字：01-2022-5741 | |

**出版权专有　侵权必究**
如有印装质量问题，本社负责调换。

# 关于作者

约翰·汤姆林森（John Tomlinson）是英国诺丁汉特伦特大学（Nottingham Trent University）文化社会学的荣誉教授，是全球化文化研究的权威，曾在欧洲、美国和东亚的许多著名大学讲学。汤姆林森教授的研究兴趣包括当代资本主义的公共文化、速度文化、"即时性"和文化价值观、全球化进程的文化含义、新媒体技术的文化内涵、现代性的社会文化理论、世界主义、国际文化政策辩论、当代中国的文化变革。汤姆林森教授曾在联合国教科文组织、欧洲委员会、英联邦秘书处、日内瓦安全政策中心和北约国防学院等国际公共部门和机构担任全球化、文化和政治问题顾问，对这些机构的思想、政策和实践活动产生过较大影响。他对文化政策及其相关问题进行概念性和语境性分析，通过在各种文化组织开展演讲，塑造文化从业者对全球化文化的理解，为国际机构的决策提供富有价值的参考。有关他工作的文章、简介和采访可见诸日本的《朝日新闻》(the Asahi Shimbu)、中国的《光明日报》、芬兰的全国性报纸，并且在芬兰电视台、芬兰广播电视一台以及意大利国家电视和广播电台（RAI）等媒体也有播放。汤姆林森教授担任《理论、文化与社会》(Theory, Culture and Society)、《国际传媒杂志》(Journal of International Communication)、《全球媒体与传播》(Global Media and Communication)、《国际亚洲研究杂志》(International Journal of Asian Studies）等刊物的编辑顾问委员。

汤姆林森教授从文化的维度研究全球化，主要成果有颇具影响力的学术专著《文化帝国主义》（Cultural Imperialism，1991）、《全球化和文化》（Globalization and Culture，1999）、《速度文化：即时性的到来》（The Culture of Speed：the Coming of Immediacy，2007）。《文化帝国主义》借助福柯的"话语分析"理论和雷蒙·威廉斯关于"帝国主义"的论述，对西方后现代以来的文化帝国主义现象及其话语进行梳理和分析，提出帝国主义被全球化所取代、文化帝国主义也演化为文化的全球化的论点。《全球化和文化》自1999年出版以来已经六次重印，并且被翻译成多种语言。这是一部从社会学的角度研究全球化进程中不同于经济、技术和政治层面的文化的研究著作，分析和阐释全球化在文化领域产生的影响，以及文化在构成全球化推动力方面发挥的作用。汤姆林森教授2007年出版的《速度文化：即时性的到来》，对速度在飞速发展的现代社会中的文化影响和意义进行具有启发性和挑战性的探索。该书成功地将理论论述与对于历史和当下媒介的分析以及对于文学资源的运用交织在一起，旨在解释速度在人们的日常经验中不断发生变化的意义，提供了具有原创性和批判性的学术见解。

汤姆林森教授发表了多篇学术论文，其中具有代表性的有发表在《国际文化研究杂志》（International Journal of Cultural Studies）2011年第4期的《超越连接——文化世界主义和无处不在的媒介》（Beyond Connection：Cultural Cosmopolitanism and Ubiquitous Media）和《新形态》（New Formations）2003年第50期的《全球化议题》（The Agenda of Globalization）。汤姆林森教授撰写的多篇学术论文被其他书籍收录。《文化分析》2012年被《威利-布莱克威尔社会学指南》(*The Wiley-Blackwell Companion To Sociology*) 一书收录;《全球化与文化分析》(Globalization and Cultural Analysis) 2006 年被收录在《全球化理论——方法与争议》(*Globalization Theory: Approaches and Controversies*) 中;《国际政治中的利益和身份》(Interests and Identities in Cosmopolitan Politics) 2002 年被《世界主义构想》(*Conceiving Cosmopolitanism*) 收录;《文化全球化再思考》(Cultural Globalization Reconsidered) 2009 年被《全球化的多面性》(*The Multiple Faces of Globalization*) 收录;《全球即时性》(Global Immediacy) 2008 年被收录在《全球化时代的文化政治》(*Cultural Politics in a Global Age*) 中。

# 致　　谢

这是一本关于速度的书，成书的速度却相当缓慢。早在 2001 年，克里斯·罗杰克（Chris Rojek）就鼓励我关注社会上与速度文化相关的话题，对此我颇为感激。同时，我也很感谢米拉·斯蒂尔（Mila Steele）先生。他起初是我的同事，后来又担任赛吉出版社的编辑。我也很感谢诺丁汉文化分析研究所（The Institute for Cultural Analysis, Nottingham）的同事们，特别是罗杰·布罗姆利（Roger Bromley）先生。他总是在我写作的关键时刻帮我分担学校的行政事务，无论是在精神上还是行动上，都给予我巨大的支持。我也想感谢戴夫·伍兹（Dave Woods）先生、约斯特（Joost van Loon）先生，与你们的讨论总让我大受启发。我还想感谢诺丁汉特伦特大学（Nottingham Trent University）的其他同事，是你们让诺丁汉特伦特大学成为愉快的工作场所。在我创作这本书的时候，很多人给予我诸多鼓励和建议，如大卫·莫利（David Morley）先生、卡斯滕·温特先生（Carsten Winter）、希拉里·斯特拉斯堡（Hilary Strassburger）先生和安德烈亚斯·赫普（Andreas Hepp）先生。同时，我很感谢乌尔里赫·贝克（Ulrich Beck）和大卫·弗里斯比（David Frisby）先生，他们不吝赐教，对未定稿本给予精辟犀利的评论。最后，我非常想感谢张涛（Zhang Tao）先生，他鞭策我在创作过程中不急不躁，一步步完成本书的撰写。

# 目　录

第一章　序言：速度的文化意义 …………………………… 1
　一、何为速度？ ……………………………………………… 2
　二、记录在现代性中的速度 ………………………………… 7
　三、论述框架 ………………………………………………… 14
第二章　机械速度 …………………………………………… 21
　一、机械 ……………………………………………………… 23
　二、进步 ……………………………………………………… 35
　三、金钱 ……………………………………………………… 43
　四、大都市 …………………………………………………… 55
　五、结论 ……………………………………………………… 70
第三章　难以驾驭的速度 …………………………………… 72
　一、时间和空间已不复存在 ………………………………… 72
　二、"肾上腺素飙升"：机械速度的感官享受 …………… 79
　三、速度—英雄主义 ………………………………………… 87
　四、暴力与战争 ……………………………………………… 94
　五、结论：测速摄像头——机械速度的文化矛盾 ………… 111
第四章　即时性的状况 ……………………………………… 118
　一、流动性与轻灵性（Fluidity and lightness） ………… 124
　二、快速资本主义 …………………………………………… 135
　三、即时性：没有进步的速度，没有启程的到达 ………… 149

1

第五章　媒介 …………………………………… 156
　一、协调均衡 ………………………………… 159
　二、即时性与媒介的本质 …………………… 163
　三、不断改变的终端 ………………………… 172
　四、键盘：附记 ……………………………… 180
　五、只有连接 ………………………………… 186
　六、保持联系 ………………………………… 197
　七、结论 ……………………………………… 204

第六章　传输 …………………………………… 205
　一、消费领域的即时性 ……………………… 207
　二、大力刺激消费的即时性 ………………… 212
　　（一）便利市场 …………………………… 215
　　（二）速度快和功能强的媒体技术 ……… 218
　　（三）消费的新科技 ……………………… 222
　三、快速交付：消费者期望的低限 ………… 229
　四、对快速交付的批判 ……………………… 234

第七章　减速？ ………………………………… 238
　一、"慢运动"的意义 ………………………… 238
　二、慢价值观 ………………………………… 244
　　（一）节制与忍耐 ………………………… 244
　　（二）专注与平衡 ………………………… 248
　三、结论：探索速度中的闪光点 …………… 252

参考文献 ………………………………………… 260

英文版索引 ……………………………………… 284

# 第一章 序言：速度的文化意义

王子们关于社会观察发表言论是罕见到足以引发关注的事情。因此，当威尔士亲王、英国王位继承人查尔斯王子在英国广播电台说"现在的社会变得浮躁，我们需要一种更加温和、平静的生活方式"时，媒体对此广泛报道。查尔斯王子沉思："我们的目标似乎是追求更快，但是我经常在想我们究竟能有多快？"❶

对于处于特定人生阶段的人来说，这种观察非常普遍，可能像对过去的回忆一样转瞬即逝。人们对当下生活的世界有这样的感受：与年轻时候或者父母所描述的世界相比，生活节奏加快、压力激增。"过去的雪今朝何在？"（Où sont les neiges d'antan?）当然，查尔斯王子的言论带有主观性和印象主义色彩，而且不乏怀旧成分，正如理查德·桑内特（Richard Sennett）的智慧之言"查尔斯王子是多么感性啊！"从有机农业到建筑业，查尔斯王子因为对许多事情的独特看法而家喻户晓，这些社会观察绝非陈词滥调，反映出相当复杂的文化保守性。他对生活节奏的看法涉及文化政治，表现出对当下思潮的认可，不仅惋

---

❶ 这句话出自 2005 年 9 月 11 日宗教广播《颂歌》。与英国南部相比，它描述的是北方相对缓慢的生活节奏。史蒂芬·贝茨："查尔斯主张高速发展的英国要向北方学习。"（载《卫报》2005 年 9 月 12 日第 4 版）

惜我们已经失去的世界,而且渴望改变我们现有的世界。

这种思潮在现代工业社会伊始已经出现,并且在 21 世纪之交形成组织形式稳固的"慢速运动"。但是一直以来,它处于弱势地位。虽然很多人经常抱怨生活节奏变快,并尝试放缓生活节奏,但是到目前为止,慢速运动的理念还未转变成一种积极的社会哲学,取代速度在文化想象中的核心地位。文化现代性的主旋律一直是加速而非减速。

本书旨在探讨速度占据现代社会文化想象的不同方式,以及文化想象在近年来发生决定性转变的方式。在此过程中,需要仔细思考查尔斯王子言论的深层含义,"一种更快的生活节奏"并不是人类学上的代代相传的恒久不变的东西,而是某种偶发的事件状态,也就是在当今社会出现并加速发展的即时性的巨大转变。为什么会出现这种情况?在现代性来临之前,在文化层面,速度并非属于未被注意的现象。那么,为什么速度体验对当今社会影响如此深远?对于速度问题的讨论很广泛,却很少严格地理论化,速度和文化现代性的联系值得深入讨论。我们可以先从一些概念的澄清入手。

## 一、何为速度?

首先,速度意味着快。英语单词"speed"(速度)有两层含义,不仅表示某个事件或运动的相对速度,能够大致计算出来(如从低速到高速的转变),还可以特指快速。速度的含义很有意思,有人可能认为速度概念指的是速度的增长。从文化分析的角度来看,速度指的是"迅猛的"(rapid)速度,其增长显著,这是速度的主要含义。当然,并不是说运动缓慢的事物没有意义,例如"冰川时间"(glacial time)的概念用于表示

第一章　序言：速度的文化意义

对传统文化的态度和价值的缓慢变化速率。但是毫无疑问，速度的增加确定了现代性的文化。事实上，现今我们看到的"慢食运动"（slow food）和"慢城市运动"（slow cities）只有在速度广义定义（速度意味着迅速）下才能体现慢节奏生活方式的短期效益。

速度与物理运动之间的关系是下一个需要阐明的问题，它能让我们对速度有一个最普遍、最直接的认识，例如"快速奔跑""快速行驶的汽车"以及最精简的数学定义，即速度是距离与时间之商（速度＝距离÷时间）。当然，速度与运动之间的关系至关重要并且对于现代性有独特的文化意涵，其中机械化在人口流动中的应用尤为显著。然而，基于文化分析的目的，速度还存在另外一种实用的定义。这一定义不仅表示事物的运动，还表示某一事件出现的概率。在讨论生活节奏越来越快时，我们主要考虑的是速度的广义定义。对于"生活速度"（speed of life）的体验是指事情发生在我们身上（或者将要发生）的概率以及我们生活节奏的转变。因此，通常而言，"生活节奏越来越快"意味着我们的生活挤满了很多事情并且需要消耗精力、时间以及情感来处理它们。

当然，这种较为宽泛的定义涵盖很多物理层面上的速度。实际上，当我们感觉要做的事情太多或者时间不够时，我们实际上可以更快地移动身体，例如，以更快的速度行走。机械化交通速度的体验已经融入我们的日常生活，并且会让我们感受到生活节奏的加快、压力的增大。一般情况下，在我们开车去上班时通常涉及对家和公司之间路程和时间的估计，通常会精确到几分钟，这种估算一般精准无误。因此，交通拥堵、道路施工、其他司机的影响或者机械故障等意料之外的因素可能让往返于家和工作单位的上班族感到焦虑，因为他们会想一天的工作还没有开始就已经被毁了，工作安排无法按时完成。为了说明超速驾驶、暴躁驾驶以及压力驾驶，甚至像"路怒"（road rage）这样的极端现象，也许我们必须从驾驶员心理的即时环境中抽离出来，跳出人类—机器的环境，思考这些现象如何在形式上和我们现在的"快节奏"生活方式融为一体。

作为物理运动的速度通常与作为偶发事件速率（rate of incident）的速度联系在一起。然而，我们会更加直观地感受到表示偶发事件速率的速度。当然，在不用离开办公室的情况下，我们可以感受到时间的压力、紧迫、匆忙，所有这些感受都是文化现象而非物理描述。并且，当我们尝试解释媒体科技与人们日常生活的融合时，我们所谓的"久坐不动的速度"（sedentary speed）变得日益重要。因此，要想从广义层面理解现代速度文化，我们需要在一个大背景中理解速度，即我们日常生活中包含形形色色的生活方式和不同的事件。这些生活方式有的涉及身体运动而有些最好从速度加快的体验中来理解。

第三个基本问题与如何看待文化速度有关。批评或者支持生活节奏加快的人都存在，但是很少有人能够做到不偏不倚。速度一直与文化价值息息相关。但是，与当今社会中的其他事物一样，速度的价值归属问题并非直截了当。速度具有多面性，既能产生快乐也能带来痛苦，既能产生兴奋也能带来压力，既能带来自由也能造成禁锢。对于我们来说，速度产生的这些影响深深地交织在一起，在某种程度上，无法判断生活节奏加快到底对我们有利还是有弊。有时候我们只能耸耸肩说"当今的生活方式就是如此"，或者在以市场为导向的利弊权衡中得出结论。

# 第一章 序言：速度的文化意义

当我们用语言来描述速度时，经常可以发现速度价值的模糊性。至少在英语中，速度这个术语具有丰富的含义，富于差异的内涵和派生表达，似乎反映我们对于速度的复杂感受。

一方面，有很多术语表明人们对快节奏生活文化的不认可，或者至少有这种"嫌疑"。说话速度过快的人可能思维敏捷，也可能被怀疑有欺诈意图，或许想要花招瞒天过海，几乎毫无疑问，他想赚取快利。与之相似，与"慢工出细活"的工作节奏相比，过快完成工作会被认为是粗制滥造。纵情于"快"（quickie）——无论是沉迷于酒精还是性的"快感"——都指向内心屈服于欲望和诱惑，很难被大众接受。

然而，这种文化上对于速度的不认同并非等同于直接拒绝速度的价值。如果伊索寓言中的乌龟最终因为赢得了比赛而获得道德上的认可，那是因为兔子过于自信和懒惰，并非人们不认可兔子与生俱来的速度。因此，"欲速则不达"是为了警示考虑不周，把精力和时间都用错了方向，而不是为了抨击速度本身。

另一方面，实际上，关于速度还有很多积极的联想意义，可以追溯到像成功、繁荣这些古老的意思，例如"上帝保佑你一路顺风"（God send you good speed）、"活着的和死去的"（the quick and the dead）中"快"意味着"活着"。速度关于活力和生活能量的联想意义都融入当代语言中，敏捷（思维敏捷、快速领悟）就是充满生机、警惕性高以及智力超群，这样的人在生活中很容易成功，事业和生活都更容易走上快车道。如果我们想要这种事业和财富方面的成功，我们需要"加速"跟上我们工作领域的发展。这里的潜台词是生活就像一场关于成就的比赛。当然，我们可能不赞成这种生活态度，它是西方

5

资本主义消费主义"阴险的"意识形态中的一部分，或者简单来说，是对现代社会"激烈竞争"不假思索的顺从。如果速度背后的文化内涵皆是如此，快节奏的生活方式很难被认为是一个特别富有或者高尚的生活。然而，这忽视了速度的存在主义含义，速度与存在之间的联系经常表现为物质积累这种庸俗的形式。

例如，在《牛津英语字典》中，"加速"（to quicken）意味着"赋予生机或者活力""注入能量"。在古老的用法中，它指的是点燃火焰，使火燃烧得更加旺盛——在某种意义上，意味着给世界带来光明。当圣母玛利亚感受到"子宫的脉动加快时"，这是她从神奇受孕以来第一次感受到胎儿的运动，这是一个具有灵性的生命的象征。毫无疑问，这些关于速度的联想意义和当代社会中速度的含义相去甚远。尽管如此，它们指出了速度、精力、活力、生命力和创造力之间的联系。

对于犹太教和基督教的传统来说，速度的含义可能更加特殊。众所周知，懒惰被圣托马斯·阿奎那（St Thomas Aquinas）列入七项致命的原罪之一。然而，"七罪"并不包含"急躁或冲动"。虽然性情急躁（quick tempered）和"七罪"中的愤怒非常相似，并且与上帝的仁慈相悖，上帝"观万物于永恒相中"（*sub specie aeternitatis*），当然不会轻易动怒（slow to anger）。

除了这些特点之外，速度与活力和生机的联系似乎更加普遍。在大多数文化中，速度是体力和运动成就的衡量标准。起初，跑步是古代奥林匹克运动会中唯一的赛事项目。但是更加重要的是，在生活中能够保持快节奏，从某种程度而言，意味着能够充分利用有限而难得的资源，或者实现人类的潜能（至少不会沉溺在懒惰的温床中），这是一种公认的优秀品质。

然而，要从关于"速度"的常用文化表达中汲取任何深刻教训可能是不太明智或者过于轻率的做法，但是，的确有两个重要的问题值得深思。首先，对于速度的价值和态度会发生怎样的变化；其次，新的观念甚至是速度与社会美德相关的文化内涵如何取代以前对合适的生活节奏的固有观点。我们将在这本书的后面讨论这两个问题。但是，迫在眉睫的问题是，在某种程度上，在现代复杂的文化话语中，这些差异巨大、充满悖论并且经常与一般看法和共同价值观相左的文化话语是如何变成具有一定连贯性和潜在意义的叙述话语。

## 二、记录在现代性中的速度

这里必须强调一点，关于速度的叙述并非社会或文化理论分析直接塑形的结果。令人好奇的是，速度虽然处于现代社会文化体验的中心，但在主要的社会科学论述中，从来没有把速度作为一门独立的科学进行讨论。古典社会学家见证了 19 世纪社会速度和物理速度发生的深刻历史转变，但在他们的著作中，速度现象顶多是论证其他问题的附属品。

在涂尔干（Durkheim）看来，如果不将速度看成发达社会劳动分工特征的一部分，速度会被完全忽视。马克思对于速度的关注很多，在其最著名的《资本论》（*Capital*）和《政治经济学批判》（*Grundrisse*）中讨论了在整个资本循环理论体系中"资本周转时间"速度对于盈利的重要性，在《政治经济学批判》中，马克思写了这样一段话：

既然资本为了从这些规定中的一个规定转变为另一个

速度文化：即时性的到来

规定所经过的道路构成流通的各阶段，而这些阶段是要在一定期间里通过的（甚至距离也归结为时间，例如，重要的不是市场在空间上的远近，而是商品到达市场的速度，即时间量），那么，在一定期间能够生产出多少产品，在一定期间资本能够增殖多少次……就取决于流通的速度，取决于流通经历的时间。❶

在该书下一页的一段著名段落中，马克思阐述了代表资本主义内在加速和全球化发展趋势的更加普遍的观点：

资本一方面要力求摧毁交往即交换的一切地方限制，征服整个地球作为它的市场，另一方面，它又力求用时间去消灭空间，就是说，把商品从一个地方转移到另一个地方所花费的时间缩减到最低限度。资本越发展，从而资本借以流通的市场，构成资本流通空间道路的市场越大，资本同时也就越是力求在空间上更加扩大市场，力求用时间去更多地消灭空间。❷

显而易见，对于马克思来说，速度不仅在政治经济学理论中的地位至关重要，而且对于理解现代空间秩序的发展和新型科技（尤其是通信和交通系统）的兴起意义重大。在《共产党

---

❶ Karl Marx. Grundrisse [M]. London: Penguin, 1973: 538. 此处引用译文来自：马克思恩格斯全集（第30卷）[M]. 中共中央马克思列宁恩格斯斯大林著作编译局，编译. 北京：人民出版社，1995：536.

❷ Karl Marx. Grundrisse [M]. London: Penguin, 1973: 539. 此处引用译文来自：马克思恩格斯全集（第30卷）[M]. 中共中央马克思列宁恩格斯斯大林著作编译局，编译. 北京：人民出版社，1995：538.

## 第一章 序言：速度的文化意义

宣言》的一个著名段落中，马克思和恩格斯在讨论资产阶级时代的动荡和发展活力时暗示了文化加速的背景：

> 生产的不断变革，一切社会状况的不停动荡，永远的不安定和变动，这就是资产阶级时代不同于过去任何时代的地方。一切固定的僵化的关系以及与之相适应的素被尊崇的观念和见解都被消除了，一切新形成的关系等不到固定下来就陈旧了。一切等级的和固定的东西都烟消云散了。❶

但是在所有这些情况下对于速度的指代都有模糊不清的现象，对于速度的感受之所以被关注，主要是因为速度是时代舞台剧的一道背景：资本主义经济富有活力但充满矛盾的发展特点以及资本主义中的阶级对立是这个背景的内在物。

在经典社会学家中，只有马克斯·韦伯（Max Weber）在讨论官僚主义组织的本质时，才把速度作为现代生活中的一个维度，并给出了最清晰的解释。在《经济与社会》（*Economy and Society*）一书中，他将这种"理想型"组织形式的社会关系与机器的特征进行了比较：

> 成熟的官僚机构与其他组织的关系就像机器和非机器生产方式一样。精准、快速、清晰明确、熟悉程序、可连

---

❶ Karl Marx, Friedrich Engels. Manifesto of the Communist Party [A] //Lewis S. Feuer. Marx and Engels: Basic Writings on Politics and Philosophy. London: Fontana, 1969: 52. 此处译文来自：共产党宣言（纪念马克思诞辰200周年特辑）[M]. 中共中央马克思列宁恩格斯斯大林著作编译局，编译. 北京：人民出版社，2018：30-31.

续性、考虑周到、协调统一、严格服从、减少材料磨损和个人成本，所有这些因素都在严格的官僚体制中极其重要。❶

马克斯·韦伯进一步谈论到，在现代官僚体制中，特殊神宠论（particularism）已经被破除，像大学机构这样传统组织中固有的人际冲突和妥协让步已经不复存在，"公务处理越来越精准，速度也越来越快"❷。实际上，这种说法从经验上看未必正确，但已经无关紧要。正如弗兰克·帕金（Frank Parkin）所说的那样，"现实生活中的官僚机构并不符合韦伯提出的"精准、快速和清晰明确"，反而更可能是"烦琐、缓慢和混乱不堪"❸。虽然韦伯对"理想型"官僚机构的构建论说富于认识论色彩，但是他对官僚制的论述见解独特。正如我们将要看到的那样，他对于官僚制的讨论是现代性广义文化想象的自反性构成因素（a reflexive constituent），其中速度与理性、进步、秩序和管理密切关联。像马克思一样，对于速度的联想意义而言，韦伯对速度的论述至关重要，但是他的论述局限于对偶然事件的关注。

因此，我们可以合理地认为，如果那些著名的系统理论社会学家的理论著述并不认为社会速度的加快是理所当然的，至少在社会分析中，他们认为速度与构成现代性的社会动力（工

---

❶ Max Weber. Economy and Society（Vols 1 and 2）[M]. Guenther Roth, Claus Wittich. Berkeley：University of California Press, 1978：973.

❷ Max Weber. Economy and Society（Vols 1 and 2）[M]. Guenther Roth and Claus Wittich [eds]. Berkeley：University of California Press, 1978：974.

❸ Frank Parkin. Max Weber [M]. London：Tavistock, 1982：36.

业生产、资本主义、个人主义）和社会背景（大众社会、城镇主义、理性主义和个人主义）密不可分。在现代化的当下阶段，为了真正理解速度的社会体验，我们需要从系统理论学家转向像乔治·齐美尔（Georg Simmel）那样的"社会印象派"❶理论家。

齐美尔1900年出版的《货币哲学》一书最后一章涉及很多关于现代社会生活节奏以及生活节奏转变的重要论述，专门列出一节讨论"生活节奏的转变以及货币供应量的变化"。❷ 在该章节中，齐美尔分析了"在特定时期金钱在决定生活节奏方面具有重要性"。他认为，总的来说，货币供应量的增加、流通速度的加快以及货币的区域累积，对经济和心理都会产生较大的影响。动态货币经济加剧现代生活的焦躁不安，在提高生活的丰富性和多样性的同时，产生"持续的无序感和心理冲击"，随后可能导致"精神崩溃、失去理性以及心理压抑"。他列举了一个关于证券交易方面的非常生动的例子：

> 证券交易工作人员的情绪在喜悲中起伏不定，他们的神经高度紧张，需要对可以预见或者无法预料的事情迅速做出反应，精准捕捉影响情况变化的每个因素然后又重新洗牌，如此种种都是生活节奏急剧加快的表现，股票的上下波动伴随着他们内心的狂热躁动以及大起大落的情绪波

---

❶ 来自弗里斯比1991年的著作《社会学印象主义》（*Sociological Impressionism*）。

❷ Georg Simmel. The Philosophy of Money [M]. Trans. Tom Bottomore and David Frisby. London: Routledge and Kegan Paul, 1978 (First published in 1900): 498–512.

动，在整个过程中，金钱对心理活动的影响具体而清晰。❶

然而，即便在齐美尔对文化极其生动并且富有洞察力的文章中，速度似乎只是他在详细讨论其他现象时的一个辅助方面，例如他对于货币的研究以及社会潮流的分析中都提及速度的深刻意义。虽然时尚现象有一个重要的点，即"短暂性和易替代性"，但是对于齐美尔而言，时尚的本质就在于这两者之间的矛盾，事实上"虽然每种时尚都希望经久不衰，但实际上它只能转瞬即逝"❷。类似地，随着现代生活节奏的加快，在一篇类似的文章中，齐美尔也关注速度问题。但在该文章中，速度并非文章探讨的中心而被用以暗示从农村到城市生活过程中人们的心理变化："纷至沓来和不断变化的图像"以及都市生活中的"各种突如其来的印象"。❸

除了极少数情况，整个20世纪的社会和文化理论都没有直接讨论加速的问题。阿尔文·托夫勒（Alvin Toffler）的畅销书《未来的冲击》极其罕见地讨论生活节奏加快的问题。在某种程度上，这一讨论可以明确表明"心理学家和社会学家都没有关注速度问题"。❹ 富兰克林学派批判启蒙运动的遗迹中也很少提及速度。事实上，诸如功能主义者、结构主义者以及后结构

---

❶ Georg Simmel. The Philosophy of Money [M]. Trans. Tom Bottomore and David Frisby. London：Routledge and Kegan Paul，1978（First published in 1900）：498 – 506.

❷ Georg Simmel. The Philosophy of Fashion [A]. Trans. Mark Ritter and David Frisby//David Frisby，Mike Featherstone. Simmel on Culture. London：Sage，1997（First published in 1905）：203.

❸ Georg Simmel. The Metropolis and Mental Life [A]. Trans. Hans Gerth//David Frisby，Mike Featherstone. Simmel on Culture. London：Sage，1997（First published in 1903）：175.

❹ Alvin Toffler. Future Shock [M]. London：Pan，1971：42.

# 第一章　序言：速度的文化意义

主义者都忽视了速度的问题。即使在海德格尔、萨特或者梅洛庞蒂的存在主义现象学中，分析人类环境的关键在于其与时间和空间的本体论维度关系，然而这些维度中最重要的一点——速度体验，却被忽视了。也许，更让人惊讶的是，无论是马克思主义还是后现代主义大量的文化研究语料库中，大众文化文本中关于速度的大部分表述几乎都没有对速度进行批判性认识的论述。归根结底，20 世纪末主要分析的问题是全球化。全球化理论关注的核心在于社会对时间和空间挤压的复杂性，但是全球化动态中的速度问题仍然未能引起足够的注意。

当然，并非毫无例外。❶ 但是我认为，这并不意味着，在任何情况下，20 世纪关于社会和文化分析的主要趋势与速度相对立。实际上，20 世纪初和 20 世纪末这两个重要的时间节点奠定了关于速度的主要基调。20 世纪初的速度和 20 世纪末的速度完全不同，但与主流文化方向一致，尤其是以马里内蒂（Marinetti）为代表的意大利未来主义者对机械速度夸大其词的描述。他们认为机械速度虽然在随后的文化想象中具有重要意义，但是在政治和知识界，它刻意与严谨的现代化分析趋势相背离。我们在第三章可以看到这一点。20 世纪末，保罗·维利里奥（Paul Virilio）的文章对速度、权力和暴力大肆批判，风

---

❶ 对于速度问题的看法隐含在社会理论对待时间的观点中（亚当，Adam，1990，1998；哈萨德，Hassard，1990）在很大程度上也的确如此，正如在时空压缩的社会理论分析中所表明的那样（吉登斯，Giddens，1984，1990；哈维，Harvey，1989）。关于现代时间组织的批评文献中有更明确的处理方法，例如里夫金（Rifkin，1987）和埃里克森（Eriksen，2001），在文化史方面，例如克恩（Kern，2003）（初版于 1983 年）跨越 19 世纪末的开创性工作。还有一种有趣的新闻类型，例如，格雷克（Gleick，1999）和克雷茨曼（Kreitzman，1999）。毫无疑问，我无法全面覆盖各个领域，我也不想将此书写成百科全书。本书的重点在于关注：与现代性条件下其他以前的职业相比，社会科学对速度的研究兴趣并不浓厚。

格独特,与马里内蒂的自夸形成鲜明对比。在当今社会谈到速度和文化的关系时,人们就会想到维利里奥。正如他所说,他的研究是在相对孤立的环境中发展而来。1991年,在尼尔·布鲁格(Neils Brugger)的采访中,他如此说:

> 除了我,没有人认为速度是社会发展的决定因素。作为一名社会分析学家,我不希望唱独角戏而是想参与到对话中去。在过去的25年里,我的作品无人问津。证明速度是社会的决定性因素需要证据,而探寻证据一开始就让我疲惫不堪。❶

然而,在很大程度上,文化现代化的学术资料已经将速度纳入其他领域,但这并不意味着现代化的文化文本中没有出现速度。实际上,速度不仅根植于文化文本中,而且存在于现代作家和艺术家的创作想象中,更重要的是存在于书面和非书面的"习以为常的叙述"(institutional narratives)中,并且被赋予现代化的体验形态、意义和价值。本书的写作目的就是探讨这种文化对于速度的叙述。

### 三、论述框架

本书的框架结构简单清晰。实际上,我将讲述三个故事。或者,准确地说,我将尝试追溯当代关于速度的两种既有叙述,然后讨论近期出现的关于速度的第三种叙述。在第一个故事中

---

❶ Paul Virilio. Perception, Politics and the Individual (interview with Neils Brugger) [A] //John Armitage. Virilio Live: Selected Interviews. London: Sage, 2001: 82 – 96.

第一章 序言：速度的文化意义

（第二章），速度出现在占主导地位的对现代性含义进行制度化理解的背景下。例如，机械主义对自然的征服、对开放式发展的坚定信念、资本主义市场经济不可阻挡的发展势头，以及从农业—农村到工业—城市背景下文化的巨大转变。这个故事的本质在于，在一个理性监管的文化中，如何约束经济与社会现代性中固有的暴力或者不稳定的冲动因素，速度是最主要的标志。我认为，这个故事在塑造速度的文化内涵时是最成功的。虽然学者最近对此问题缺乏信心，但是这种速度对政治领导人的公众话语以及许多普通人的日常理解都会产生巨大影响。

在第二个故事中（第三章），速度摆脱了约束与规范出现在人们面前。这一章的重点是探讨速度的风险、危机以及速度隐含的暴力倾向与速度带来的感官美学体验和快感之间复杂而潜在的联系。在这个关于速度的论述中，涉及一系列激进、反抗的冲动，"挑战"习以为常的现代化秩序。因此，基于这种对速度的叙述，一种形式和内涵都"难以驾驭的"速度应运而生。这种对速度颠覆性的认识，把享乐主义和某种特殊的存在英雄主义（existential heroism）联系在一起。这种对速度的叙述徘徊在激进和混乱的边缘。

由于内在的不稳定性，第二种叙述从未取代第一种话语的主导地位。尽管不断受到被吸收和合并的威胁，"难以驾驭的"速度在20世纪的大部分时间里牢牢地控制着文化的想象力。所以这两个故事是共存共生的关系，但由于速度的复杂诉求跨越文化现代性的其他断层，例如那些政治上的"左派"和右派之分。葛兰西（Gramsci）是未来主义的早期崇拜者，尽管未来主义有激进的法西斯倾向以及接受泰勒主义（Taylorism）关于"科学的"速度规范论调。

事实上，关于速度的这两种叙述最后都没有能够成功，因为现代速度文化事件和速度文化的新环境将取而代之。这一论述的前提也是本书的中心论点，即我们可以发现全球化和远程通信社会中的一种新型文化准则。我将利用这个术语的模糊性，它就是我称为"即时性"（immediacy）的东西。

"即时性"并非早期现代速度文化的延续。在某种程度上，"即时性"源于与现代化机构和科技技术相关的实践、过程和体验的普遍加速。直到最近的几十年，才出现不受约束的速度和难以控制的速度这样的话语来解释"即时性"。在很大程度上，由于远程通信的影响无处不在，"即时性"改变了来自速度影响的文化术语，打破了早期的观点并且注入新的现实意义。在这一过程中，"即时性"的新条件会产生新问题和可能性，取代早期速度文化的相关问题。本书后面的大多数章节旨在理解"即时性"的到来以及"即时性"更广义的文化意义和价值内涵。在第四章，我简要勾勒"即时性"环境的一些主要指标以及理解"即时性"形成的一些文本框架。在第五章和第六章，我分别探讨特定背景下"即时性"的内涵、日常生活中远程通信的意义以及文化商品化的变动形式。

在本书的最后一章，我简要回顾本书开头讨论的问题：社会和文化减速（deceleration）的可能性。在该章节中，我们会简明扼要地谈论减速的问题以及当代对于"慢运动"（slow movement）的讨论，但是我们更加关注文化价值的广义问题。除了关于现代化生活节奏减慢的实际性问题外，我们会探究一个更加复杂的问题。总而言之，减速是件好事。

# 第一章 序言:速度的文化意义

**附注**(The Small Print)

设定一些限定性条件和附带条款会模糊序言中提出的目的。但是本书涉及的讨论范围和概论非常宽泛,我不得不在本书一开始就做出一些界定。虽然本书大部分的篇幅讨论关于文化社会学的问题,但是我所偏爱的文化分析风格运用跨学科的分析方法,论述时选择的文本材料的来源和例子也不受约束。这总是冒着侵入的风险,挑战那些对特定案例或不同理论方法的复杂性有更深理解和了解的专家。在某种程度上,这是一种恼人的方式。但在本书的分析模式中,这是必须要承担的风险,因为过于保守将会一无所获。另外,在最开始的免责声明中提出这几点,目的就是未来避免误解。

第一个问题就是讨论过程中的文化—地理范畴,这确实与"全球现代性"这一概念相关的范围大抵相同。我所关注的文化模式、文化力量和文化体验以及讨论时所选的例子主要来源于西方发达的工业经济体系。不论好坏,在某种程度上,这些文化轨迹已经成为一种世界文化的发展方向。非西方社会与日俱增的城镇化、工业化体验与本书的讨论也有关联。但是,本书没有讨论速度和即时性体验的差异性,这种差异性可能与资本主义全球化内在的经济不平等及经济失衡相关,也可能与其独特的文化背景相关,并且以西方经验意想不到的方式影响现代性,我之所以没有涉及这个问题是因为它超出了我们的讨论范围。

第二个是科技问题。在某些章节,尤其是在第五章和第六章关于新媒介科技的讨论,速度的讨论涉及科技的文化接受问题,我将讨论转移至科学社会学、技术处理和人工制品之间的本质特征，尤其是对社会和科技之间的联系进行探究。在过去几十年，对于这些问题的争论一直如火如荼，不仅挑战我们对科技本体论（ontological status）的理解，而且影响我们对社会因果关系、"行为者网络理论"（Actor Network Theory）以及超越人类世界之外的主体属性等深奥问题的理解。

为了清楚起见，我一般都避免卷入这些深奥问题的辩论之中。我觉得这样做是对的。这是因为我讨论的重点不是技术影响社会的确切方式，而是作为文化加速的"载体"，技术在我描述的广泛叙事中被接受和被阐释的方式。这是完全不同的问题。然而，我的讨论并不是在所有这些点上都是不可知论，特别是在"技术决定论"（technological determinism）这个关键问题上。在讨论中这个问题最突出的地方——尤其是在第六章——我试图就其中的一些辩论阐明我的立场。

然而，可以这样说，整体上，我采纳了一个非常传统的社会学研究态度，可以归纳如下：技术决定论认为在社会的生产和实践过程中，技术扮演着重要角色（并不是说，唯一决定性因素），并且社会实践和社会关系存在明显缺陷。这是因为除了融入其他领域（主要是政治文化和经济方面的问题，以研究和发展为重点并且关注将其转化为技术"产品"），科技从未作为独立的问题被单独讨论过。然而，这似乎并不合理，因为这些观点的提出者是坚定的社会建构者（social-constructivist），他们认为新型科技所具有的新型物质特点应该被解读成社会功能或者文本构建，毕竟，这些新型特点是科技令人着迷的关键。在我看来，这不仅将社会建构主义的地位上升到一种令人难以置信的程度，而且与普通人在日常生活中对于科技的体验极不协调。与此相反，为了避免科技决定论的"神秘性"，我认为人们必须认识到，科技作为文化体验的目标，具有独立的内在属性。在某种程度上，这些属性明确了科技被使用的可能性以及科技的使用价值。没有这样的认识，对科技的文化解读很难取得实质性进展。或许另一个更加重要的问题是"道德如何对科技的合理使用进行规范"。

第三个需要更加简要讨论的问题是历史的周期化。在理解速度是现代现象的过程中，我关注19世纪之交的工业现代化，并在某些方面，工业现代化一直持续至今。在我举例追溯不同文化对速度的叙述时，这些例子的选取比较自由。同样，我认为在一些重要方面，"即时性"现在的状态标志着与"机械速度"时代的脱离。除了对所举例子的年代担忧之外，至少在周期化层面，所有的例子并没有严格局限于特定的历史时期或者至少我不是有意为之。例如，我在叙述的时候并没有讨论不同标准下对于现代化准确周期的争论，也没有参与诸如像"纪元"或者"时代"这样宽泛、概括的时间周期讨论。在涉及这些问题时，我所持有的观点比较概括，即文化变化一直不易受历史周期化的影响，因为它总是涉及相当复杂的联系。再概括而言，虽然在解读文化时涉及了很多历史性的观点，但这本书讨论的主旨绝对不是关于速度的历史，而是尝试探讨速度的当代文化意义。

最后，关于文学作品的例子使用问题：主要在第二章和第五章的一些地方，我引用了一些小说、短篇故事、诗歌、电影中的例子，其中一个例子来源于歌剧。选取这些例子的原因有两个。第一，在叙述速度文化时，非事实性虚构文本非常重要。第二，在我看来，富有想象力的作品是人类生活体验的结晶。小说家、诗人、剧本作者或电影导演往往能够敏锐清晰地抓住某件事情的现象，并且会产生共情，能够凸显社会和文化研究者研究的粗糙之处（事实上，他们的确如此）。与此同时，我认为在列举这些例子时，不需要在广泛的社会学解释中来证明这些例子，也不需要详述其认识论状况。但是，我的确想要谈论我在引用这些例子时的不足之处，即对于这些例子的解释出于为乏味的学术争论服务。唯一能为此开脱的理由是，无论付出何种代价，不能想当然地认为，文学作品的文本"数据"就是禁区：要么是作为文学批评的专业领域（无论如何，文学批评的目的和实践都大不相同），要么是出于对其作为艺术作品的完整性的顾忌。对此，实用的做法就是把这些例子当作文化数据的工具化处理，是一种善意的行为，之后再去读小说或者看相关的电影。

毫无疑问，在我的分析中还会存在其他缺陷和漏洞，眼光犀利敏锐的读者不需要在我的提示下就会发现这些问题。所以，让我们加快步伐，现在就开始我们的论述吧。

## 第二章　机械速度

　　它尖声吼叫着咔嗒咔嗒地开向远方；它从城市出发，穿越人们的住宅区域，使街道喧嚣活跃；倏忽间它出现在草原上，接着又钻进潮湿的土地里，在黑暗与沉闷的空气中隆隆前进，然后它又乍然进入灿烂、宽阔、阳光照耀的白天。它尖声吼叫着咔嗒咔嗒地开向远方，穿过田野，穿过森林，穿过谷地，穿过草场……它越过洼地，爬上山岗，穿越荒原，经过果园，经过公园，经过花园，越过运河、越过河流，经过羊群正在吃草的地方，经过磨坊正在运转的地方，经过驳船正在漂流的地方，经过死人躺着的地方，经过工厂正在冒烟的地方……它尖声吼叫着咔嗒咔嗒地开向远方，奔驰在地面上，以狂风暴雨般充沛的精力和坚韧不拔的精神向前飞驶……直到湿墙表面上的一道光线显示它像一条凶狠的溪流一样飞驰而过。再次进入白天和驶过白天，带着刺耳的欢呼声，咆哮，嘎嘎作响，撕裂，用黑暗的气息摒弃一切。❶

　　狄更斯非常生动地描述了保罗·董贝（Paul Dombey）从伦敦到伯明翰这段铁路旅行中的速度。在描写时，狄更斯抓住了现代机械速度的模糊性特点。整体而言，快速前进的火车象征

---

❶ Charles Dickens. Dombey and Son［M］. London：Penguin，2002（First published 1848）：309－310.

机械化势不可当的进程，机械速度不但给自然风景而且给人类社会撕出了一道裂口。不仅如此，一方面，火车在白天和黑暗中的穿梭前进象征启蒙与解放的相互融合；另一方面，机械化进程的贪婪和暴力也显露无遗。

《董贝父子》的构思源于1844年，全书出版时共包含19个部分，1846年开始撰写到1848年完成发表，同年，欧洲革命开始，马克思和恩格斯的《共产党宣言》也在那一年发表。《董贝父子》一书的创作描述了当时英国"猖獗"的投机倒把行为，那段时间被称为"第二次铁路热潮"，或者用一种更加流行的说法，即"铁路狂热"（Railroad Mania）❶。狄更斯的《董贝父子》的创作灵感就是来自于这些事件。狄更斯的态度具有一种固有的模棱两可性，反映在他对火车速度描述的模糊性方面。虽然《董贝父子》本质上是一部描写家庭故事的小说，但表明了狄更斯对他所处时代存在于新兴资本主义制度中冷漠无情、充满算计的尖锐批评。然而，他对根深蒂固、落后保守的价值观的讽刺或许更加尖刻。虽然狄更斯鄙视人性的贪婪，厌恶投机倒把的行为，但是他欣赏白手起家的创业者以及当代的工程师。例如，建筑工程师和铁路倡导者约瑟夫·帕克斯顿（Joseph Paxton）（水晶宫的设计者），狄更斯和他共同计划发行新型激进派报纸，以抗衡《泰晤士报》，为新工业阶层的自由进步派发声。狄更斯在1846年编辑的《每日新闻》（*The Daily News*）的前十七期的资助直接来源于铁路繁荣产生的资本。虽然《每日新闻》打着代表"工人政治和自由"的广

---

❶ 这种铁路投资和建设的疯狂性表现在，到1848年时，至少5家铁路公司已经建成通往布莱顿（Brighton）的铁路（威尔逊，Wilson，2002：72）。

告。但是值得注意的是，《每日新闻》刊登每一个和铁路相关的"科学和商业信息话题，无论是铁路的运行、施工还是修建"。❶ 1847 年 12 月，狄更斯在利兹机械学院（Leeds Mechanics' Institute）与伟大的机车工程师和"铁路之父"乔治·斯蒂芬森（George Stephenson）共同站在演讲台，接受众人敬仰。❷

速度就这样走进了狄更斯的文学世界，如同现代的文化想象，通过一系列典型的社会推动力，尽管这些推动力毫无内在联系，但是它们结合在一起就形成了强大的文化话语，对 19 世纪中叶至 20 世纪中叶的社会产生了巨大影响，主要体现在机械、进步、金钱三个方面。本章的主题就是讨论这种文化话语的精心叙述并且解读它如何融入现代大都市的生活之中。

## 一、机　械

狄更斯笔下的火车"飞速行驶""近乎疯狂"，火车的隆隆声不断，与其主题完全契合。在当代的速度体验中，夸大铁路机械化的意义并无坏处。铁路是机械化进程的代表，富于文化意义。正如艾瑞克·霍布斯鲍姆（Eric Hobsbawm）指出的："在 19 世纪 40 年代，铁路成为超现代化的代名词。"❸ 铁路是人类对速度体验的分水岭。众所周知，在 19 世纪 20 年代蒸汽火车投入火车运输之前，❹

---

❶ Peter Ackroyd. Dickens [M]. London: QPD/Sinclair Stevenson, 1990: 485.

❷ Peter Ackroyd. Dickens [M]. London: QPD/Sinclair Stevenson, 1990: 539.

❸ Eric Hobsbawm. Industry and Empire: From 1870 to the Present Day [M]. London: Penguin, 1999: 111.

❹ 虽然特里维西克（Trevethick）的第一台蒸汽火车早在 1804 年就已运行。1825 年，斯托克顿和达灵顿的 25 公里旅途上第一次出现"旅客服务列车"。1830 年，利物浦和曼彻斯特之间开通的铁路线在历史上具有重要意义。乔治·斯蒂芬森著名的"火箭"运行在这条线上。它是第一条专门使用机械动力并沿路设有站台的火车线路。

## 速度文化：即时性的到来

人们能够体验到的最快速度就是奔驰的马。到19世纪40年代，在保罗·董贝的旅行中，英格兰火车最高时速达到了60~70英里。一般情况下，总体运行的平均速度为每小时20~30英里。❶虽然速度的增长非常显著，而且被认为是一种奇迹，❷但是速度增长本身并不是问题的关键。毫无疑问，关键在于速度类型的转变：速度由自然速度转变成机械速度。伊恩·卡特（Ian Carter）提出了一种普遍的观点，即铁路变成了人类对自然的控制加强的象征，维多利亚时代的铁路直抵现代社会的核心，彰显了人类对自然的控制力。❸

---

❶ Wolfgang Schivelbusch. The Railway Journey: Trains and Travel in the Nineteenth Century [M]. Oxford: Basil Blackwell, 1980: 193.

❷ 正如弗里曼（Freeman, 1999: 38f）指出的那样，"飞行"是用于感受这种全新速度运动体验的最常见比喻。例如，他引用了范妮·肯布尔（Fanny Kemble）对她和乔治·斯蒂芬森1830年在利物浦和曼彻斯特铁路上坐在以每小时35公里的速度行驶的火车上时的反应："这像完全不可能发生的事一样，"她继续说，"切割空气的感觉是什么？""闭上眼睛，就像在飞行中一样"（弗里曼, 1999: 40）。弗里曼接着写道，经常可以见到飞行的比喻，"将铁路列车描述成子弹不太准确"，当然，将其比喻成炮弹、子弹还有火箭也同样不太准确。

❸ Ian Carter. Railways and Culture in Britain: The Epitome of Modernity [M]. Manchester: Manchester University Press, 2001: 15. 由于讨论范围的缘由，我仅仅讨论英国铁路的情况，即铁路的起源地。关于英国铁路的历史有大量文章（如 Clapham, 1950; Robbins, 1962; Simmons, 1968; Perkin, 1970; Simmons and Biddle, 1997），但是关于铁路历史文化方面的文章很少。我经常参考的是：伊恩·卡特的《英国的铁路和文化——现代性的缩影》（Railways and Culture in Britain: The Epitome of Modernity, 2001），正如副标题所写那样，他认为铁路是现代性的典型缩影。迈克尔·弗里曼（Michael Freeman）的一篇见解全面而且独特的文章："铁路和维多利亚时代的想象力"（1999）、沃尔夫冈·希弗尔布施（Wolfgang Schivelbusch）的经典作品《铁道之旅》（2001），文章的讨论远在英国人的亲身经验之外。值得一读的是西蒙·加菲尔德（Simon Garfield）《威廉·赫斯基森的最后一次旅程》（2002），它对19世纪20年代铁路企业进行了很好的描述。布莱恩·摩根（Bryan Morgan）的《铁路情人伴侣》（The Railway-Lover's Companion, 1963），是一部文学资料丰富的当代文化观察选集。

## 第二章　机械速度

人类控制自然最直接的感受是在距离之间保持动力的潜力，也就是说，与自然速度相比，维持动力是机械速度的显著优势。在短距离中，一匹快马的速度可能会超过早期的火车。但是，实际中存在的问题是，马会感到疲惫并且需要长时间的休息，这是进一步开发"马力"的最大障碍。因此，这也是铁路建立之后，英国公共马车系统迅速衰落的主要原因。希弗尔布施（Schivelbusch）引用了当代新铁路运输专家尼古拉斯·伍德（Nicholas Wood）在1832年写的一段话：

> 我们投入了巨大的精力来提高邮件的运输速度（迄今为止，这是最快的运输方式），但是每小时还是不能超过十英里。在运输过程中，动物的体力是一种极大的消耗，即便使出全身解数，也只能达到每小时十英里。然而在利物浦铁路上，对于火车而言，每小时达到15英里的速度轻而易举。[1]

在19世纪早期，因为动物力量的自然局限性，使得任何距离上每小时英里数的速度似乎都是"不可改变的"。即使马夫的效率在每个运输段都很高，换马的熟练程度也可以与现代最优秀的赛车维修工匹敌，但是马车的速度依然如此。[2]

因此，蒸汽火车替代驿站马车是自然速度到机械速度转变的象征，无论是在速度的质量上还是数量上都能感受到这一点。

---

[1] Wolfgang Schivelbusch. The Railway Journey: Trains and Travel in the Nineteenth Century [M]. Oxford: Basil Blackwell, 1980: 11.

[2] L. J. K. Setright. Drive On!: A Social History of the Motor Car [M]. London: Granta, 2002: 8.

速度文化：即时性的到来

希弗尔布施认为，在工业现代化来临之前，交通和自然动力之间是一种"仿生"关系（mimetic relationship），"船舶随着水和风漂动、在陆地上的运动因自然地势的崎岖不平而呈现不规律运动并且其速度由役畜的体力决定"。他继续引用查尔斯·巴贝奇（Charles Babbage）在19世纪30年代对风力和水力"生态技术"（eotechnology）的论述。❶ 在运动状态下，我们仅利用我们的身体。基于我们前进的目的，我们改变身体移动的方向，但是动量保持不变。❷ 机械动力和自然仿生形成鲜明对比，它根植于自然世界并且利用自然世界。蒸汽机能够直穿海洋，不再需要随风转向；铁路修建过程中的开凿隧道和筑造路堤使得铁路可以平坦地横穿那些看似亘古不变、自然神授的地貌地形。

在这种意义上，铁路承载的机械动力实际上改变了人们看待自然的方式。❸ 自然不再被视为人类追求速度的巨大障碍，而是一种可以加以利用的条件，只是需要人们遵守自然法则。忽然之间人类对机械动力的利用似乎超越了自然的限制。在19世纪早期的作品中对这种情况有大量的记录。1833年发表的文章《铁路纪》（*The Railway Companion*） "描述了一个新时代……开创了一个美妙新世界"。

---

❶ 巴贝奇因致力于设计机械"差异引擎"而闻名。19世纪20年代恰逢铁路的诞生，这些尝试是现代计算机诞生的基础，铁路是我们时代标志性的速度技术，到现在为止已经超过一个世纪。有关巴贝奇工作的重要意义的精彩阐述，请参阅斯布福特（Spufford）和厄格罗（Uglow）(1996)。

❷ Wolfgang Schivelbusch. The Railway Journey: Trains and Travel in the Nineteenth Century [M]. Oxford: Basil Blackwell, 1980: 12.

❸ Phil Macnaughton, John Urry. Contested Natures [M]. London: Sage, 1998: 207f.

## 第二章　机械速度

一种巨大的力量即将冲破束缚，压倒一切！就像是一股洪流冲破所有阻碍；把我们的社会发展带入一个未知的发展方向（或者是即刻的延伸），消灭（annihilation）了时间和空间障碍，将河谷和高山改造成平坦的阳关大道。❶

这段话非常有趣，不仅仅在于这段话中在谈论时空概念时最早使用了"消灭"这一词语。消灭一词因马克思《政治学批判大纲》中"以时间消灭空间"而广为流传，马克思将其看作全球化进程动态的一个缩影。❷ 虽然这篇文章继续使用自然这一意象来描述铁路机车令人敬畏的机械动力（因为没有比它更贴切的其他意象），但是文章对铁路带来的物理、空间变化的思考延伸到社会制度领域。因此，它所指的障碍不仅是那些在修建铁路的过程中地形地貌形成的障碍，广而言之，是对人类追求速度的意志和欲望的普遍阻力。

因此，机械速度在动力史上史无前例，但是机械速度区别于自然速度的其他特点使得机械速度有了更深的内涵。其中最关键的是关于控制和调控的核心工程概念。

对机械动力的最初体验绝不是一种完美的理性秩序和控制。在刘易斯·芒福德（Lewis Mumford）（1946）描述的早期工业革命"古技术时代"（Paleotechnic Age）中，铸铁厂运转过程中的烟雾、火、污垢以及磨坊和工厂的喧嚣与混乱几乎是对机械动力的主要体验。汉弗莱·詹宁斯（Humphrey Jennings）借

---

❶ Freeman. Railways and the Victorian Imagination [M]. London: Yale University Press, 1999: 44.

❷ Karl Marx. Grundrisse [M]. London: Penguin, 1973: 524, 539. 弗里曼（Freeman, 1999: 247）将这句话的最早用法追溯到1833年的《利物浦铁路同伴》。

速度文化：即时性的到来

用约翰·弥尔顿（John Milton），在写作关于工业革命的想象史的著作时把标题确定为《万魔殿》（*Pandaemonium*）。詹宁斯在其中一篇文章中生动地描写了1830年西米德兰兹郡的黑乡（Black Country of the West Midlands）：

> 大地似乎被翻得底朝天，它的内脏遍地都是……从地底下挖出来的煤炭在地上"闪闪发光"。无论是白天还是黑夜，火光通明，铁厂的烟雾在空中盘旋。炼铁厂和轧钢厂发出的隆隆声和叮当声日夜不绝于耳。工人身上布满煤尘，只有一双锃亮的白眼睛在灼热的铁和沉闷的锻锤声中闪烁。烟囱里喷出的硫酸蒸汽把草烤焦了，植物上面覆盖着一层可怕的灰色。❶

甚至人们可能会对21世纪某些遭受工业化破坏的国家和地区使用同样的描述。这种想象的力量来自于它与前工业时期随意设定的田园风光的戏剧性对比。这种地狱般的景象能够得到拯救的条件是需要人们的一个承诺，即这些力量可以被驯服并包含在一个理性进步的——更重要的是，奇妙的——工业发展秩序中。

在某些方面，这种承诺很快就可以实现。尤其是在19世纪三四十年代，以奈史密斯（Naysmith）为代表的工程师推动机

---

❶ Humphrey Jennings. The Coming of the Machine as Seen by Contemporary Observers [M]. London: Macmillan, 1995: 172. 正如雷蒙德·威廉姆斯（Raymond Williams）指出的那样，这是一个"不仅仅与农村或文学人员相去甚远"的问题。詹姆斯·奈史密斯（James Naysmith）是一位工业家，也是蒸汽锤的发明者。参见威廉姆斯的《社会主义与生态学》（1989：211）一文。

械工具的发展，极大地加速了工业生产的进程，大范围地促进了创新发展。[1] 在奈史密斯描述铸铁厂混乱喧嚣的 20 年后，1851 年，万国博览会（The Great Exhibition）如火如荼地开展和宣传机械现代化的伟大胜利（就像随后所有的国际展览和交易会一样，丝毫不掩饰对资本主义自由贸易的宣传）。正如安德鲁·威尔逊（Andrew Wilson）所说的那样，如果不用"超长的展品目录"（catalogue of hyperboles），很难描述展会的规模。超过 10 万件展品聚集在海德公园，周围环绕着约瑟夫·帕克斯顿设计的水晶宫，水晶宫这一具有革命意义的玻璃房建筑似乎本身就把钢架结构变成了一道靓丽的风景。2 万张预售季票被一抢而空。开幕典礼上（不对普通民众开放，还引起了不小的争议）升空而起的热气球吸引了 50 万人前来观看，每天来展会的人数超过 1 万是司空见惯的事情。据官方记录，从 5 月 1 日展览开始到 10 月 11 日展览结束，参观国际展会的人数超过 600 万人次。

最令人惊讶的是在所有参展商品中，火车和机械制造类商品最受欢迎。因此，亨利·梅休（Henry Mayhew）写道：

> 机械……吸引了最广泛的注意力……人们注视着电镀金属和蒸汽火车，男男女女络绎不绝，不停地上下楼梯；年轻人注视着模型火车车厢沿着新建的气压铁路行驶……事实上，无论是嘈杂的碎麻机，还是溅起水花的离心泵，还是提

---

[1] L. C. A. Knowles. The Industrial and Commercial Revolutions in Great Britain during the Nineteenth Century [M]. London: Routledge and Kegan Paul, 1921: 47. 参见马克思关于 19 世纪关键技术发展的讨论，"用机器生产机器"，他在《资本论》中指出现代工业能够"独立"。马克思用了詹姆斯·奈史密斯蒸汽机的例子（马克思，1976：384f），详细内容请参见考诺尔斯（Knowles, 1921）。

花花边机的咔嚓声，还是圆筒形蒸汽机混乱的旋转声，在每件展品的周围，围满了要么热切、要么聪明、要么头脑简单的工匠、农民、仆人、青年和儿童，他们聚集在各个方位，绞尽脑汁地想要解开这些机械背后复杂的运作之谜。❶

梅休的自由主义的叙述引入了阶级批判的要素，他坚持认为，工人阶级，也就是"赚先令的人"对机械展品的兴趣比"悠闲安逸的上层社会的人"更为浓厚，他们掌握机械的程度也比上层社会的人更好。他们的职业会让他们获得更直接的机械动力体验，"获得超越自然力量的能力使他们能够利用它为人类创造幸福"。这样的描述可以帮助我们理解为什么机械化过程及其相关的速度文化想象会产生如此持久的力量。

毫无疑问，工人阶级处于而且他们也明白自己处于机械生产危险而困难的一端，处于随之而来的经济交易中的弱势地位。威尔逊认为工人阶级蜂拥而至观看轧棉机的方式表现出一种悖论，他说"展厅位于南方干净温和的环境之中"❷。关于这点可

---

❶ Humphrey Jennings. The Coming of the Machine as Seen by Contemporary Observers [M]. London: Macmillan, 1995: 258-259.

❷ A. N. Wilson. The Victorians [M]. London: Hutchinson, 2002: 138. 英国工人阶级与世界博览会之间的关系复杂而又迷人（参考戴维斯，Davis, 1999; 格尼，Gurney, 2001）。很明显，他们没有在任何意义上对此进行概括或对这一问题表态，无论是这一事件的组织和计划，还是参观者付费时甚至赋予那些"赚先令的人"一些特权，或许只是为了避免1848年充斥在欧洲社会的一些威胁因素。展览明显地与现代化的工业资本主义利益密切相关，人们可以把这一事件部分地解读为上层阶级的自由派和中等改革派人士通过教育尝试与工人阶级接触。例如，牛津主教的"中央工作阶级委员会"（由阿尔伯特亲王支持）对皇家委员会规划施加影响却最终失败的尝试就表明了这一情况。而且，马克思和凯雷（Carlyle）对左翼和右翼持怀疑态度和激进观点，他们都谴责争论的关键点。梅休对自我改善理性的渴望，由此看来对于普通人参加展览的热情的评估几乎是百分之百的正确。

能的解释是，工人阶级更加敏锐地意识到机械（进步和进步主义的光辉化身）可以解放劳动力，帮助他们从田间和手工生产的苦差中解脱出来。❶ 尽管工业工人的境况骇人听闻，但是随着19世纪的发展，社会上普遍流行的态度并非反对工业革新的勒德（Luddite）分子的观点。

实际上一种新型的英雄——机械工程师备受欢迎。虽然塞缪尔·斯迈尔斯（Samuel Smiles）1861年出版的《工程师的生活》（*Lives of the Engineers*）过分夸张地赞美像布鲁内尔（Brunel）、博尔顿（Boulton）、瓦特（Watt）、奈史密斯（Naysmith）和斯蒂芬森（Stephenson）等工程师，但是他们在当时确实红极一时，受人爱戴。因为除了他们自身的成就之外，他们的人生经历还表明了一种可能性，即通过个人的聪明才智和勤奋努力，人们可以摆脱阶级禁锢和命运天定的束缚。尽管狄更斯的心里对万国博览会充满矛盾，并在《艰苦时代》（*Hard Times*）中讽刺了格莱恩（Gradgrind）在艰难时期的功利主义行为，但他依旧颂扬一些工程师，例如《荒凉山庄》（*Bleak House*）中的讽刺大师布鲁威尔（Rouncewell）先生和《小杜丽》（*Little Dorrit*）中的工程师丹尼尔·杜丽（Daniel Doyce）是谦虚、聪慧、勤奋的精英阶级，未来属于他们。

正是由于机械进步带来的物质提升以及一系列新型和潜在

---

❶ A. N. Wilson. The Victorians [M]. London：Hutchinson，2002：138. 沃尔特·本雅明（Walter Benjamin）对工人阶级参加世界博览会（如巴黎1855年展览会）的看法更加偏激，认为远离消费的大众明白了价值交换的重要性："观察事物而不要去触摸"，本雅明引用了弗里斯比（Frisby，1985：254）的观点。但我认为这样的观点，除了可以被解读为夸大的"群众"易感性以及对于意识形态的操纵，它忽略了一些关于发明和机械相当明显而具有美学吸引力的东西。

的具有解放意义的准民主观点和价值的有力结合，例如，控制、计划、组织和调节的现代价值和准则，所以进入20世纪，形成了成熟的工业化现代主题和合理的意识形态。这种意识形态与不断发展和组织起来的阶级意识相互依存，却永远不会被阶级意识所掩盖。

为了阐述这一系列观点的发展以及这些观点对于机械速度中文化想象的重要性，我们可以继续探讨铁路的发展并且思考20世纪上半叶具有象征意义的文化产物。

1936年英国邮政总局电影协会（British GPO Film Unit）制作的纪实性电影《夜邮》（*Night Mail*），绝对是20世纪早期工业现代化的最佳文化文本。❶该电影由约翰·格里尔森制作、巴西·赖特（Basil Wright）以及哈里·瓦特（Harry Watt）担任导演、W. H. 奥登（WH Auden）编剧、本杰明·布里顿（Benjamin Britten）配乐，已经成为英国纪实电影的经典之作。

这部电影是机械速度在现代通信运输以及国家通过交通和通信科技打破区域限制进而迈入现代文化的标志。《夜邮》讲述的是隔夜邮件火车T. P. O. 下行专列（T. P. O. Down Special）

---

❶ 20世纪30年代，由约翰·格里尔森（John Grierson）领导的邮政总局（GPO）电影部门变成了左翼艺术家和知识分子关注的重点，他们雇用很多人，如奥登（Auden）、本杰明·布里顿（Benjamin Britten）、画家孔德斯居姆（William Coldstream）、导演巴西·赖特（Basil Wright）、阿尔倍托·卡瓦尔康蒂（Alberto Cavalcanti）、汉弗莱·詹宁斯（Humphrey Jennings）。汉弗莱·詹宁斯是《万魔殿》的编剧和"群众观察"运动的联合创始人之一。

## 第二章 机械速度

从伦敦尤斯顿到格拉斯哥敦的行程❶。当火车向北行驶时，来自各个中转站的邮件在这里进行分类处理。

随着装满邮件的火车一路向前，电影也展现出许多机械速度所蕴含的文化想象特征。首先是对实现征服机械动力或者"吞噬"距离障碍的关注。引用奥登的话就是："火车车头在行驶中铲起一团团白色的水蒸气"。活塞、车轮和连杆的转动、疾驰而过的风和布里顿音乐中不断跳动和加快的节奏等镜头反复强调这一点。火车的速度依赖于火车各部分的协调配合和共同作用，尤其是在征服阻力方面更是如此。例如，在后半程中，列车穿过层峦叠嶂绵延起伏的奔宁山脉。在伯特兰·罗素（Bertrand Russell）的经典描述中，这种协同合作反映了最基本的工作境况，但是与罗素对于劳动者的品德略带愤世嫉俗的观点相反，❷ 协同配合在这里被描述成一个合作性的社会企业，

---

❶ "TPO"就是旅行邮局。1838 年在大枢纽铁路（Grand Junction Railway）上运行的第一个旅行邮局是一个改装的马车运输箱子，用于在火车运行时对邮件进行分类。1852 年，引入机械袋更换系统，该系统在英国铁路系统中一直使用，几乎没有多少改动，直到 1971 年被淘汰。现代机车的加速和制动能力得到大幅改进，但是机械交换设备因为邮政运输实践中其他方面的发展显得有些过时，直到 20 世纪 90 年代 TPO 作为移动分检办公室一直在使用。参见布莱克莫尔（Blakemore，1990）。上运行特殊旅行邮局（Up–Special TPO'）与夜间邮件方向相反，在 1963 年因"大火车抢劫"而闻名，这一事件因为逃犯罗纳德·比格斯（Ronald Biggs）的传奇色彩给人们留下深深的记忆。

❷ 在与《夜邮》同期创作的《赞美闲暇》一文中拉塞尔说道：工作有两种：第一，相对于其他此类物质，改变地球表面或附近物质的位置；第二，指导其他人去做。第一种工作不能给人带来愉快且报酬不高；第二种工作让人愉悦并且薪酬可观。这是一个很好的观点，罗素（Russell）关于将工作日减少到不超过 4 个小时的社会主义案例的主要陈述很具说服力。然而，他对我们称之为"管理劳动"的本质的看法过于简单，当然不像他所假设的那样令人愉快。他也忽略了真正的"劳动尊严"的意义，例如在团队合作中，人—机的协调合作。这部电影虽然有些过于浪漫化，却捕捉到了这一事件的真正意义。

速度文化：即时性的到来

在某种程度上，它既平凡又高尚。寻根溯源，它的意义在于，机械力量的运用在其他典型的早期现代主题背景之下已经表现出来。《夜邮》通过精准的时间表，衔接列车的协调，或者日常的信件分类，或者展现高速收集邮件的特写镜头和轨道旁的邮件传送袋，来强调其目标导向、组织、计划以及时空调节的特点。同样地，这些镜头也展现出合作的意识形态，为了实现共同的目标，机械和劳力协调一致共同发挥作用。❶ 与之相对应的是现代人—机协作中劳动力的英雄形象以及对于速度的兴奋感。虽然对于机械速度英雄形象的呼声在这里还不够高，但是至少我们还有未来主义者对机器速度狂热追求的遥相呼应，这是我们在下一章将要讨论的问题。

如果我们不得不深究《夜邮》的中心主题，那我们可以如此阐述，《夜邮》是一部关于缩短起点和终点之间鸿沟的电影。目标、努力、科技以及这里描述的机械速度引发的兴奋感紧密围绕着现代想象中的关键主题，即冲破距离对人们的束缚，连接各个地区，建立交流。因为深夜邮件的运输行程真实记录和反映了一个国家在技术和文化上的结合，不仅超越空间距离，而且跨越城乡、阶级、区域甚至民族之间的隔离。

像《夜邮》这样的文化作品解读了理性机械速度传递的具

---

❶ 虽然这些主题似乎与现在的工作和生活相距甚远，但事实上直到20世纪70年代它们在英国的纪录片中一直占据中心地位。一个重要的例子就是英国运输委员会电影部门的工作，该部门成立于1949年"二战"结束后工党政府将运输国有化之后。在埃德加·安斯梯（Edgar Anstey）的指导下，该团队制作了一系列信息多样化的宣传和培训影片。像《布里斯吉尔的雪堆》（Snowdrift at Bleath Gill，1955）、《火车时代》（Train Time，1952）和《工作进展》（Work in Progress，1951）这样的电影代表了这个普遍"左倾"团体对于进步产业的欢呼与呐喊。这些影像资料现在收藏在英国国家电影和电视档案馆。参考英国联邦局的"英国运输电影收藏"（BritishTransport Films Collection）。

体社会价值,即冲破空间、距离分隔的现实障碍(这样的论述将此定义为阻碍人类需求和欲望得到满足的因素)。因此,速度本身不仅让社会受益,而且是社会进步的主要标志。

## 二、进　步

机械速度与进步的关系根深蒂固,但是需要深入研究才能够清楚地解释二者之间的联系。正如罗伯特·尼斯比特(Robert Nisbet)所言,进步的理念经历了悠久而复杂的历史,可以追溯到古典世界。毫无疑问,进步是一种社会意识形态,它随着工业现代化的发展而兴起。❶

在本节,我们对于进步的意义的探讨不像奥古斯特·孔德(Comte)或者赫伯特·斯宾塞(Herbert Spencer)等社会科学家那样系统而确切,也不像极具感染力的故事那样,通过与现实生活进行对比,便可以直接感受进步的意义。令人感到奇怪的是,这一对比一开始就清晰明了。但是思想家更多地把它与对于商业和工业现代性的讽刺和批评而不是与充满热情的赞扬联系在一起。拉尔夫·沃尔多·爱默生(Ralph Waldo Emerson)曾说过"谁愿意生活在石器时代、青铜器时代、铁器时代或者(史前的)湖泊沉积时代?谁不喜欢生活在钢铁、黄金、煤炭、石油、棉花、蒸汽、电力和分光镜的时代?"❷ 正是通过这种方式迫使人们选择现代性(并且这种选择令人无法拒绝,否则会显得缺乏理性或者刻意不思进取),进步意识形态力量的关键

---

❶ 进步观念与现代性"时间意识"之间的一般联系,参见德兰迪(Delanty),1999:38f。

❷ Robert Nisbet. History of the Idea of Progress [M]. London: Heinemann, 1980:203.

就在于此。

当然，这种强迫性的选择不仅模糊了价值的各种微妙差别，而且忽视了工业化过程中社会和文化的代价问题，并且完全忽视了技术变革的政治经济环境。但是，除此之外，这种强迫性的选择涉及科技和人类物质福祉进步的历史性关系命题，通常情况下，无法否认这一点。但近期，这种观点备受质疑。❶ 正如尼斯比特（Nisbet）所言，进入20世纪，关于进步的一些看起来令人难以置信的观点，现在都被普遍地接受了。例如，他引用了亚历山大·麦肯德里克（Alexander Mackendrick）教授1927年写在《希伯特杂志》（*Hibbert Journal*）的一段话：

> 科学进步以及工具和机械的增加明显提高了工业效率，这似乎证明了坚信物质富裕时代到来的重要性……现在，毫无疑问，人类能够依赖生产力和交通工具满足衣食住行。❷

在20世纪前半叶，这一观点非常普遍，人们对于进步的信念直线下滑，❸ 这一点在知识分子中尤为常见。即使如此，甚至在人们愈发强烈地讽刺和质疑进步的21世纪的时代背景下，

---

❶ 因此，例如，雅克·埃吕尔（Jacques Ellul）对技术进步想象进行了无情批评，同样他也认识到"物质基础"的进步性这一点不可否认：物质财富作为中心价值观，一个拥有巨大希望的时代已经来临（Ellul, 1964：193）。埃吕尔言之有理，生活质量确实存在一定困难，因为在各个历史时期之间存在一些缺乏共性的问题。然而，他的"精神至上"最终让他完全放弃工业进步的深层物质吸引力。

❷ Robert Nisbet. History of the Idea of Progress [M]. London：Heinemann. Nussbaum, 1980：298.

❸ 其他讨论见亚历山大（Alexander, 1990）的相关材料有，拉希（Lasch, 1991），什托姆普卡（Sztompka, 1993），麦奎尔（McQuire, 1998）。

妄自菲薄进步的意识形态力量也实属不明智之举。

有充分的证据表明，机械化与社会进步的理念密切相关，但速度本身如何与社会秩序和改善生活质量如此紧密地联系在一起呢？这一点仍需进一步研究。从定义上讲，生活节奏加快并非进步带来的好处，而进步也不是生活节奏加快的推动力。

对于这一联系的简单解释是，相对于手工和畜力，机械过程的速度和效率明显提升。显而易见，机械制造、运输和国内技术的发展速度原则上不仅解放了生产力而且减少了时间的耗费。无论是居家办公还是在公司办公，"节省劳力"机制能够帮助人们从单调乏味的生活中解脱出来。当然，资本主义生产环境表明，这种潜力并没有得到完全合理或者最大限度的释放。尽管我们讨论工业劳动合同中时间约束的强制执行或者发达经济体制中时间的紧迫问题，但是我们不能忽视机械发展带来的影响。任何对此持怀疑态度的人只需思考劳动力从诸如农业到工商业等各个领域的稳定流动就可以消除这种疑虑。就像19世纪的欧洲以及中国这些国家一样，国内劳动力的流动明确表明：尽管工业领域的就业有着像剥削、苦难、健康风险等问题，但人们对美好生活的渴望驱使人们从黄土地迈向工厂。机械生产速度是实现这种愿景的内在驱动力。与农民节奏缓慢、亘古不变的贫穷生活相比，机械生产速度代表工业领域中就业的自我完善。与此同时，机械化生产速度同样保证了诸如冰箱、洗衣机、电视、汽车和手机等商品的交付和可购得性，这不仅是"进步"的象征，更是"进步"带来的实际利益。

在传承物质现代化成果方面，机械生产的内在利益总是将速度与进步捆绑在一起。在这种程度上，虽然生活节奏加快本身并没有特别的吸引力，但是从现实角度而言，作为文化和现代性"协商"的产物,生活节奏加快可能会被人们欣然接受。然而,这并非无缝衔接,仔细观察的话,人们会发现"节省劳力"和"节省时间"之间的意识形态差异变得越来越重要,我们在接下来的章节会看到这一点。❶

　　我们可以进一步说明增强速度和进步之间的意识形态联系的第二层关系。这就是我在第一章提及的与静止状态相对的动态状态和人类利益愿望的准道德联系。对于社会改革家(就是定义为"进步人士"的人们)和资本主义企业家同样具有吸引力的是,人们对事物的现状缺乏耐心是发展的核心,人类一直善于追求进步。因此,改变的价值经常高于持续性,这是现代化转变中至关重要的一点。一旦接受了这一点,速度改变所带来的益处就会不言而喻。当然,现代社会环境会经常调节、抑制促进改变的文化驱动力,例如,策划、时间安排、官僚主义管理,等等。同样,整体而言,现代政治机构更加倾向于革新,而不是革命,更糟糕的情况是持续不断的革命。但是,在这一切的背后,现代社会达成了一个基本的共识,即应该尽可能快速地革新和进步。如果将进步定义为向更好的方向改变,那么拖延就需要做出道歉或者给出合理的解释。现代政治保守派可能主张和倡导保护传统的价值,但是他们知道如果在竞选中承诺减缓发展的速度,那对于赢得选票是致命的。同样,在当代各种各样的"慢速运动"中,赞扬不那么"紧迫"的社会生活方式是含蓄地称赞"进步"的美德。同样,在当代各种"慢速运动"中,对不那么"受驱动"的社会存在的美德的颂扬,总是隐含着对"进步"美德的颂扬。

---

❶ 请参阅第六章对便利市场的讨论。

## 第二章 机械速度

将速度与进步联系在一起的修辞性表述在现代政治话语中无处不在。它迎合了人们渴望改变的愿望以及对"阻碍我们发展"的环境的"不耐烦"。托尼·布莱尔（1997～2007年任英国首相）在2005年的英国大选中发表了一篇演讲，承诺将"加快发展"作为他未来五年政治计划的核心。当然，这是一种政治修辞，这种说法适用于已经连任两届且执政理念几乎不会改变的政党。值得注意的是，这种修辞建立在将速度与活力视为一种社会美德的道德基础之上。在布莱尔的领导下，带有基督教倾向的社会民主党"新工党"不仅将科技的迅猛发展、朝气蓬勃的企业家精神以及快节奏的消费主义方式视为物质特征，而且将其看作对于更高尚的道德的追求（尽管定义不够清晰）。这明确表明速度与活力是一种社会美德。

这种机械速度的道德基础，与它所提供的物质利益和绝对的兴奋相结合，构建了一个关于社会加速的极具影响力的文化叙事。如果我们思考一下对机械化的文化批评所面临的困难，我们就可以更好地理解这一点。19世纪工业现代化的反对者面临的困难在于他们对于机械速度丰富的文化内涵的批判通常是吹毛求疵且落后于时代发展的。例如，在19世纪60年代铁路企业家负责修建德比郡（Derbyshire）马特洛克（Matlock）至巴克斯顿（Buxton）的铁路时，约翰·拉斯金（John Ruskin）对此谩骂反对：

> 曾几何时，在巴克斯顿至贝克韦尔镇（Bakewell）有一个巨石谷，如同坦佩谷（Tempe）一样神圣。你可能已经看到……阿波罗和所有甜美的缪斯沿着山谷草地漫步前行。你们既不关心众神也不在乎草地，只对钞票情有独

钟……你们穿过山谷修建铁路,将石头清理,在美丽的溪谷中堆起了成千上万吨的水泥板。山谷消失不见了,众神也随它远去。现在,巴克斯顿的傻瓜能在半个小时内来到贝克韦尔镇,贝克韦尔镇的傻瓜也可以在半个小时内到达巴克斯顿,你们却认为这是一个有利可图的交换过程——你们这群无处不在的傻瓜。❶

就像当代环境主义者反对新修建高速公路一样,拉斯金抨击的主要对象是在修建铁路的过程中大发商业之财的利益攫取者。❷ 但是在面对更快更好的交通优势时,他的傲慢不屑只能妥协。与机械进步的流行话语相比较,拉斯金对于因为铁路发展人们失去了审美环境的描述和对于远古时代的召唤不但显得索然无味,而且与时代严重脱节。

威廉·华兹华斯(William Wordsworth)(另一个早期的环保主义者)反对在肯德尔和温德米尔湖(Windermere)之间修建铁路的运动更加让人无法置信,因为这一条铁路会从他所在湖区的正中央穿过。1844 年当华兹华斯反对修建湖区铁路时,他正是桂冠诗人。华兹华斯试图利用他在当时的影响力,给首相威廉·格莱斯顿(William Gladstone)写了一封抗议信,并在信后附上一首小诗,这首小诗第二天在《晨报》(*Morning Post*)上出版。诗的开头是这样写的:

何日鲁莽不再现?

---

❶ Jennings Humphrey. The Coming of the Machine as Seen by Contemporary Observers [M]. London: Macmillan, 1995: 325.

❷ 关于 19 世纪中叶铁路发展时期建设征用土地的问题请参阅弗里曼(Freeman, 1999: 31f)。

第二章 机械速度

梦想老后享清闲。
希望之花含苞放，
怎奈枯萎终消亡。❶

这几句话直接表明了华兹华斯反对修铁路的主要原因。修建铁路会为湖区带来大量的游客（对于成群结队寻求乐趣的游客而言，他们飞越整个国家来到这里游玩的出行方式还不够快），这不仅会破坏当地的生态环境，而且会破坏一个逃离繁忙世界的隐居之所。❷ 像拉斯金一样，华兹华斯的敌人是铁路投机者以及凶神恶煞一般在英国游荡的贪婪淘金者。❸ 但是非常灾难性的是，华兹华斯对他们的抨击集中在他们主张为普通大众来到湖区游览提供一条经济实惠的路线，结果是"一辆辆廉价的火车载着成百上千的游客来到温德米尔湖区"。❹ 这种反对使华兹华斯卷入了"底层阶级"无法正确欣赏这些美景，因为他们不具备欣赏美景所需要的"细腻情感"的论争旋涡。对于华兹华斯而言，"对浪漫美景的感知既不是天生的，也不是接受全面教育后的必然结果"。这种感知"并不是一蹴而就……必须是循序渐进的。"❺ 华兹华斯承认"未接受教育的阶层"拥有娱乐和提升品位的权利，但是否认仅仅从邻近的工业

---

❶ 《肯德尔（Kendal）和温德米尔（Windermere）的铁路十四行诗》，沃兹沃斯（比克内尔，Bicknell，1984：185）。
❷ Bicknell Peter. The Illustrated Wordsworth's Guide to the Lakes ［M］. London：Webb and Bower，1984：196.
❸ Freeman Michael. Railways and the Victorian Imagination ［M］. London：Yale University Press，1999：98.
❹ Bicknell Peter. The Illustrated Wordsworth's Guide to the Lakes ［M］. London：Webb and Bower，1984：192.
❺ Bicknell Peter. The Illustrated Wordsworth's Guide to the Lakes ［M］. London：Webb and Bower，1984：188－189.

制造城镇到湖区几日游览就能够提升文化涵养的可能性。他提议,工人可以和他们的妻子儿女在他们附近的田野中短途游玩……陶冶他们的情操并和自然进行有益的交流。当然,他所说的提升他们美学欣赏水平的场所不包括清澈的厄尔斯沃特湖(Ullswater)或温德米尔湖。❶

正如预想的那样,华兹华斯的反对没有取得预期的效果。虽然华兹华斯并不像开始的时候那样激进,但是在某种程度上,他仍然将自己归为反对贪婪企业家的普通一员之列,并且因为他找到自己的田园生活就试图把喧嚣吵闹的人群挡在温德米尔湖区之外的私利,他提出的建议备受诟病。但是,如果用美学的术语反对修建铁路,那必定受到支持修建铁路的民主流行思潮的抨击,而铁路企业家坚定不移地拥护这一思潮。

尽管拉斯金和华兹华斯并不赞同当时兴起的流行民主政治和社会服务政策,但是他们毫无效果的抗议反映出一个重要的问题,即速度的价值和其他社会商品之间的关系。这个问题在19世纪工业资本主义扩张的热潮中,在新劳工企业经济的文化话语中仍然没有得到解决,这个问题直到现在才在环保和"慢速"运动中得到人们的认可。问题的关键在于,速度一直追求的价值问题清晰地显现出来,因为关于进步的话语及其流行的压倒性力量已经在机械现代化文化中占据主导地位。速度增加所引起的社会价值问题在工业资本主义的生产核心——时间和利润的关键关系,以及由此产生的工厂文化——方面表现得更为尖锐。

---

❶ 信件可以在沃兹沃斯(Wordsworth)"湖区指南"的附件中找到(比克内尔,Bicknell,1984:185)。这个问题的概括请参考"华兹华斯反对修建肯德尔与温德米尔湖之间铁路的陈述"(www.mthyoke.edu/course/rschwart)。

## 三、金　钱

科技的影响总是基于应用这些科技的时代、社会和经济环境，并且，毫无疑问，资本主义环境对理解机械速度具有重大意义。无论对于机械速度的众多批判者还是推崇者而言，资本主义是机械速度的决定性因素，并且这一因素影响深远。所以，如果不是在意识形态上故弄玄虚，任何没有从政治经济角度解释社会文化转变的做法都被认为是存在巨大缺陷的。实际上，从广义的角度评价资本主义的影响面临一些挑战，人们承认资本主义对社会文化的普遍加速意义重大的同时不愿意接受浅显的经济决定论。文化分析面临的问题在于区分并阐明资本主义内涵的本质因素，尤其是资本主义和现代化其他方面紧密而复杂的联系。那么，资本主义在哪些方面与速度加快有关呢？可以从几个不同的方面理解这一问题。

从最宽泛的角度而言，资本主义被视为"宗动天"（primum mobile，古希腊天文学家托勒密认为，在各种天体所居的各层天球之外，还有一层无天体的天球称为"宗动天"），在工业生产和交通领域推动机器的发展与应用，导致的结果就是机械化使得生活节奏不断地加快。19世纪英国铁路的迅速发展就是一个典型的例子，马克思的《资本论》中有大量的篇幅讨论这一问题。❶ 根据这个论点，铁路虽然被视为人类智慧的结晶以及人类解放被自然抑制的天性（的确存在这一点），但是铁路带来的经济效益体现在货物的运输加快、运输时间缩短方面。

---

❶ Karl Marx. Capital, Volume 1–2 [M]. Harmondsworth: Penguin, 1976.

因此，加速了资本循环的时间，最快的资本循环可以眨眼间完成。❶

另一个与此紧密相连的论点是特定的资本主义利益对机械化运输发展的影响。例如，希弗尔布施（Schivelbusch）关注以煤为动力的火车运输的发展过程中，英国 1815 年的《玉米法》（Corn Laws）对机械运输的影响。《玉米法》颁布的初衷是通过限制从国外进口玉米来保护英国本土农业的利益。代表农业资本家利益的议会通过了该法案，但最后的结果出乎意料，面包价格上涨、消费者和生产者的利益受损，导致人们拒绝接受《玉米法》。但是，根据希弗尔布施的观点，《玉米法》没有预想到机械动力代替马力的发展过程产生的后果。随着动物饲料价格上涨，早期的资本家逐渐将精力和资源转移到蒸汽动力火车的研发上。希弗尔布施认为，从 19 世纪 20 年代开始，农作物的高成本成为英国在推行"铁路运动"时"典型和常见的论题"，这里的引用摘自格雷阿姆（Thomas Graham）1834 年出版的《论文明国家内部交往与交流条约》（*A Treatise on Internal Intercourse and Communication in Civilised States*）：

> 因为玉米的税收条约，英国的土地资本家在牲畜劳力上的成本翻了一番……为了避免税收的影响，英国富有的资本家多年来一直将其资本投入到机械发明上，从而免除牲畜劳力方面的税收。❷

---

❶ Michael Freeman. Railways and the Victorian Imagination [M]. London: Yale University Press, 1999: 92f.

❷ Wolfgang Schivelbusch. The Railway Journey: Trains and Travel in the Nineteenth Century [M]. Oxford: Basil Blackwell, 1980: 9.

## 第二章　机械速度

正是因为对于《玉米法》观点的两极分化，资本主义制度中充满活力的动态催化特点被认为是其最突出的特征，是社会进步和繁荣的保证。或者，与此相反，人们将资本主义制度的特点当成是贪婪的标志，它对人类和环境的福祉漠不关心，盲目追求利润。然而，主要的矛盾点在于资本主义文化包含这两点，在某种程度上，政府的监管更加重要。但是，无论资本主义制度受到何等监管，资本主义有一种内在的发展趋势，即促使社会加速运转，提高生活节奏，这一点毋庸置疑。

当然，通常而简单的解释是，速度是追求利益最大化的结果。资本主义的三个不同方面及其关系可以帮助人们理解这一点，它们分别是生产和生产实践之间的关系、市场化进程的加快（尤其是金融资本主义层面）以及消费领域。本章主要讨论第一个方面，在第四章和第六章分别讨论后两个方面。并且，在资本主义现代化的当代，市场化进程的加快和消费领域的含义非常明显。

"时间就是金钱"是对资本主义精神最简洁明了的阐释。❶

---

❶　"时间就是金钱"这句话广为流传，但是其起源很模糊。虽然很多人认为是本杰明·富兰克林最先提出了这句话，但是可以确信的一点是，在他之前就有人用过这句话。特蕾莎·布伦南（Teresa Brennan，2003）认为15世纪的思想家阿尔伯蒂（Alberti）提出了这句话。如今存在几种不同的版本。例如，爱德华·汤普森（Edward Thompson，1991：352）1751年引用亨利·菲尔丁（Henry Fielding）的一句话：对于大部分人而言，时间就是人类的敌人，人类的主要精力就是杀死它；而对于另外一些人来说，时间与金钱几乎是同义词。一个最有趣的版本是乔治·吉辛（George Gissing）提出的观点，他改变了这句话的顺序："金钱就是时间"，他说不关乎于年龄，最普通的人都知道它的意思。把它转过来，你会得到一个宝贵的真相——金钱就是时间。"我用金钱买几个小时的欢愉，这在任何意义上都不是属于我的；不，这会让我成为它们悲惨的奴隶"（Gissing，1953：216）。

"时间就是金钱"的本质阐释奠定了人们讨论问题的基调，即从利润率和薪资的角度出发一个人该如何度过他的时间，抛开空想的乌托邦式的观点。如果"时间就是金钱"使我们联想到19世纪一个双手插在棉布马甲口袋里驱赶棉花加工劳工的老板形象，那我们就不会弄错的。二者之间的对等不仅是对过去无拘无束的自由市场企业的一种特殊情绪，更是资本主义文化结构中根深蒂固的运作原则。在21世纪的工作时间长、工作节奏快、监管力度"轻"的全球化资本主义的南亚和拉丁美洲的劳动市场（残酷剥削工人的血汗的工厂）中，这一现象司空见惯，大量的制造和装配业务向这些地方转移。在西方，这一现象同样存在，20世纪末公司文化逐渐演变成浮夸的工作文化，例如"早餐会议"、"最后离开办公室综合征"（last to leave the office syndrome），这些都由公司文化发展而来。就更加普遍的意义而言，这一现象是"经济现实"（economic realities）问题的核心，在政策的辩论中经常出现。

2005年5月欧盟关于工作时间的争论就是政策辩论的一个典型例子。欧盟议会成员投票结束了成员国可以"选择性退出"限制每周工作最长时间不超过48小时的协议。这一提议与英国的联系最为紧密，因为英国是最初协商该方案的国家，并且英国现在是欧洲工作时间最长的国家。争论双方主要是左翼工党（left-wing Labour）、绿色最低能效议员会（Green MEPs）、工会领袖和自由派媒体为代表的一方以及以新工党政府大力支持的商界为代表的另一方。前者认为从健康、安全以及维护生活工作平衡的因素考虑，限制工作时长非常有必要。然而，商界代表以"灵活的劳动力市场"以及全球化资本主义市场竞争的需要为由，大力抵制规定工作的最长时长。这场辩论表明资本主义文化在决定人类时间价值方面占主导地位,这一点值得我们深究。除此之外,这场辩论还赤裸裸地表明,英国与大多数西欧国家的社会民主福祉共识背道而驰。因此,以"灵活性"为借口,解除对工人劳动时长的限制纯粹是出于经济目的。例如,英国工业联合会(Confederation of British Industry)时任主席迪格比·琼斯爵士(Sir Digby Jones)为"选择性退出"最高工作时长进行辩护的理由是:

> 不再限制工作时长让员工有选择工作时长的机会,使他们能够为家庭、公司和国家创造财富。只要愿意,人们就应该有追求梦想、赚取更多金钱的机会。❶

抛开人们熟悉的省略资本和劳动力利益的修辞,以及对"选择"的强调(大概不包括在类似工资水平下工作时间更少的选择),显而易见的是,这种论述没有任何地方认识到时间——也就是说人类的短暂存在——可以用金融术语以外的任何东西来衡量。更加令人震惊的是,以英国工会大会(British Trade Union Congress)为代表的反驳似乎也同样受到了"时间就是金钱"这一言论的约束。英国工会大会提出反对"选择性退出"最高时长约束的主要观点是"长时间工作会损害生产力"。时间就是金钱。

毫无疑问,工作时间长并不一定代表工作速度更快,但是长时间的工作极有可能加快生活节奏,因为长时间的工作使得一天或一周中处理生活中其他事情的时间变少,例如,向家人

---

❶ 摘自 2005 年 5 月 12 日《卫报》。

允诺的家庭时间、旅游、打理家庭财产、付账单以及像日常交流、社交媒体的互动、自我展示以及消费等更为微妙的"文化职责"(cultural duties),都会受到影响。我们将在第六章讨论这些日益重要的时间需求。

但是,目前仅从工作体验而言,很明显,资本主义意味着关于时间资源的持久性斗争,而作为买方的资本和卖方的劳动力的利益在这场斗争中处于结构性对立的态势。纵观历史,这场"战争"的战略和侧重点一直都在变化,例如,安全生产、工作的保障性与随意解雇的灵活性以及病假和假期的薪酬发放。在这些方面,速度问题最为突出地体现在工作节奏上,也就是说,从工人的生产时间中榨取更多的劳动价值。

20世纪早期,美国工程师弗雷德里克·温斯洛·泰勒(Frederick Winslow Taylor)在其著作《科学管理原则》(*The Principles of Scientific Management*, 1911)中特别提出了"科学管理"的概念,而关于时间资源的斗争绝不是直接聚焦于这一概念。查理·卓别林(Charlie Chaplin)在电影《摩登时代》(*Modern Times*)❶中讽刺泰勒主义已经成为研究时间和动作的代名词,它打着消除工作过程中所有的"浪费"行为、最大限度地提高任务效率的旗号,严格监督员工并且精细划分工作任务。虽然人们普遍认为泰勒主义是现代管理和组织理论成形之前的观点,它在以前经常被讨论,现在已经被取代。更确切地说,泰勒主义被更恰当地理解为现代资本主义中一种形成性的、甚至是具有持久性的约束劳动力的策略。

---

❶ 卓别林1936年的电影,以漫画形式描绘了工厂工人在不断的监视和时间的压力下被异化,一个著名的片段描述了通过使用自动机械"喂料机"来提高工人的生产线效率。

## 第二章 机械速度

哈里·布雷弗曼（Harry Braverman）指出，尽管泰勒主义打着科学的幌子，但是它的出发点并非站在工人的角度，而是从资本主义的角度、从管理中难以对付的劳动力关系的角度出发。这似乎是对 20 世纪资本主义关系最经典的批判。❶ 泰勒主义的意义不仅在于它与科学进步的关系，事实上，泰勒最著名的例子是最基本的手工劳动，比如手工装卸生铁。它的意义更为深刻：泰勒主义"完全是一种资本主义生产方式的文字表述理论"。❷

在泰勒直接坦率、严肃正式、像工程师风格一样的言辞中可以看到，他以让人不怎么感兴趣的方式毫不掩饰地表达了资本主义利益的立场。他的开篇是这样写的：只有在人和机器达到最大的生产力时，最大限度的繁荣才可能实现。❸ 并且"工人工作缓慢，游手好闲，磨洋工或者原地踏步是实现繁荣的最大绊脚石"。❹ 事实上，故意放慢工作节奏是"英国和美国劳动人民现在最大的问题"。❺《科学管理原则》一书的核心就是淘汰制。

泰勒区分了两种不同类型的故意放慢工作节奏的情况。他把第一种情况称为"本能的磨洋工"，指的是每个普通人（各

---

❶ Braverman Harry. Labor and Monopoly Capital: The Degradation of Work in the Twentieth Century [M]. New York: Monthly Review Press, 1974: 86.
❷ Braverman Harry. Labor and Monopoly Capital: The Degradation of Work in the Twentieth Century [M]. New York: Monthly Review Press, 1974: 86.
❸ Frederick Winslow Taylor. The Principles of Scientific Management [M]. New York: W. W. Norton, 1967: 12.
❹ Braverman Harry. Labor and Monopoly Capital: The Degradation of Work in the Twentieth Century [M]. New York: Monthly Review Press, 1974: 97
❺ Frederick Winslow Taylor. The Principles of Scientific Management [M]. New York: W. W. Norton, 1967: 14.

速度文化：即时性的到来

行各业）都有放慢工作节奏的倾向。第二种情况，他称为"系统性的磨洋工"，指的是故意降低工作节奏让雇主摸不透工作节奏到底能有多快。❶ 泰勒关于"磨洋工"的讨论出现了非常奇怪的矛盾之处，他一方面坦率地承认工人在追求正当的利益，例如，防止因为工作节奏变快而导致计件工资的下降。另一方面，他对于工人每天合理工作量（没有明确设定的）原则的道德呼吁，❷ 以及对于工人和雇主在互惠的目的设定（但是，这是错误的互惠目的设定）方面的道德呼吁。这里既没有道德上的复杂性，也没有心理上的复杂性。但是，其中最突出的一点是资本主义内部管理的核心在于工作速度的管理。对泰勒主义的批判通常集中在让工人的劳动技能丧失和工人对自己的工作失去了控制。显而易见，这些都是促使工作加快的原因。因此，我们可以合理地将泰勒主义的特点描述为一整套从工人或者劳动者到管理者控制工作节奏变化的技巧。

正是这一核心观点使得泰勒主义对当代管理的理论和实践产生了经久不衰的影响，特别是低薪/低技能工作领域，如餐饮服务业。例如，罗伊尔（Royle）对欧洲麦当劳餐厅工作的研究表明，麦当劳餐厅的工作具有如下特点：

> 新科技保证了工作的标准化和高生产力，每项系统性的工作都被拆分成最详细的工作流程。公司的工业工程师使用计算机化的时间研究方法，根据工作时间的秒数来测

---

❶ Frederick Winslow Taylor. The Principles of Scientific Management [M]. New York: W. W. Norton, 1967: 21.

❷ Braverman Harry. Labor and Monopoly Capital: The Degradation of Work in the Twentieth Century [M]. New York: Monthly Review Press, 1974: 97.

量和计划设备布局和工作调度。工人的工作技能被代替，并且由于机器是烹饪的决策者，工作也变成了劳动密集型活动。指示灯和蜂鸣器提醒工作人员什么时候应该将汉堡翻面或者薯条已经炸好。机器化的收银方式做了大部分的收银计算工作，在一个科学的管理方式中，工人都是从事手脑分开的工作。一个德国大厅经理说："每个人都能从事这样的工作，对于工人而言毫无挑战性，只是一味地追求速度和精准度。"❶

在像麦当劳这样的快餐行业的工作涉及不同形式的员工管理方式，其中一些突出的管理方式和泰勒主义的核心观点不谋而合。领导层和团队承受的压力（提升全体工作人员的集体工作节奏）以及背后所代表的准道德要求，这些都让人回想起泰勒对于工作应该有运动场上的团队精神的呼吁。❷

然而，资本主义的内在本质就是不断提高工作节奏，这一点毫无疑问。但是，有很多因素阻碍了全面实现泰勒式的工作制度。第一，不是所有公司都是麦当劳，有些行业的劳动分工和监管方式都很陈腐，并且团队工作压力也不会像麦当劳那么大。第二，资本主义企业及其管理制度的形式和规模各不相同，从劳动中获取最大生产力的热情和能力也各有差异。也许，最重要的一点在于，为了维持现有的工作速度，工人非常擅长"钻空子"，几乎在所有的行业中都存在这样的情况，但是，在

---

❶ Royle Tony. Working for McDonald's in Europe [M]. London: Routledge, 2000: 58 – 59.

❷ Frederick Winslow Taylor. The Principles of Scientific Management [M]. New York: W. W. Norton, 1967: 13.

强制性的工作环境中这种情况尤为突出。❶ 在推行工作时间规范的过程中，资本家无意间促发了工人的一些比如偷懒、照章办事、给主管做样子、延长法定休息时间等新工作形式，以此"应对"监管者。❷

艾伦·西尔利托（Alan Sillitoe）的小说《周六晚上和周日早晨》（*Saturday Night and Sunday Morning*）是一部关于20世纪50年代英国工人阶级生活的小说，小说对这一点有一个经典的描述。小说的主人公亚瑟·西顿（Arthur Seaton）是一家自行车厂的车床操作工，生活在社会富裕、就业机会充足的时代，并且是一个具有独立思想的工人。虽然西顿的工作节奏可以非常快，但他同样擅长保持最佳的计件工作率：

> 如果计件率在400～600个的情况下，你一天能做到1400个，就能赚到钱（可能不会赚太多）。如果你在整个上午就能完成1000个，在下午，你就可以游手好闲，时不时地和你的女性工友鬼混或者和好朋友聊天。虽然你不会抱怨还需要完成400～600个，但是效率监督员有时候就会过来监督你的工作速度。如果他发现你在不到1小时的时间里草草完成100个的话，领班就会在一个美好的早晨过来告诉你，你的计件收入大打折扣。所以当感到效率监工快要过来时，如果你有脑子的话，就知道该怎么做：将每

---

❶ 例如，在人口众多的发展中国家，工厂劳动力竞争非常激烈。在这方面，应该指出泰勒的辩护，他反对工厂压榨工人的血汗劳动，并将其科学原理视为一种改善这种粗暴的物质剥削的方式。

❷ Tilly Charles. Stories, Identities, and Political Change [M]. Oxford: Rowman and Littlefield, 2002: 182.

个操作步骤都复杂化，但并非拖慢速度，因为那是在玩火。并且，在做任何一个步骤的时候都尽量表明你在尽最快的速度工作。❶

当然，对于这样的工作体系，以上的应对方法是一种明显的反应，也是一种被广泛使用而且完全合理的应对方式。这里最重要的是亚瑟对于这套体制本身所持的态度。他没有成熟的政治观点——当然，他不是社会主义者——事实上，他对资本主义总体上没有什么原则立场。相反，他的反应完全符合实际，对布雷弗曼（Braverman）所说的"敌对社会关系"有一种直觉的、相当冷漠的感觉，这种感觉是他工作生活的特征："你只是在赚钱谋生，不太在乎公司、效率监管员、监工以及工具设定员……大部分时间你仍要谋生，你根本不在乎他们，但为了一个很酷的14英镑，你会工作得很开心。"❷

亚瑟·西顿之所以能够享受这种漠不关心的奢侈是因为他和资本主义制度的"契约"明确而且有限。他不寻求晋升，在劳动力需求旺盛的时代，他作为一名技术娴熟、生产能力较强的工人，没有被裁员的担忧。当然，他也没有期待自己会得到优先或者晋升的机会，对于事业的丰收或者得到工作满足感他也不抱什么希望。除去这些焦虑和约束，工作就单纯地变成了一种利用时间、技能和体力劳动换取工资的交换行为。最重要的是，他的工作没有延伸和辐射到工作之外的生活中，所以他

---

❶ Sillitoe Alan. Saturday Night and Sunday Morning [M]. London: W. H. Allen, 1973: 29–30.

❷ Sillitoe Alan. Saturday Night and Sunday Morning [M]. London: W. H. Allen, 1973: 31.

可以用一种合理的方式区分他的生活和工作：一周在工厂工作42个小时，在周末的时候工资到手，周五和周六晚上在酒吧尽情享乐，周六下午可以在阴凉的柳树下享受钓鱼。

　　当然，对于亚瑟·西顿而言，时间——花在工作上的时间——就是金钱，但是，这是在一个明确定义的意义上如此。他最大限度地在出让劳动力和保持一种愤世嫉俗的自我个性之间协调。如果我们将资本主义及其相关技术不断扩大的影响范围与作为小说背景的20世纪50年代中期到今天的这一时期的日常生活相比较，这个例子就很具启发性。亚瑟生活的世界没有电脑、邮件、网络、电话、呼叫中心、手机、超市、购物中心或者星期天的交易日；在这个世界里，两家英国电视台中只有一家在做广告；在这个世界里，提款机、信用卡或者借记卡还没有出现，并且，至少对于工人阶级来说，拥有汽车、电话、抵押贷款甚至银行往来账户都属于非常罕见的现象，足以引起人们的热议。不可否认，在当今的工业社会中，这些日常生活中司空见惯的东西都是资本主义蓬勃发展的结果，也是生活日益富裕的标志。但是，所有这些进步都以这样或者那样的方式将经济活动延伸到生活的其他领域，从而削弱了人们在时间上的自主性，加快了日常生活的节奏。现代工业社会的进步以这样的方式加剧了人们对于速度的感受，要么是消费主义高水平的"服务"所消耗的时间，要么是工作表现与个人身份和自尊逐渐形成一个整体，要么是与通信技术的相互联系对于时间的要求。我们的生活节奏到底是怎样变得越来越快的？我们将在后文探讨其中的原因。

　　因此，总而言之，似乎不可否认，资本主义被认为是一种纯粹的生产和交换体系，如果不加以约束，它将根据残酷的竞争逻辑，加快工作节奏。在考察现代社会发展速度的起源时，这成为一个重要的考虑因素，因为在资本主义制度中，工作是关键的社会动力，是我们大多数人的生活常态。至少在西方工业民主中，资本主义明显存在不足。不论是政府制约的形式或者是来自工人的阻力（要么是有组织的工会形式，要么就是个人的反抗）或者是管理不当（永远不能忽视这一点），资本主义的发展困难重重。

## 四、大都市

一个为速度而建的城市就是一个为成功而建的城市。这是现代建筑大师勒·柯布西耶（Le Corbusier）的观点。

如果快节奏和慢节奏的生活反差广泛地反映出城乡之间的差距，那当然是因为城市生活是典型的现代生活。城市是现代性的成果和力量汇聚的地方，比如，资本主义企业、机器工业主义、稠密的人口以及这些人口日常活动所需的能量，行人和车辆的交通，持续不断地与陌生人和不同文化的相遇，多种多样的商品和购买体验，等等，都在这里交汇碰撞。在现代化的城市中，加快节奏的文化有其"固有的"背景，对于都市生活的体验像其他方面一样表明了现代性的模糊性，活力十足但也压力极大。脱离了都市背景的大幕，谁能想象现代速度的普遍存在呢？

然而，人们在思考城市现代性问题时存在一个实际的困难，那就是"财富过剩困境"（embarras de richesse）。许多重要的力量都在这里交汇。都市生活相互交叉编织，有许多明显的琐碎细节和密集紧凑的现代生活方式。为了直面这种复杂性，我们可以关注勒·柯布西耶关于速度与城市生活之间关系的大胆论述，从中汲取一些思考。

勒·柯布西耶关于城镇规划的著作《明日之城》（*l'Urbanisme*）是一部现代主义思想的杰作，*l'Urbanisme* 似乎不太恰当地被翻译成《明日之城及其规划》（*The City of Tomorrow and Its Planning*）。该书创作于 1924 年，勒·柯布西耶坚信，为了应对"机械时代"（the machine age）的挑战，人们迫切需要重构现代化都市，它是世界上各种工作都能得到有效解决的理想之城。这一挑战面临的核心问题是速度。

该书前言中的一个著名的段落表明了勒·柯布西耶对速度的（明显）态度。这个段落描写了 1924 年秋天他在香榭丽舍大道上（Champs Elysées）经历川流不息的交通时的感受：

> 四面八方的汽车飞快行驶。我被淹没其中，内心却无比激动……能置身于如此强大的力量和速度的中心，是一种简单而真实的快乐。我们是其中的一部分。我们是新征程开始的曙光，我们对这个新时代充满信心……我们相信未来的世界。❶

马歇尔·伯曼（Marshall Berman）在一部趣味十足且富有影响力的书中写下了阅读那段话后的感悟。勒·柯布西耶拥有敏锐的觉察力，即"熟悉的波德莱尔人在街道上与交通博弈，躲闪来往的车辆"。在下一刻，"他却置身于繁忙交通的洪流之中……现在，他并没有感到车辆的威胁，反而成为它的信徒，

---

❶ Le Corbusier. The City of Tomorrow and its Planning [M]. London: The Architectural Press, 1971: 5.

成为来往车辆的一部分"。❶ 在伯曼的书中，勒·柯布西耶表现出的形象是一个"充满激情地转向现代化并且略带疯狂的浪漫主义梦想家"。他的愿望是通过摧毁人与机器混杂在一起的混乱无序、缺乏规划的旧城市，一举解决现代城市生活中所有的政治和精神矛盾。旧城市的街道中人和汽车混杂在一起，协调运作混乱不堪。因此，"我们必须消灭街道。"

勒·柯布西耶的著作充满这样的内容，人们对此不必太过认真。《明日之城》和 1923 年出版的《迈向新时代的建筑》（*Towards a New Architecture*）一样，引起了巨大的争论，经常是因为它们在风格上极具夸张和讽刺意味。《明日之城》成为讨论的焦点的原因在于勒·柯布西耶的设想与当时其他一些完全不同的流行思想混淆在一起，比如，与意大利的未来主义混为一谈，其实我们后面看到二者截然不同。伯曼将勒·柯布西耶和马里内蒂（Marinetti）称为"现代主义旗手"（modernolator）。另外，在一篇致力于研究汽车影响法国知识分子思想认知的文章中，大卫·英格利斯（David Inglis）也犯了与伯曼一样的错误，暗示勒·柯布西耶与"未来主义者"之间的密切关系。❷ 然而，勒·柯布西耶在描述他对于一个"拥有 300 万居民的当代城市"的规划时，明确否认这种比较："这绝不是危险的未来主义，那种向观众猛烈投掷的冲击极大的文学炸药。"❸

---

❶ Berman Marshall. All that is Solid Melts into Air: The Experience of Modernity [M]. London: Verso, 1983: 167.
❷ Inglis David. Auto Couture: Thinking the Car in Post-war France [A] //Theory, Culture and Society. London: Verso, 2004: 215.
❸ Le Corbusier. The City of Tomorrow and its Planning [M]. London: The Architectural Press, 1971 (First published as l'Urbanism in 1924): 178.

速度文化：即时性的到来

　　事实上，勒·柯布西耶在他的写作中运用了很多不同的修辞手法，因此出现这样的混乱也不足为奇。我之所以不厌其烦地解释这些观点，因为在我看来，这些观点中似乎有一个主旋律，让我们称其为务实、理性的建筑师之声。这正是勒·柯布西耶在建筑上影响深远的关键，也是他对20世纪机械速度文化术语贡献巨大的关键。

　　勒·柯布西耶反复强调在一个无规划的旧城市中，速度问题是建筑和规划急需解决的问题。他讨论了交通堵塞、交通事故以及疲劳和"精神焦虑"（nervous sickness）问题。并且，他非常关注废气造成的大气污染问题："五月，在香榭丽舍的大街上，有一半的栗树叶子已经枯萎……这刚到五月，才是五月……年复一年，我们的肺吸入了这些危险的气体，我们却对此毫无察觉。但是，那些枯萎的树在大声呼喊'小心，小心'！"❶

　　但是，核心问题，也是所有这些问题的根源是，现代城市无法充分适应机械速度发展的需求，因为这些城市从中世纪发展而来，还保留一部分中世纪城市的有机成分。在《明日之城》的第一章，作者就正式讨论在城市建设中对于曲线和直线的选择问题，即建设阳关大道还是弯曲小径（The Pack Donkey's Way and Man's Way）：

　　　　毫无疑问，现代城市的建筑、下水道、隧道、公路、人行道都会采取直线建设的方式。交通运输需要直线，因

---

❶ Le Corbusier. The City of Tomorrow and its Planning ［M］. London：The Architectural Press，1971（First published as l'Urbanism in 1924）：179.

## 第二章 机械速度

为这是城市的中心。曲线具有毁灭性、挑战性和危险性，会导致交通的瘫痪。❶

事实上，勒·柯布西耶在这里的讨论是一种关于直线和曲线街道的美学问题，这出自于维也纳建筑家卡米洛·西特（Camillo Sitte）在1889年出版的一部极具争议的著作。❷ 正如站在高尚道德的制高点一样，勒·柯布西耶对西特怀旧式迷恋不规则魅力的愤怒与其一贯的好辩风格一致。但是他对几何的痴迷（直线还是合适的角度）终究会消逝。❸ 因为与理性和功能性相比，它并不是那么重要。勒·柯布西耶因为坚持强调理性和形式与功能之间的关系必须一致而闻名。这种观点可以用以下几句"格言"来说明："房屋是供人们居住的机器""城镇就是一个工具""街道是交通机器"。这种功能主义，有的人可能说它是一种工具理性（instrumental rationality），这在勒·柯布西耶形成关于速度的论述中发挥了极其重要的作用。

当涉及他的实际建议时，勒·柯布西耶列举了关于理性推理的经典例子，即"要得出一个符合逻辑的结论需要一系列连续不断地思考"。❹ 但是这基于一个未经检验的前提："人们只

---

❶ Le Corbusier. The City of Tomorrow and its Planning [M]. London: The Architectural Press, 1971 (First published as l'Urbanism in 1924): 18.

❷ 参阅大卫·弗里斯比（David Frisby, 2001: 195）就西特（Sitte）关于奥托瓦格纳重新发展维也纳计划中涉及"浅层现代性"立场的讨论。

❸ 勒·柯布西耶唯一的教堂，朗香教堂（Ronchamp），建于1957年。它因其完全的曲线设计而闻名，它有倾斜、弯曲的天花板和地板。实际上，这个教堂几乎不包含任何平行的平面。具有讽刺意味的是，通过使用钢筋混凝土这种"野蛮"的材料，（与现代主义的风格密不可分）能够生产出如此流动的结构实属奇迹。

❹ Le Corbusier. The City of Tomorrow and its Planning [M]. London: The Architectural Press, 1971 (First published as l'Urbanism in 1924): 181.

能得出这样的结论,一个在速度上取得重大突破的城市才会得到繁荣和成功,这是一个不争的事实。"❶ 成功意味着什么?与卡米洛·西特的亚里士多德原则的城市规划相比,是不是成功就意味着更容易获得幸福感?❷ 勒·柯布西耶既务实又朴实。他认为成功就是清除混乱的城市群,为更重要部门的事务(hommes des affairs)留出空间:"显而易见,现在商人集中居住在城市中心,他们推动商业发展的节奏极其明显,所有的问题都是围绕速度和为速度而奋斗。"❸ 成功取决于为这个商业发展的律动创造机会;"这就是一个理想的城市,一个商业城市的模范。"❹

但勒·柯布西耶在潜意识里绝不是在为资本主义辩护。在该书的结尾,他阐述了自己在政治—经济方面的中立态度:"我是一个建筑家,这个作品并不是给当今的资产阶级和资本主义的献礼,也不是给第三国际唱响的赞歌。这是一本关于建筑专业的作品。"❺ 这无疑是真诚的自我评估,在某种意义上,这种评估非常准确。他对资本主义的看法非常幼稚:"'商业'就是日常生活给予人们的'赠予',自然需要得到优先考虑,因为它提供就业机会,创造财富。"基于这一点,不难理解,从蒙马特(Montmartre)到塞纳河(Seine),占地600英亩的巴

---

❶ Le Corbusier. The City of Tomorrow and its Planning [M]. London: The Architectural Press, 1971 (First published as l'Urbanism in 1924): 190–191.
❷ Frisby David. Cityscapes of Modernity [M]. Cambridge: Polity, 2001: 194.
❸ Le Corbusier. The City of Tomorrow and its Planning [M]. London: The Architectural Press, 1971 (First published as l'Urbanism in 1924): 196.
❹ Le Corbusier. The City of Tomorrow and its Planning [M]. London: The Architectural Press, 1971 (First published as l'Urbanism in 1924): 190.
❺ Le Corbusier. The City of Tomorrow and its Planning [M]. London: The Architectural Press, 1971 (First published as l'Urbanism in 1924): 301.

## 第二章　机械速度

黎历史中心被夷为平地，为摩天大楼和高密度的"网格"（gridiron）商业发展提供空间，这些摩天大楼是垂直城市（vertical city），设有快速通道，将会成为"商业总部"（GHQ of Business）。"巴黎市中心的改造方案"❶ 将高层商业中心设想成一个法国版的纽约或者芝加哥，这种合理化主要以加快通信建设为目标：

> 在敞亮的办公室，工作高效快速地开展着。在一些有效率的机构工作节奏更快……一切都围绕它们展开：打破时间、空间的装置，电话、电缆和无线装置，银行、商务和工业管理，金融、商业以及专业分工。❷

在某种程度上，柯布西耶对未来城市商业中心的预测非常准确。但是，勒·柯布西耶的愿景过于乐观，因为他预测城市速度和规划的结合会使生活品质提高。他认为，未来城市的超高效率会使得工作时间缩短，也许中午之后就可以下班，城市可以深深地喘一口气，没有人们忙忙碌碌地工作的身影。❸

虽然勒·柯布西耶是将泰勒主义运用到建筑学中的代表人物，❹ 但是令人奇怪的是，他对资本主义劳动时间的态度与亚

---

❶ 强调城市规划与汽车之间的联系。"Plan Voisin"是以其赞助商而命名，也就是现已被遗忘的伏瓦辛（Voisin）汽车公司。标致和雪铁龙都让勒·柯布西耶（Le Corbusier）失望了。
❷ Le Corbusier. The City of Tomorrow and its Planning [M]. London：The Architectural Press, 1971（First published as l'Urbanism in 1924）：184–187.
❸ Le Corbusier. The City of Tomorrow and its Planning [M]. London：The Architectural Press, 1971（First published as l'Urbanism in 1924）：191.
❹ M. Mcleod. Architecture of Revolution：Taylorism, Technocracy and Social Change [J]. Art Journal, 1983 43（2）：132–147.

速度文化：即时性的到来

瑟·西顿相同。毫无疑问，社会存在中必须要有工作：工作是一项需要有效而迅速地开展的行为而不是应该受到批判的行为。工作之后，我们就可以快速地回家，享受悠闲的生活。然而，与亚瑟不同，勒·柯布西耶眼中的休闲也是一项需要规划和组织的活动。因此，一个成功的城市应该是一个快捷便利的城市，社会生活设施（大规模的蜂窝系统控制运动器械以及公共设施的配置）与工作生活相互融合，创造一种健康、理性、有序的现代生活方式。

如果不是因为20世纪六七十年代的现代主义住宅规划方案所带来的巨大的灾难性经验，❶ 我们就不会有太大的可能性去思考勒·柯布西耶关于建设更有温度的田园城市的愿景。回顾过去，尽管城市建设存在明显的缺陷，但是速度可以提高生活质量，这一核心理念不仅看似合理而且极具吸引力。事实上，速度是勒·柯布西耶著作中最具启发性的实例。尽管后来的城市规划者们对现代主义的观点嗤之以鼻，但现代主义的深层含义（对理性、秩序和进步的信念以及乐观、活力和工程师的规划热情）仍然是政治制度和文化的重要方面。这并不是脱离经验、不切实际的幻想。工程管理和规划"方案"已经并且将继续塑造城市环境和城市文化想象。

但是，现代文化元素代表早期现代管理的一个普遍方面，

---

❶ 对于勒·柯布西耶遗留的问题及其在城市规划中不恰当应用的批评，请参阅雅各（Jacobs, 1961），霍尔斯顿（Holston, 1989），霍尔（Hall, 1996）和戈尔德（Gold, 1997）。罗德（Lodder, 2006）对勒·柯布西耶在现代主义运动的各种乌托邦思想中的地位进行了有趣的描述。另请参阅克里斯汀·罗斯（Kristin Ross）关于20世纪60年代巴黎城市规划中汽车流通需求持续占主导地位的评论（1995：53-54），参阅乔治·庞培杜（George Pompidou）的声明，"巴黎必须适应汽车的盛行。我们必须抛弃过时的审美观念"（Ross, 1995：54）。

## 第二章 机械速度

具有指导意义，因为城市规划过程中要么对现代城市文化轻描淡写，要么刻意规避现代城市中无法控制的欲望、散漫和风险。勒·柯布西耶的理想都市是社会中生活着理性、有序和守法的居民，他们在社会中坚守着自己的岗位和原则：

> 有才能的人和我们的领导人生活在城市中心。在城市里，我们还可以看到这些阶级的下属阶层，虽然他们的生活被限定在家庭生活的狭小范围内，但是他们必须按时上班……最后还有密集的工厂……关于这个繁忙的城市中心，有许多工人在这些工厂里工作……他们往返于郊区的工厂和繁忙的都市。[1]

在勒·柯布西耶描述的城市里，没有人违法乱纪。巴黎旧社会（通过城市合并、发展以及从各方迁移聚集而来的人口）的混乱、持续不断的交通事故，也通过规划消失不见。速度的危险一面，也就是社会和文化碰撞而产生的不利影响也消失了。我们很难想象20世纪20年代的巴黎既是一个阶级对立的城市，又是一个文化或居住人群都充满活力的城市。类似地，在富人和半上流社会的人群融合的城市区域中，生活节奏变得越来越快在这里没有空间。事实上，在这里社会的诱惑力也更少：偶尔会有人提及商店和咖啡馆，它们的文化重要性几乎没有得到人们的认识。就像沃尔特·本雅明（Walter Benjamin）的拱廊，那

---

[1] Le Corbusier. The City of Tomorrow and its Planning [M]. London: The Architectural Press, 1971 (First published as l'Urbanism in 1924): 102.

速度文化：即时性的到来

"消费的原始景观"（primordial landscape of consumption）❶——甚至是乐蓬马歇百货公司（Bon Marché）——就像波德莱尔的地下通道一样，被想象成整体功能失调的部分和杂乱的元件，通过消除这种城市混乱揭示真正的巴黎精神，这对于勒·柯布西耶而言美妙且引人入胜。❷

通过分析勒·柯布西耶的辞令，或许揭示的与其说是对社会卫生的痴迷，不如说是对街头生活的社会人类学的一种简单的漠不关心和麻木不仁。正因如此，他对城市速度的看法既有力又不乏平庸。人们丝毫没有认识到现代生存的根本矛盾：挑战与诱惑并存，压力与兴奋同在，机遇难求与生活安逸并行——这就是城市生活的快节奏。

并不是勒·柯布西耶没有意识到现代生活方式中存在的问题。例如，他曾经谈到速记打字员在办公室的日常工作中耗尽神经能量，"她经年累月地把自己累坏了"。可以推测，他对这种事情的观点是倡导一种有益于身体健康的生活方式：人们开展有益健康的户外运动，并在舒适的环境中工作。❸ 基于过去和现在的思考，这样的生活不像看上去那么简单。正如斯蒂芬·克恩（Stephen Kern）所记载的那样，❹ 从 19 世纪 80 年代起，就有一系列关于现代生活节奏对人类神经系统影响的大胆

---

❶ Graeme Gilloch. Myth and Metropolis：Walter Benjamin and the City［M］. Cambridge：Polity, 1996：123.

❷ Le Corbusier. The City of Tomorrow and its Planning［M］. London：The Architectural Press. Trans Frederick Etchells, 1971（First published as l'Urbanism in 1924）：31.

❸ Le Corbusier. The City of Tomorrow and its Planning［M］. London：The Architectural Press. Trans Frederick Etchells, 1971（First published as l'Urbanism in 1924）：26.

❹ Stephen Kern. The Culture of Time and Space［M］. Cambridge：Harvard University Press, 2003：195.

推测。1881年出版的《美国人的焦虑——原因和后果》(*American Nervousness: Its Causes and Consequences*) 是最早研究生活节奏与人类神经系统之间的关系也是最具影响的一本书。在书中，乔治·比尔德（George M. Beard）将"神经衰弱"的概念引入心理治疗领域：

> 比尔德认为，由于电报、铁路和蒸汽动力的使用，在20世纪商人在特定时期内完成的交易比18世纪多了"100倍"。这些设施和设备加剧了竞争，加快了工作节奏，导致神经衰弱、神经痛、神经消化不良、早期蛀牙甚至过早秃顶等一系列疾病的发病率上升。❶

同这一观点以及与一些发展至20世纪时变得更加疯狂的推测相比，勒·柯布西耶关于恢复人类体质（有规律、有计划的健康生活方式）的模糊的信念似乎得到了合理的支持。但是，勒·柯布西耶完全没有想到的是，机械速度的确预示了神经质的灾难，"紧张的兴奋"可以被理解成一种城市现代化中复杂文化的反应，事实上，它可以被理解为一种生活方式。

乔治·齐美尔通常被认为是精准地理解早期城市现代文化及其与货币经济关系的理论家，他尤其对都市生活所产生的紧张刺激反应有更加深刻的理解。齐美尔撰写的《大都市和精神生活》(*The Metropolis and Mental Life*) 一文家喻户晓，在这篇文章中，齐美尔深入地分析了城市环境对某种独特的"都市型

---

❶ Stephen Kern. The Culture of Time and Space 1880 – 1918 [M]. Cambridge, MA: Harvard University Press, 2003 (First published in 1983): 125.

个性"（metropolitan type of individuality）的形成产生的影响，其关键就是他所描述的"麻木不仁的态度"（blasé attitude），也就是说，"无法用适当的能量对新感觉作出反应……辨别力钝化，任何物体都不值得优先考虑"。❶ 疲惫不堪的生活态度是对城市生活节奏加快的直接反应——由于迅速的不间断的变化会引起神经刺激的加强。❷ 齐美尔将这种生活节奏与乡村缓慢的、习惯性的生活节奏进行对比：

> 瞬息万变的影像，接踵而来的变化以及突如其来的印象，这些都是大都市引发的心理状态。每走过一个街道，随着经济、职业和社会生活节奏的多样性，城市与小城镇、农村生活形成更加强烈的对比。❸

这种麻木不仁的态度与城市生活中涌现的其他社会心理特征有关，例如以货币经济为主导的社会关系中产生的"计算的态度"，以及人际交往中的"缄默"现象，是一种应对日常接触的匿名性和"都市生活中各种不确定因素的方式"。❹ 所有这

---

❶ Georg Simmel. The Metropolis and Mental Life [A]. Trans. Hans Gerth//David Frisby, Mike Featherstone. Simmel on Culture. London: Sage, 1997 (First published in 1903): 174–185, 1997: 178.
❷ Georg Simmel. The Metropolis and Mental Life [A]. Trans. Hans Gerth//David Frisby, Mike Featherstone. Simmel on Culture. London: Sage, 1997 (First published in 1903): 174–185, 1997: 175.
❸ Georg Simmel. The Metropolis and Mental Life [A]. Trans. Hans Gerth//David Frisby, Mike Featherstone. Simmel on Culture. London: Sage, 1997 (First published in 1903): 175.
❹ Georg Simmel. The Metropolis and Mental Life [A]. Trans. Hans Gerth//David Frisby, Mike Featherstone. Simmel on Culture. London: Sage, 1997 (First published in 1903): 179.

些都可以看作对快节奏城市中社会心理病态的精妙洞察，正如大卫·弗里斯比（David Frisby）的尖锐观察那样："我们所观察到的城市的病态正慢慢地变成城市生活的一种常态"。❶ 与其说齐美尔是对城市生活的病态进行临床诊断或道德和政治的控诉，不如说是对"现代生活及其衍生物的内涵以及文化体系的本质"进行文化分析。❷ 在这一点上，不能直接将大卫·弗里斯比视为对以勒·柯布西耶为代表的现代化的反对者。❸

在这一点上，齐美尔的社会学更倾向于小说家而不是科学家的现象学感性。事实上，我们可以从现代小说家罗伯特·穆西尔（Robert Musil）那里寻求对都市速度体验更精炼的印象。

穆西尔的史诗小说《没有个性的人》(*The Man Without Qualities*) 在首章就生动地描述了1913年维也纳的快节奏生活。在该书的第一页，穆西尔用一种令人印象深刻的方式记录了车辆和行人的速度：

---

❶ David Frisby. Cityscapes of Modernity [M]. Cambridge: Polity, 2001: 151.

❷ Georg Simmel. The Metropolis and Mental Life [A]. Trans. Hans Gerth//David Frisby, Mike Featherstone. Simmel on Culture. London: Sage, 1997 (First published in 1903): 175.

❸ 对大都市生活体验的对比分析可以在瓦尔特·本雅明（Walter Benjamin）对波德莱尔（Baudelaire）的讨论中找到，他将现代都市体验视为一种非常令人震惊的事情，惧怕、厌恶和恐怖，这是城市人群在第一次观察大都市时的心情。每一次交通体验都像是经历一系列的冲击和碰撞。在危险的十字路口，神经冲动快速地流动，就像电池的能量一样。本雅明对现代性的分析具有更直接的批判性优势。例如，他所说的反对意识防御发展方式，即"解体"和"存在"，是以牺牲诚信为代价［经验］内容，或明确地说，就是"经验的恶化"。或者，他将冲击经验与马克思关于工人机器生产经验的评论明确联系起来（本雅明，Benjamin，1979a: 177）。尽管如此，事实上本雅明将他的分析扩展到媒体技术，如摄影、电影。在我看来，齐美尔不带感情的现象学在今天却引起了更多的共鸣。

速度文化：即时性的到来

> 汽车从幽深狭窄的街道中飞快地驶入明亮的广场。黑压压的行人像云彩一样一片又一片。马力强大的汽车快速驶来，他们自由随意的速度被切断，随后他们又聚集在一起，然后以更快的速度向前行驶，几次走走停停后，恢复了平稳的行走节奏。❶

在后来的一篇引人注目的文章中，他接着描述了一个在生活节奏不断加快的高科技大都市流行的"白日梦"：

> 在美国的一个超级大城市中，每个人手里都拿着计时器，或急促匆忙，或站着不动。空中列车、地面火车、地下地铁，人们通过管道完成特殊邮寄，一辆辆汽车在水平方向飞驰，而特快电梯则把人群从一个交通层垂直运送到另一层。在路口，人们从一辆车跳上另一辆车，立即淹没在车流之中。这种节奏使人晕厥、停顿，在 20 秒的时间里，他们可能匆忙地和别人说上一句话。问问题和回答问题的速度就像啮合齿轮一样同步。每个人只需完成特定的工作，专家居住在特定区域……这座城市的其他地方是娱乐中心，而有些地方则是人们找到妻子、家人、留声机和灵魂的高楼大厦。❷

斯蒂芬·克恩（Stephen Kern）将此现象解释为"一幅讽

---

❶ Robert Musil. The Man Without Qualities [M]. Trans. Sophie Wilkins, BurtonPike. London: Picador, 1995: 1.
❷ Robert Musil. The Man Without Qualities [M]. Trans. Sophie Wilkins, Burton-Pike. London: Picador, 1995: 27.

刺欧洲生活节奏失控、走向战争的漫画",❶ 它同样也可以被解读为一种对高速英雄式功能主义的讽刺,这与尼采的超人说（Übermensch）和泰勒主义惊人的一致。❷ 这是勒·柯布西耶最初的城市规划愿景的核心。然而,穆西尔的想象更令人惊叹,因为他恰恰发现了现代生活规律与规划之间的不协调。他将这些白日梦视为不切实际的幻想。他继续写道：

  假设由我们自己做决定……为我们每个人都制定一个发展的规划。如果我们无法适应所有高速发展的事物,那就让我们尝试一些其他的东西吧！例如,一些相当和缓的事物,一种朦胧的、像海兔一样神秘的幸福,以及古希腊人羡慕的深邃的凝视。但是现实并非如此,我们任由现实生活摆布。我们天天都很忙碌,做一些习以为常的事情,刮胡子、吃饭、做爱、看书、工作,就像生活一直是一成不变。不可思议的是,生活却在我们毫无觉察的情况下慢慢发生变化,如同搅扰在一起的天线在探索自己前进的方向,不知道会朝着哪个方向发展。❸

感觉现代城市速度的发展不可控,这与勒·柯布西耶对

---

 ❶ Stephen Kern. The Culture of Time and Space [M]. Cambridge MA：Harvard University Press, 2003（First published in 1983）：127.
 ❷ 参阅约翰·戈尔德（John Gold）关于建筑师和尼采爱好者亨利·范·德·维尔德（Henry van de Velde）对"新人类"现代主义概念形成的影响的讨论："机器发明时代的产物"。"新人类"高效地吃饭、睡觉、工作和娱乐,尽管一些无关的事情很有魅力,但是他可以把它们搁置一边。[摘自戈尔德（Gold, 1997：35）。]
 ❸ Robert Musil. The Man Without Qualities. Trans. Sophie Wilkins and BurtonPike [M]. London：Picador, 1995：28.

未来生活的信念形成鲜明的对照,即"社会最终会朝着一个积极的方向发展,社会的生活节奏也会得到相应的控制"❶。与此同时,我们每天过着重复而熟悉的生活。这两种观点对于理解大都市社会速度和速度体验都至关重要。

## 五、结　论

穆西尔和齐美尔的社会现象学揭示的是:速度远远不是机器或者技术在社会或经济实践过程中的简单应用,也不仅仅是一种更加广义的文化态度。大都市的速度可以说是受生物体控制的人类生活世界与人类存在的时间框架的相互交叉。现代化制度中的变化复杂而又无法驾驭,我们面临着这一难题的挑战。即使我们努力构建和规范我们的生活方式,我们的努力也会付诸东流。

显而易见,勒·柯布西耶对塑造理想世界的社会力量本质没有什么把握,这最终肯定会导致他构建一个理想化、规范化、高速度、高效率的大都市的计划困难重重。尽管如此,他描绘的蓝图仍然堪称典范。因为至少在现代社会中,它表明秩序、控制和监管的话语在人类现代化制度的构成中产生了巨大的影响。正如斯蒂芬·科恩指出的那样,所有严厉的文化批判,知识分子的争论以及对生活节奏加快的焦虑都"不能否定世界一次又一次加速的事实"❷。其中一个主要的原因是速度近乎完美地展现了其功能和发展特点。速度作为经济增长和日常生活中

---

❶ Le Corbusier. The City of Tomorrow and its Planning [M]. London: The Architectural Press. Trans Frederick Etchells, 1971 (First published as l'Urbanism in 1924): 18.

❷ Stephen Kern. The Culture of Time and Space 1880 – 1918 [M]. Cambridge, MA: Harvard University Press, 2003 (First published in 1983): 129.

物质增长的首要条件，是自由资本主义和科技进步之间协调发展结出的丰硕成果。

然而，这并不是机械现代化的唯一产物。机械速度有一个如影随形的竞争对手，正如我们现在所看到的那样，这一对手的任性的幻想最终会使机械现代化走向追求远不是那么积极进步、有益人类、深谋远虑的理想。

# 第三章　难以驾驭的速度

到目前为止，我们探讨的机械速度文化的各方面不可避免地受到占据主导地位的理性、秩序和进步的影响。即便在社会发展的主要动力是资本主义的社会中，资本主义发展过程中的急迫和贪婪也在某种程度上受到秩序、控制、管理、规划和协调等社会意识形态的限制。随着生活节奏的加快，代表生活节奏加快的速度被认为是进步的体现，是在进步的过程中人类征服自然（包括人性）的一个表现层面。

然而，理性并不是现代化仅有的特征。除了速度代表进步之外，人们对机械速度产生了不同的联想意义，并将其与兴奋、刺激、危险、风险和暴力等非理性元素联系起来。在概括速度的文化意义之前，我们必须要关注机械现代性难以驾驭的另一面。重要的是，我们需要思考这两种话语是如何关联在一起的。

## 一、时间和空间已不复存在

如果我们需要选择一件事情来体现轰动一时的机械速度的出现的话，这件事情可能就是1909年马里内蒂（Filipo Tommaso Marinetti）在《费加罗报》（Le Figaro）上发表的《未来主义的宣言》（Futurist Manifesto）一文。这一年份具有重大的意义。在第一次世界大战爆发前几年，未来主义运动对机械速度产生了一种纯粹的狂热，这种狂热没有被20世纪接踵而来的

## 第三章　难以驾驭的速度

机械战带来的恐惧所抑制。同样具有重要意义的是 1909 年现代科技进步的发展处于紧迫时期。这是弗雷德里克·泰勒发表《科学管理原则》一书的前两年，但一种全新的、不受约束的人类与机械技术的关系正在兴起。在刘易斯·芒福德（Lewis Mumford）的分析中，这种观念的转变来自"传统古老技术"（paleotechnic）到"现代新技术"（neotechnic）的转变。它是对于机械和能量的一种全新的体验，包括新物体、造型优美的交通工具以及各种整洁、强大、美丽的事物。这些使得未来主义深受启发。同年，布莱里奥特（Bleriot）飞越英吉利海峡，福特的 T 形轿车投入生产，百代电影公司（Pathé）的第一部纪录片上映，印第安纳波利斯（Indianapolis）赛车道开通。马里内蒂用华丽、煽情和雄辩的语言兴奋地宣布：

> 如此美丽的新事物的来临让整个世界更加美妙，这种美就是速度之美。一辆赛车因加大引擎而深受喜爱，排气管发出的轰鸣声就像巨蟒的呼吸。呼啸而过的汽车就像乘坐在炮弹上一样，比胜利女神像更加耀眼夺目……时间和空间已经不复存在。我们的生活已经冲破束缚，因为我们创造出无所不在的永恒的速度。武器库和船厂在夜间"活力四射"，威力巨大的电力与月光交相辉映。我们感知到勇于冒险的蒸汽船在海平面傲然搏击；巨大的火车在轨道上飞速行驶，就像巨大钢铁马蹄踩在轨道上一样；造型优美的飞机翱翔云霄，在风中呼呼作响，像热情四溢的群众的欢呼声。[1]

---

[1] Filippo Tommasso Marinetti. The Founding and Manifesto of Futurism [A] // Umbro Apollonio. Futurist Manifestos. London: Thames and Hudson, 1973: 22.

速度文化：即时性的到来

意大利的未来主义非常复杂，其内部往往是由不连贯的多元艺术、复杂的文化和政治思想体系构成。但是，未来主义对速度的狂热毋庸置疑。有一些艺术家与这个运动颇有渊源。其中包括著名画家贾科莫·巴拉（Giacomo Balla）、音乐家和画家路易吉·鲁索洛（Luigi Russolo）、画家和雕塑家翁贝托·薄邱尼（Umberto Boccioni）。他们尝试用一些既有趣又高超的技术捕捉新速度的动态艺术。尽管如此，把未来主义更广泛的意义单纯地认为是对现代主义做出贡献的大量艺术作品，这种说法依旧存在争议。❶ 但是，马里内蒂自己也是未来主义文化精神的缩影，毕竟未来主义是他自己创造的概念。罗伯特·休斯（Robert Hughes）很好地总结了马里内蒂，说他是"一个奇异的生物，就像不断探险的加布里埃尔·邓南遮（Gabriele d'Annunzio）一样。马里内蒂继承了邓南遮坚忍不拔的精神和永不磨灭的能量，他是机会主义的花花公子……现代艺术的密探"。❷

毫无疑问，迄今为止最让人记忆犹新的是马里内蒂煽动性的原法西斯主义言论："我们将赞美战争，这是世界上唯一健康的东西，表现军国主义、爱国主义，战争也让女人走开。我们将摧毁博物馆、图书馆……我们反对道德主义、女权主义，

---

❶ 米勒（Millar）和施瓦茨（Schwarz）（1998：19）将未来主义视为"20世纪最激进和最具影响力的艺术运动"。但是，阿波罗尼奥（Apollonio）对于未来主义者进行了更加详细的叙述，虽然总体上评价他们是"真正的先知"，但仍然指出大部分作品表现出来的衍生性质，尤其是未来主义借鉴象征主义和艺术新潮的主题和思想方式（1973：7-8）。洛德（Lodder，2006：32）也指出了未来派艺术家对速度的描写方式，特别是立体派技巧方式。

❷ Robert Hughes. The Shock of the New [M]. London: The Architectural Press, 1991：40.

以及任何机会主义或者功利主义的懦弱。"❶ 众所周知，马里内蒂与墨索里尼的法西斯主义形成了一种复杂的政治、艺术和个人关系，❷ 而且法西斯主义的倾向显而易见。尽管如此，它显然不能成为需要选民们认真对待的政治计划："来吧！放火烧掉图书馆的书架！让河水淹没博物馆！拿起你的镐、你的斧头和锤子，无情地砸毁这古老的城市。"❸ 事实上，意大利法西斯主义最终将其审美观点从未来主义的偶像破坏转向了更为陈腐的平民主义和罗马帝国的浮夸。相反，宣言的形式可能被视为未来主义的原型体裁。❹ 它是一种巧妙地利用大众媒体的形式，尝试呈现一系列的艺术和文化观念，"好像它是一场政治运动"。❺

若要了解马里内蒂的重要性，方法之一是将他视为表演艺术家和文化倡导者的结合体（撇开其对法西斯主义的看法）。

---

❶ Filippo Tommasso Marinetti. The Founding and Manifesto of Futurism ［A］// Umbro Apollonio. Futurist Manifestos. London: Thames and Hudson, 1973 (First published in 1909): 19 – 24.

❷ Caroline Tisdall and Angelo Bozzolla. Futurism ［M］. London: Thames and Hudson, 1977: 200ff.

❸ 1918 年马里内蒂创建了未来主义政党，他确实为其撰写了一个更加传统的政治宣言，这是一个奇特的"无政府主义、社会主义和乌托邦"的混合体。参考蒂斯德尔（Tisdall）和博兹佐拉（Bozzolla）在意大利"一战"结束后混乱政治背景下对此的描述（1977: 203 – 209）。

❹ 除此之外，还可参考《未来主义画家的宣言》（翁贝特·波丘尼，Umberto Boccioni, 等, 1910）；《未来主义音乐家的宣言》（巴利拉·普拉特拉，Balilla Pratella, 1910）；《未来主义雕塑的技术宣言》（翁贝特·波丘尼，Umberto Boccioni, 1912）；《未来主义建筑宣言》（安东尼奥·圣伊利亚，Antonio Sant'Elia, 1914）；《未来主义男装宣言》（贾科莫·巴拉，Giacomo Balla, 1913）和《未来主义欲望宣言》（瓦伦丁·德·圣特，Valentine de Sainte – Pointe, 1913）。

❺ Caroline Tisdall and Angelo Bozzolla. Futurism ［M］. London: Thames and Hudson, 1977: 9.

速度文化：即时性的到来

马里内蒂是新文化观念的倡导者，同时也是自我宣传的传播者。他有趣地将自己比作"欧洲的咖啡因"（la caffeina dell'Europa）。在他孜孜不倦鼓动的文化政治中，在他的戏剧特技和夸大其词的论述中，代表他自己对于"新人类"的理想，充满了机器时代的活力和对于机器时代"英雄般的"敏锐感知。这种看法无疑是狭隘和片面的，因为它仅仅代表了社会特定阶层的看法，而这些阶层不必接触机械生产的艰辛就能够满怀浪漫地享受新科技的成果。❶ 毫无疑问，这种特权地位影响了马里内蒂所信奉的相当偏激的文化政治价值观。

然而，尽管马里内蒂拥有特权，能力超群，以自我为中心，夸大其词，但是将马里内蒂视为热衷自我或乖戾古怪是不正确的。他是一位敏锐的文化观察者，他明确地把握住了现代社会的重要脉搏。而且，他在后来名为《突破句法—放飞想象—自由言论》（Destruction of Syntax – Imagination without Strings – Words – in – Freedom）的宣言中清晰地表达了这种看法：❷

今天，人们使用电报、电话、留声机、火车、自行车、摩托车、汽车、远洋轮船、飞船、飞机、电影院（这是世界各地人们一天生活的综合），却没有意识到各种通信、

---

❶ 马里内蒂非常富有，他利用自己的财富来支持这场运动。例如，他能买下《费加罗报》头版的两篇专栏文章，当时《费加罗报》可能是欧洲最有影响力的报纸，出版了《未来宣言》。

❷ Filippo Tommasso Marinetti. The Founding and Manifesto of Futurism ［A］// Umbro Apollonio. Futurist Manifestos. London：Thames and Hudson，1973（First published in 1909）：19 – 24.

第三章　难以驾驭的速度

交通和信息手段对他们的心理发挥着决定性的影响。❶

虽然马里内蒂在文化政治的判断中存在缺点和不足，但马里内蒂很有先见之明，他认为这些新的流动的技术会对人类的自我理解产生深远的影响。他甚至预言文化全球化的核心主题之一是，"解放"当地生活的局限性，走向更广阔的经验视野：

> 一个普通人可以在一天内乘火车从一个日月静静流转、地老天荒和空旷寂静的小城镇来到一个灯光璀璨、人头攒动、充满喧嚣的大城市。通过阅读一份报纸，山村里的居民可能每天都焦虑得发抖，杞人忧天，担心在东方发生的叛乱，或者关注在伦敦和纽约正在如火如荼地开展的女权主义运动和极地探险家的英勇雪橇狗。定居于偏远之地胆小且不怎么流动的村民通过看电影，了解刚果大规模的捕猎，并且沉迷于这种刺激之中。❷

未来主义对于理解机械速度文化的关键贡献在于，它对20世纪早期出现的与新技术相关的一系列新颖的体验和印象进行吸收、表达并将艺术焦点放在了这些方面。在这种程度上，未来主义引人入胜的地方在于，它成功地把握了机械速度文化这种令人鼓舞的新事物的主题而不是它做出的一系列特定的判断和声明——它可能是现代最武断的艺术运动。对于20世纪文化

---

❶ Caroline Tisdall, Angelo Bozzolla. Futurism [M]. London: Thames and Hudson, 1977: 8.

❷ Caroline Tisdall, Angelo Bozzolla. Futurism [M]. London: Thames and Hudson, 1977: 8.

想象的形成，我们可以总结出三个具有重要意义的主题。为了方便讨论和认识未来主义的风格内涵，我们可以用如下三个一般命题来表达：

（1）从快速机械中获得的感官和美学体验是珍贵且令人向往的，而且，与速度相关的风险和危机提供了超越主流社会普遍认知水平的满足感。

（2）对这种风险和危险的追求具有"存在主义"/英雄主义/僭越的向度。

（3）速度和暴力不可避免地交织在一起。

现在很容易将这些主题捆绑在一起，从而构成一种可能被认为是关于现代机器速度的反叙述：不同程度上的冲动、轻率、反理性、不道德以及具有颠覆性。这种做法很具"诱惑力"，不仅因为它们看起来（至少在直觉上）是相互关联的，而且因为它们与主导的制度性、理性进步的机械速度话语之间的对比，似乎赋予了它们某种连贯性。然而，抵制这种"诱惑"是明智之举。原因之一是在逆境中表现出来的连贯性经常被证明是虚假的。它们之所以具有"诱惑力"的另外一个原因是，这里存在过多过度的陈述和概念的模糊性，特别是当它涉及危险和暴力之间的联系时。而且主要原因是这种方式并不能保证将这些主题中的每一个复杂问题融入人们日常生活的体验中。因此，让我们本着一种刻意的非未来主义（un-Futurist）精神，冷静地看待这些事情并一次解决一个问题。

## 二、"肾上腺素飙升": 机械速度的感官享受

未来主义者对机械速度的"推崇"让我们一直思考一个棘手的问题,即机械速度带来的感官吸引力和满足感。这个问题很棘手,其原因有两个。首先,如果我们需要尝试回答这一问题,我们面临一系列理论难题,这些问题关乎我们的身体、心理、非人的实体存在以及对文化经验的理解。在现实情况下,我们无法彻底解决这一问题。其次,因为在追求这些有趣的问题时很容易使我们转变关注的主体,即"难以驾驭的速度"在现代文化想象中的地位。然而,我们又很难避免相对武断而又真正令人费解的问题,那就是现代人为什么对机械速度乐此不疲而不是仅仅将其视为达成目的的手段。因此,我的策略不是将问题看成一个必须明确解决的问题,而是思考可以回答这个问题的三种方法,并探究它们对更广泛的文化问题能够产生何种影响。

让我们从所谓的大脑化学的这个答案开始我们的讨论。可以这么说,我自己对脑部的化学作用了解甚微;而且从作者和读者的角度来看,我想在某种程度上你和我一样对它也不甚了解。如果我在叙述的时候采用一些专业词语,比如使用"肾上腺皮质激素"(adrenocorticotrophin)或者"神经递质"(neurotransmitter)这样的术语,你就会认为这是在叙述语言方面的一种不恰当的转换。但是,像我一样,你可以毫不费力地明白杰里米·克拉克森(Jeremy Clarkson)对类似专业术语的运用:

> 我们渴望肾上腺素的激增,内啡肽的快感和多巴胺刺激的享受。我们得到这些快感的唯一方式就是冒险。我们

速度文化：即时性的到来

> 不是因为赶时间才开快车；我们开得快，因为它就像按下了刺激按钮，让我们感到活力，感到人类的快乐。❶

暂且不谈这里面涉及何种论点。我们可以专注于技术术语和诸如"活着""人类"之类的存在主义术语的结合。它们的结合听起来不是那么协调，其中一个原因就是大脑化学方面的术语也有一些非技术方面的含义。正如它们过去只包含生理层面的解释。无论何种目的和含义，这些现在都成为描述新的体验形式的方式。这里的"肾上腺素"不是指肾上腺分泌的荷尔蒙，而是指现代人类的一种存在方式。对这种准技术语言的日常使用是反映现代性的一个生动的例子，❷ 它扩充了现代文化的语义范围，但它本身并不能帮助我们更加深入地理解速度的感官吸引力。

当然，有一种观点隐含在克拉克森的论述中而没有直接表达出来。对于速度的"沉迷"只是感官体验的事实，就像和煦的阳光洒在脸上的温暖或者微风吹过发梢的惬意。毕竟有些小狗也会高兴地将头伸出车窗外，体验快速移动的快感。因此没有必要通过援引文化媒介来理解这一点。

这的确是一个分析层面上的问题。感官体验的简单事实当

---

❶ Jeremy Clarkson. The World According to Clarkson [M]. London: Penguin, 2004: 30, 50. 杰里米·克拉克森是一名英国记者，他作为英国广播公司最受欢迎的汽车驾驶节目《最高档》的首席主持人。他以故意挑衅"政治上不正确"的言论而闻名，例如关于环保运动或关于高速摄影机的问题。他把这与自我讽刺相结合。

❷ 参考吉登斯（Giddens, 1990, 1994）、贝克（Beck, 1994）。这里比较特殊的思考是将技术解释融入常识性话语中，从而记录生物学还原性解释的一般文化意识，而不是对此有深入的思考。一个与之相反的情况非常有意思：使用术语"速度"来指代苯丙胺。

然也是对于问题的一种答案。而且当我们把小狗的行为作为例证时,这一答案可能也会令人非常满意。但是,对于人类来说,这样的答案还无法使人感到满意,因为人类和非人类之间存在巨大的差别,这就促使我们寻求更高层次的解释。因为从人类的角度而言,文化背景以及文化背景的意义是不可避免的因素。正如杰里米·克拉克森所说的那样,这种速度让我们"感到生机勃勃",我们很容易将它与风险和刺激联系在一起,这本身就涉及一种文化话语。

精神分析的语言——在现代它本身是一种将生理学与文化解释联系起来的独特方式——提供了第二种类型的答案,并在某种程度上让我们进一步理解了机械速度的乐趣。尽管弗洛伊德没有直接提出两者之间的相关性,但电影学者彼得·沃伦(Peter Wollen)把人们的关注引向研究事物关系的理论家迈克尔·巴林特(Michael Balint)的观点,他的著作《兴奋与回归》(*Thrills and Regression*,1959)包含对于与高速度相关的惊险刺激的分析。巴林特是把运动心理学进行理论化的先驱,他借鉴弗洛伊德关于婴儿的性的观点,例如,婴儿的性"一方面与摇晃、摆动,另一方面与嬉闹、摔跤和撒野联系在一起"。❶正如沃伦所观察到的那样,这种退化性行为对于人们通常理解驾驶速度带来的愉悦感具有提示意义。❷ 但是,巴林特探讨与速度相关的兴奋是非常有趣的。根据巴林特的说法,这种兴奋和刺激的感觉涉及以下几种经验的结构:

---

❶ Peter Wollen, Joe Kerr. Autopia:Cars and Culture [M]. London:Reaktion Books,2002:114.

❷ 参考弗洛伊德(Freud,1953)关于性理论的三篇论文。

（1）些许有意识的恐惧，或至少意识到真正的外部危险；

（2）自愿和故意地暴露在外部危险或者由它引起的恐惧中；

（3）或多或少地有自信和希望，认为恐惧在能够忍受和控制的范围之内，危险将会过去，并且自己也能够安然无恙地恢复原样。

面对外部危险时的恐惧、快乐和自信混合起来，构成所有惊险刺激的基本要素。❶

濒临危险边缘的因素不只是如上观点对于简单的感官解释的补充。相反，我们应当将惊险刺激视为复杂的情感状态，在这种状态中危险是一种易于识别、平衡或者至少可以弱化的东西。在这个过程中会引起内心恐惧，但是恐惧在可控的范围内，从而使人变得愉悦。这种微妙的、刻意的平衡是惊险刺激和恐惧害怕之间的区别。巴林特的这一观察细致入微，并且他进一步观察到其中的愉悦本身与任何外在的目标无关，愉悦本身就是最终目的，恰如赢得比赛。在巴林特的精神分析术语中，惊险刺激是自动生成的；正如彼得·沃伦所说的那样，如果使用不那么弗洛伊德的词语，惊险刺激就是"不及物的"。

巴林特将那些积极寻求和享受惊险刺激的人与那些避免创伤和冒险的人进行区分，他称前者为"先驱者"（philobats）而后者是"安逸者"（ocnophiles）。就像"外向"和"内向"是

---

❶ Peter Wollen, Joe Kerr. Autopla: Cars and Culture [M]. London: Reaktion Books, 2002: 77.

两个用来帮助我们归纳人格特征的词语一样，在直觉上，这种明确的区分具有一定吸引力。当涉及不同的婴儿期回归模式时，这种思维方式有较大的意义。然而，在精神分析框架之外，无论是在范围上还是程度方面，它受到二元思维问题的困扰，尤其在处理直接和间接的惊险刺激现象时，它要么过分宽泛，要么是一种将机器刺激的象征话语应用在现代文化中的广义概念整合。然而，这一切都没有影响巴林特方法的优势：它破解了人们理解机械速度之所以引人入胜的关键因素在于频繁地寻求危险，而不是把其归结为人类意识中某些奇怪的设计错误，也没有把它归结为黑暗（自我）破坏性冲动的心理，也没有归结为工业资本主义的纪律制度。❶ 如果我们要了解具有广泛吸引力的危险速度，特别是在汽车文化中，以上论述非常重要。

我们能够想到的第三种对于机械速度吸引力的解释答案是"人机交互"的愉悦（ergonomic pleasure）——不可否认的是，这一术语的含义相当宽泛。这指的是因流畅、熟练甚至优雅地控制和征服机械而获得的感官享受与美学满足。根据这种解释，驾驶汽车是最好的例子。这里我们可以想象以下场景：流畅的换挡，精准的刹车，找到快速进入弯道的最佳线路，经过准确的判断巧妙地操纵引擎，等等。对驾驶员而言，将这种愉悦的感觉贯穿起来就是一种熟练地操作机器能够让人们迅速地感受到机器快速反应的满足感，重点在于它与惊险刺激的速度体验有着本质的差异。虽然这种符合人机工程学的快感通常取决于

---

❶ 例如，在本雅明（Benjamin）认为几乎不合情理的结论中，"游乐园用道奇汽车（Dodgecars）和其他类似的娱乐活动取得一定成就，这只不过是非熟练工人在工厂练习［展示］真实性和纪律之间的联系"（本雅明，Benjamin，1979a：178）。

速度的快慢,❶ 但这并不一定是那种濒临边缘、能够产生情绪平衡行为的超高速度刺激。这是一种完全冷静的感觉过程。人机工程学的满足来源于人体与快速机器之间的协调与配合。

这一思路的一个有趣之处是,它涉及一个更大的问题,即我们应该如何以最佳的概念表达人机交互。到目前为止,我们已经将机械速度的概念简单化,它涉及两个独立的实体,即具体的人和机器。根据常识而言,人类(驾驶员)是操作者,汽车仅仅是工具。从这个过程中人们得到的乐趣来源于他们熟练操作机器带来的满足感。

然而,我们并不完全清楚这是否为最好的思考方式,尤其是对于掌握驾驶的现象而言。汽车文化的传奇人物恩佐·法拉利(Enzo Ferrari)曾经描述了赛车手的理想组成,即人与机器之间存在完美的等式:50%的机器和50%的人,这就是人们预期的人机交互文化(cyborg culture)的理念。❷ 一些日常驾驶的论述也非常清楚地表明人和机器之间的界线逐渐消失的体验:就好像无论是我变成了汽车还是汽车变成了我,这已经不重要了。❸ 即使有些体验并没有得到如此生动的体现,人机交互的乐趣在于明白人和机器之间的这种特殊的多层次的参与和互动,表明需要注意一些人和机器之间的细微差别。问题是,我们在多大程度上可以依赖这种直觉呢?

或许马里内蒂对"机械辉煌"(Mechanical Splendour)的热

---

❶ 一个例外可能是优雅的倒车、停车,即使在这种情况下速度也提升了体验感。

❷ Stephen Bayley. Sex, Drink and Fast Cars [M]. London: Faber and Faber, 1986: 34.

❸ Mimi Sheller. Automotive Reactions: Feeling the Car, Theory, Culture and Society [M]. London: Theory Culture & Society, 2004: 226. 谢勒的文章描述的汽车更富有广泛的情感蕴含。

第三章　难以驾驭的速度

情高涨的拥抱一点也不会令人感到意外,它延伸到机械的想象之中:"对于电力和机械的热情洋溢的模仿;本质上的简洁和综合;深思熟虑的快乐和准确"。❶ 或者像马里内蒂在他的其他著作中阐述的那样,这是"梦寐以求的人类身体金属化"。的确,这在当时是一种司空见惯的艺术幻想。例如,勒·柯布西耶的德国艺术家朋友威利·鲍迈斯特(Willi Baumeister),在 1924~1931 年创作了《机械图片》(Maschinenbilder)系列,他将机器比作"新人类"(第二章,第 38 页)。鲍迈斯特相信人和机器的完美结合:我们的生存有了一个新的基础,它就是机器。❷ 对于原始机器人(Proto-cyborg)的幻想,包括那些利用内燃机情感内涵的奇妙想法,为 20 世纪早期的一些主要的先锋艺术家提供了灵感,如弗朗西斯·皮卡比亚(Francis Picabia)和马塞尔·杜尚(Marcel Duchamp)。❸ 若要理解这些观点,除了将它们视为反映当时技术力量的艺术之外,或许最重要的就是具有积极开放的心态以及丰富的想象力。人机结合的幻想迫使我们重新思考人与环境之间的实际界限问题。我认为这也是恰当地理解近期人们为什么对于机器人文化颇感兴趣的方式。❹

但就我们目前的目的而言,最重要的是一个不那么引人注目和影响深远的命题,即驾驶的体验——或许还有驾驶的实

---

❶ Filippo Tommasso Marinetti. Geometric and Mechanical Splendour and the Numerical Sensibility [A] //Umbro Apollonio. Futurist Manifestos. London: Thames and Hudson, 1973 (First published in 1914): 154–159.

❷ Christopher Green. The Machine [A] //Christopher Wilk. Modernism 1914–1939: Designing a New World. London: V&A Publications, 2006: 71–111.

❸ Robert Hughes. The Shock of the New [M]. London: Thames and Hudson, 1991: 48f.

❹ John Urry. Sociology Beyond Societies: Mobilities for the Twenty-first Century [M]. London: Routledge, 2000: 7.

践——如果以一种更加综合的方式概念化会更有好处。蒂姆·丹特（Tim Dant）在论述"驾驶人—车"（driver – car）概念时提出了明确的论证："驾驶人—车"是一个旨在捕捉特定社会存在形式的概念，是汽车文化与相关的驾驶行动所产生的共生关系。丹特认为，通过这种"合成"的词语来思考问题，是了解汽车进入日常现代生活的新模式和社会行为形式的最佳方式。"驾驶人—车"既非物品也不是人，而是一个集合这二者的特点从而相互依存的存在体。从概念上将人类和非人类实体以组合的形式结合起来，对于理解个体如何为社会环境贡献自己的力量很有帮助；最重要的是，它引起了人们对传统技术特性的关注，而这些技术在复杂的技术—社会—经济系统中扮演角色。正如丹特所说的那样，如果我们对这种方法夸大其词的话，就会导致人类和事物类别之间令人难以置信的属性等价。❶ 然而，为了捕捉机械速度的现象，这是一种有效的思维方式。

　　因为这不仅帮助我们理解人类与机器合二为一作为一个单一的运动实体时所产生的愉悦感受，还可以让人了解到日常驾驶中那种令人惊讶的缺乏速度抑制的现象，如果有人想到这一点的话。与机器结合的感觉有助于建立驾驶过程中所必需的信任关系。正如丹特描述的那样，"从一个坐着而且快速移动的位置望出去，到处都是快速移动的东西，这是日常生活中比较常见的驾驶体验"。例如，人和机器之间的界线逐渐模糊，这有助于我们有效地消除潜在的、致命的碰撞风险（这种碰撞风险甚至在相对较低的速度下也会发生）。并且只有在有限的碰

---

❶ 丹特小心翼翼地将他的立场与机器人文化相关的机器－人类结合的概念区别开来，更重要的是，有别于"演员网络理论"表现的人与物之间的关系，对于这一问题的讨论请参考第一章。

撞情况下，肉体和金属之间（真正的）明显的边界才会得到确定。因此，作为"驾驶人—车"的元素，我们既可以享受机器带来的速度，而不必追求冒险刺激，更重要的是，我们还可以应对一个对于汽车相当依赖的现代社会的生存需求。这是一个值得考虑的重要方面。驾驶带来的快乐对于大多数人来说都与他们的日常必需密不可分，它们彼此交织在一起。而且，这种结合被看作"难以驾驭的速度"（unruly speed）和"理性进步的速度"（rational - progressive speed）关系之间的一种普遍特征。

现在让我们将这一连串的讨论进行总结。正如我所论述的那样，我认为我们需要认真对待机械速度的感官吸引力。虽然纯粹的生理学解释——"肾上腺素"的吸引力——相当贴切，然而我们依旧需要在文化背景下对此进行阐释。其中的一个文化背景是寻求冒险刺激的心理，第二个背景是在人体与机器功能的结合体验中获得的"人机交互"乐趣。这两种背景都融合了人类经验和文化嵌入的意义。但是，我们还可以添加第三个背景，长期以来它对于理解速度文化具有决定性的作用。这就是将愉悦系统和必要系统结合起来。机械速度具备的各种能力是一项不可或缺的现代技能，包含复杂的社会背景，我们必须了解这看似难以控制的，甚至是越界性的速度所带来的乐趣。关于这个问题，我将在本章的末尾继续讨论。但是现在我们需要从不同的思路来理解和探索速度文化的越界问题。

### 三、速度—英雄主义

我们中最年长的人是30岁……当我们40岁时，其他更加年轻、更加强壮的人可能会像扔废纸一样把我们扔进废纸篓里。我们希望这样的事情发生……我们中最年长的人是 30 岁：即便如此，我们已经散尽千件宝物……我们迫不及待地将它们扔掉，满怀愤懑，毫不犹豫，漫不经心，气喘吁吁，毫不停歇……看看我们！我们还没有疲倦！我们的内心也没有任何疲倦，因为我们的内心充满了热情、仇恨和速度！❶

马里内蒂对于青春的赞美经常被人们置于推崇法西斯主义色彩的文化背景中去理解，但实际上可以看出，这些都源于早期中产阶级的艺术尝试，❷ 并预示着在 20 世纪现代化更广泛的主题：年轻经常与反叛、冲动和越界联系在一起。速度在这方面的参与是一个非常复杂的现象，因为它将一些所谓的因为速度的改变引起的比如急躁、大胆、躁动、蔑视权威等特点与来自速度和机械互动引起的寻求刺激联系在一起，由此形成一种反文化的存在主义、英雄主义的叙事。

"快节奏地生活，年轻地死去"（Live fast, die young）这一表达充分体现了这一观点，詹姆斯·迪恩（James Dean）完美地阐释了这句话的含义。迪恩的职业生涯——尤其是他在电影《无因的反叛》（*Rebel without a Cause*）中扮演的角色——以及他在 1955 年驾驶保时捷 Typ 550 时不幸英年早逝（时年 24

---

❶ Filippo Tommasso Marinetti. The Founding and Manifesto of Futurism [A] // Umbro Apollonio. Futurist Manifestos. London: Thames and Hudson, 1973: 23 – 24.

❷ 蒂斯德尔（Tisdall）和博兹佐拉（Bozzolla, 1977: 18）注意到 19 世纪晚期法国象征主义文学运动对马里内蒂造成的影响。像斯蒂芬·马拉米（Stephane Mallarmé）这样的作家，"通过他们崇尚非凡、高尚和冒险精神，表达了他们对现代资产阶级卑鄙、庸俗和吝啬的生活的憎恨"。

## 第三章　难以驾驭的速度

岁），似乎完美地诠释了这句格言，❶ 事实上，迪恩钦佩并终身身体力行的一句话是 1949 年尼古拉斯·雷（Nicholas Ray）导演、汉弗莱·鲍嘉（Humphrey Bogart）主演的电影《孽海枭雄》（*Knock on any Door*）中的一句台词。演员约翰·德里克在电影中说的原话是"快节奏地生活，年轻地死去，在世上留下一具美丽的遗体"，为速度文化增加了一个诙谐俏皮的审美维度。这种简洁的表述随迪恩的形象走进了速度文化的历史。❷

大众对像迪恩、杰克逊·波洛克（Jackson Pollock）、杰恩曼·斯菲尔德（Jayne Mansfield）、格蕾丝·凯莉（Grace Kelly）、阿尔伯特·加缪（Albert Camus）、马克·博兰（Marc Bolan）、弗朗索瓦·萨根（Francois Sagan）和戴安娜王妃（Princess Diana）等名人在车祸中身亡的事件产生了浓厚的兴趣，并围绕这些事件大肆猜测和编织神话。这混合着人们对于光鲜亮丽或非常规越界生活方式细节的单纯好奇，以及对死亡环境的疯狂猜测和谣言播布，甚至延伸到更可疑的对于病态和色情的迷恋和幻想。❸ 如果把这些黑暗浪漫的内涵抛在一边，我们可以看到"快节奏地生活，年轻地死去"是近代速度文化的重要缩影。这句话看起来非常优雅地表述了现代青年文化的鲁莽无

---

❶ 人们倾向于将迪恩在《无因的反叛》中的角色与他的真实生活联系在一起，尤其是他的死亡。从电影中的悬崖顶端高速赛车这一事件被热捧以来，这一点尤为突出。但是我们应该明白，根据主流的英雄主义电影的惯例，迪恩的角色吉姆（Jim）活下来了，而他的对手巴兹（Buzz）的死亡则绝非偶然。

❷ 例如，参见克里斯汀·罗斯（KristinRoss）关于迪恩（Dean）在 20 世纪 50 年代末和 60 年代的"法国和日本等国家迅速现代化"过程中在青年和电影文化中间引发的"巨大共鸣"的讨论（1995：46f）。

❸ 1996 年大卫·柯南伯格（David Cronenberg）改编巴拉德（Ballard）的邪教小说《崩溃》拍摄的电影令人震惊。这部电影引起巨大的争议，它研究存在于车祸受伤中的色情联想，并且在一个关键的互文情节中，重现了詹姆斯·迪恩的死亡事件。

畏、相信直觉、漫不经心的现象，因此在分析这类现象时需要承担迂腐学究名声的风险。

但是无论如何，我们还是要冒这个险！这里的"快"到底意味着什么？当然是致力于寻求快乐而且不在乎传统的法律和道德（就像今天流行的"追求刺激"），但也许是故意将自己暴露在危险中，总体来说，是尽可能地把更多的经验纳入生活中。英年早逝也许是这种生活策略中所冒的风险，如果它就是这种生活方式的结果，那么这里就没有什么特别的英雄气概，或者它也就不会对占据主流社会习俗的文化造成威胁。毕竟，除了拥有优越的经济资源和人才浪费的嫌疑之外，这些电影明星和那些以自我为中心而追寻美好时光的青少年有什么区别呢？

"年轻地死去"的英雄主义并不代表自我放纵，也不是不爱惜生命，而是更有原则地对社会契约以及对自己保守底线的蔑视。因此，这句话中所包含的价值取向的关键在于现代独特的及时行乐（carpe diem）的生活态度。活在当下是一种英雄主义精神，因为这种态度尽可能地利用好生活中的一切价值从而凸显生命的价值，而不是像典型的资产阶级生命历程中的那种追寻享乐、自我麻醉。快节奏而短促的生活所带来的超越性挑战是对缓慢延长的生活的隐性拒绝，这种生活沉闷压抑、小心谨慎、单调乏味，重视物质获取。这具有危险性，不是因为它蔑视和嘲笑资本主义现代化所建立的劳动时间与物质报酬之间的交易，而是因为这很容易遭到相当令人信服的"这个世界不欠任何人一个生活"观点的强烈反击。它之所以危险，是因为它对达成协议的劳动时间与物质报酬之间的基本假设提出了质疑：它重视的是生命的长度而不是生命的强度。特别是在现代的世俗文化中，没有对于天堂的召唤的宣扬，社会价值的基础是追求安逸、长寿的生命,正如人们对自杀式炸弹袭击者的行为所表现出的令人无法理解的愤怒,实际上是一种对信任的存在性的不可原谅的背叛。

因此,经验的强烈程度是快节奏生活的关键之所在,本质上具有英雄主义精神。这种英雄主义精神与胸怀大志的宗教信徒表现出的英雄主义精神不同,它所追求的并不是上帝的接纳,而是行为本身,除了行为本身别无他求。

速度的英雄主义和青年之间的关系是相当明确的,但实际上就其文化力量而言,还存在许多我们不得不讨论的问题。当然,愤世嫉俗的轮回论观点(cynical – cyclical view)认为,这不过是精力充沛、荷尔蒙过剩的年轻人的夸张姿态,当然,这可以指向那些年老的摇滚明星,他们饱受折磨的长寿对于他们演唱的歌词来说是一种尴尬,他们在歌词中写道,"希望他们在变老之前死去"。问题的关键不在于此。更重要的是,速度—英雄主义容易被主流文化意识形态所同化。

这是一个大家熟悉的文化批判主题,而且是一个无论如何都非常重要的主题。20 世纪的文化产业历史在很大程度上试图将青年充满精力的僭越性能量转化为客户基础。年轻人的文化关注以及他们的音乐、电影和体育方面的偶像英雄,很容易融入消费实践,市场营销人员能够轻而易举地利用他们的反叛和任性心理。事实上,正如克里斯·罗杰克(Chris Rojek)所说的那样,将英雄与普通的社会生活分开,"名人"的概念本身在本质上就是与僭越性相关的。因此,将"快节奏地生活,年轻地死去"的道德观念纳入肤浅的消费者形象中并没有太大的困难。无论人们将这种融合中的增值成分——有效地冷落真正的不同意见——视为蓄意为之,还是仅仅视为资本主义文化的一个幸运的意外,其结果基本上是一样的。

然而,关于市场融合力量的愤世嫉俗的看法无法令我们满意。更微妙的问题是,难以驾驭的速度的僭越性价值与更广泛的社会意识形态二者之间的兼容性。"速度即进步"(velocity-as-progress)是这种社会意识形态的核心。相对于简单的英雄主义或反英雄主义的划分,这其实是一个更加复杂的问题。如果我们简单地思考不同类型的速度—英雄主义,我们可以看到利害攸关的问题是速度—英雄主义与运动有关,特别是对速度纪录的追求。20世纪最伟大的两个人是坎贝尔父子。他们在水上和地面上都创造了世界纪录。父亲马尔科姆·坎贝尔(Malcolm Campbell)在20世纪30年代、儿子唐纳德·坎贝尔(Donald Campbell)在20世纪60年代风云一时。但是,就像詹姆斯·迪恩一样,名人追求速度的最终宿命似乎是死亡。1967年1月4日,唐纳德在康尼斯顿湖区尝试时速300英里的速度纪录时不幸身亡,这更加巩固了唐纳德·坎贝尔在大众记忆中的地位。

坎贝尔的故事中充满了潜在的英雄神话。唐纳德对于他的父亲马尔科姆非常崇拜,就像崇拜英雄一样。马尔科姆是英国晚期帝国主义的原型人物,在20世纪30年代他被称为"速度之王"。唐纳德对于父亲的崇拜加上在面对来自美国的竞争对手时他意识到自己需要责无旁贷地继续代表英国承担责任。在父亲去世后,他担负起追求速度纪录的重任。唐纳德充分展示了父亲"坚韧不屈"的勇气(当时,这种做法已经开始显得不合时宜)。人们把这种做法与一种极其迷信的观点联系起来,猜测他对于自己的死亡有某种不祥的预感。❶ 坎贝尔的死亡悲剧进一步加剧了人们对事故起因的争议。尽管他的衣服和吉祥物都浮出水面，他的身体却与康尼斯顿湖融为一体，直到2001年才从康尼斯顿湖水的深处打捞上来。最重要的是，他的快艇"蓝鸟"上写着他最喜欢也是最令人难忘的电影台词："船身向上扬起来了，我要离开了，我要走了……"尽管有些许狂热的成分，但唐纳德·坎贝尔的死与詹姆斯·迪恩的死完全不同。

不同之处在于，坎贝尔是作为"速度即进步"事业的殉道者而死亡。事实上，整个尝试速度纪录的文化只有在社会价值观、技术进步、秩序、控制、规划、协调和克服障碍的背景下才会被大众认同。这就是我们在第二章中讨论过的现代速度主导叙事的特征。在某种程度上，坎贝尔的速度—英雄主义展现出一种"高贵"，这与迪恩表现出来的叛逆的个人魅力完全不同。在之前的采访中，坎贝尔说过要将打破速度纪录视为"一件必须完成的工作，一个男人的职责"，并且声称这可以"证明英国在工程领域的领导地位"以及"当英国人下定决心时，他们便能克服重重障碍，实现目标"。他的死亡可能是对于个人生存权利的一种漠视，但是，与迪恩不同的是，唐纳德的死完全是以目标为导向的，而且从某种意义上说，它是一个理性的、经过计算的风险。针对这种质疑，坎贝尔的回答是，"你是擦亮双眼做一件事情的，你就要承担风险"。因此，这种速度—英雄主义不会对主流文化价值构成威胁；相反，它有助于主流文化价值的神圣化。

---

❶ 这个神秘事件取材于前一天晚上坎贝尔玩俄罗斯游戏时连续抽出王牌和黑桃女王的事件。坎贝尔认为这是苏格兰女王玛丽在她被斩首前一天晚上画出来的一个非常不幸的组合。据说坎贝尔说："有人会被斩首。我向上帝发誓，不是我。"

与此形成对比的是,"快节奏地活着,年轻地死去"的道德伦理观念——这不仅仅意味着一种文体表达——似乎天生就抵制融入主流文化。从上述讨论中可以看到,其关键原因在于它与进步的价值观念截然相悖,尤其当它逐渐发展成一种缓慢的、谨慎的、中规中矩的、注重财富积累的生活态度时。同时也因为它是英雄主义传统模式的对立面,传统模式是英雄主义道德神话的基石。一直让人迷惑不解的是,为什么这种潜在的激进反文化冲动能够有效地融入现代性中?尤其是当早期的牺牲式英雄主义道德非常明显地受到侵蚀之时。当然,一个显而易见的答案可能是,它在本质上是一种短暂的冲动,随着时间的流逝,人们就会淡忘它。但是,也许还有其他更有趣的答案:以充满能量和缺乏耐心为特征的"快速而又短暂的人生"已经变成一种行为模式,这种行为模式更平淡无奇,更符合当代经济对加快生产步伐的需求。这种可能性也引发了现代速度文化的一些内在矛盾,这就是我们将在本章末尾要讨论的内容。但在此之前,我想探讨一下难以驾驭的速度的阴暗面,即它与暴力、侵略,特别是与战争之间的关系。

## 四、暴力与战争

当然,暴力与战争的关系我们至少可以追溯到未来主义者那里。马里内蒂的《未来主义宣言》称:"艺术……除了暴力、残忍和不公正,什么都不是",他还提倡"行动和创造力的暴力发作"。[1] 毫无疑问,这些表述可以被解读为创作风格上的隐

---

[1] Filippo Tommasso Marinetti. The Founding and Manifesto of Futurism [M] // Umbro Apollonio. Futurist Manifestos. London: Thames and Hudson, 1973: 23.

喻，或者是艺术家故意过分夸大文化建设作用所使用的语言。但他也明确提出了未来主义运动的意图，即"推崇战争，它是世界上唯一的保持健康的方式"。❶ 在后来关于1935年意大利入侵埃塞俄比亚的宣言中，他做出如下的详细阐述：

> 战争是美好的，因为通过防毒面具、可怕的扩音器、火焰喷射器和小型坦克，人类建立了对机器的统治。战争是美好的，因为它实现了人类身体金属化的梦想。战争是美好的，因为它用机枪的火焰丰富了鲜花盛开的草地。战争是美好的，因为它将枪声、炮弹、停火、气味和腐烂的恶臭合奏成一曲交响乐。战争是美好的，因为它创造了新的建构样式，如庞大的坦克、几何编队飞行的飞机、燃烧村庄的螺旋状烟雾，还有许多诸如此类的东西。❷

这是对战争美学的一种华而不实的论述，在某种程度上，它或多或少地与基尔戈尔上校（Lieutenant-Colonel Kilgore）在《现代启示录》（*Apocalypse Now*）中至今让人们记忆犹新的一句话相似："我热爱清晨的汽油弹的味道。"但在这里，机械速度和暴力之间还有一种联系，这种联系超越了模棱两可的艺术隐喻。当然，对于马里内蒂而言，抑或对其他的一些人来说，20世纪新型的机械化战争对个人有着巨大的吸引力，这种吸引力与人们对于速度的痴迷自然而然地联系在一起。1914年，马里

---

❶ Filippo Tommasso Marinetti. The Founding and Manifesto of Futurism [M] // Umbro Apollonio. Futurist Manifestos. London: Thames and Hudson, 1973: 22.

❷ Walter Benjamin. The Work of Art in the Age of Mechanical Reproduction [A] //Illuminations. London: Fontana, 1979: 243-244.

内蒂给吉诺·塞维里尼（Gino Severini）写信，表明"在这次战火的辉煌中直接合作"的需求。因此，为了在实实在在的战争中找到刺激，为了表现战争的过程，1915 年 7 月，马里内蒂以及米兰的未来主义组织的知名代表波丘尼（Boccioni）、鲁索洛（Russolo）、圣伊利亚（Sant'Elia）以及其他人加入意大利军队。碰巧的是，他们加入了伦巴第志愿者自行车营（Lombard Volunteer Cyclist Battalion）——"军队中最快的小分队"。❶

波丘尼、鲁索洛、圣伊利亚和其他几个未来主义者死于战争，马里内蒂、鲁索洛和其他人也在战争中负伤。实际上，战争的体验和遭遇的后果当然与美学对于纯粹的、辉煌的毁灭的创作和想象截然不同。这些志愿从军的艺术家的动机不仅仅是出于对美学的信念，肯定还包含其他的情感，比如，爱国主义和天真、年轻的英雄主义精神，❷纯粹的义务感和来自同伴的压力，这些情感使得数百万名欧洲年轻人在战壕中葬送了性命。不管怎么说，正是未来主义者的夸张修辞和姿态，迫使我们再次去面对速度和暴力之间令人困惑的关系，而这正是 20 世纪现代性的特征。我们需要讨论的问题不是对于战争的审美化，而是在机械速度和现代战争的真正暴力之间可能存在某种选择性的亲密关系（elective affinity）。

当然，战争是一种特殊的有组织的暴力行为，因此在某种程度上跨越了机械速度文化的两个特点，即可控性与非律性之间的

---

❶ Caroline Tisdall, Angelo Bozzolla. Futurism［M］. London：Thames and Hudson, 1977：178.

❷ 马里内蒂的情况有点例外，因为他自己对战争的看法有所保留，在 1935 年墨索里尼入侵埃塞俄比亚时，60 岁的他自愿参战，甚至参加了 1942 年在苏联战场上的意大利战役。

## 第三章 难以驾驭的速度

划分。20世纪,从坦克到激光导弹、全球卫星定位等,战争机器的部署只是显示"理性"的技术发展。孙子的名言:"兵之情主速,乘人之不及",便清楚地阐明了这一切。《孙子兵法》写于中国历史的战国时期,即公元前403~公元前221年。它在现代军事(实际上是商业)战略家中有着大量的读者,其原因并不是它的道教教条主义,而是因为它提出了如何在不损害国家的情况下赢得战争的胜利。孙子写道,取胜之道,速战速决也:

> 其用战也胜,久则钝兵挫锐,攻城则力屈,久暴师则国用不足。夫钝兵挫锐,屈为殚货,则诸侯乘其弊而起。❶

兵贵神速,速度是战争的灵魂,无论是在经济方面还是在获得主动权方面,速度都是战略的关键。快速机械的部署显然是合理的,因为它们能够快速、高效地结束战争并且获得利益。就20世纪技术最先进的国家发起的战争而言,重视速度是一个明显特征:从希特勒的闪电战(Blitzkrieg)到2003年伊拉克战争的"震慑战术"(shock and awe tactics)都是如此。

但是,在另一方面,现代战争显然可以被视为制度理性失败最具戏剧性和引人注目的例子。在任何现实的广泛的核算体系中,战争胜利所带来的军事和政治收益无法与20世纪战争的"屠杀账单"(butcher's bill)❷ 相提并论,更不用说它在环境和经济方面付出的代价。安东尼·吉登斯(Anthony Giddens)在

---

❶ Sun Tzu. The Art of War [M]. Trans. Yuan Shibing. Ware: Wordsworth Editions, 1998: 23.

❷ 吉登斯(Giddens, 1990: 9-10)观察到,在20世纪的前80年中,战争中的死亡人数超过1亿人,远远高于以前任何一个时代。

20世纪提出的所谓"战争工业化"的现象可以被视为在几个方面与理性相违背。战争不仅摧毁了建立在启蒙理性基础上的信念，而且促使现代社会逐渐超越古老的战争，进入一个新的时代：这一现象的确改变了战争的实质，从前现代社会低水平战争的情况来看，现代的战争更加非理性。正如吉登斯和其他人所说的那样，这种战争的特点就是发展大规模的杀伤性武器，特别是核武器，因为其威力巨大，以至于核武器在实际战略部署中的优点被完全否定，事实上核武器不在人们的考虑范围之列。超级大国在"冷战"期间通过"恐怖制衡"实现核威慑的战略，被缩写为"MAD"，即"确保摧毁对方"（Mutually Assured Destruction），是这种非理性的明显表现。正如玛丽·卡尔多（Mary Kaldor）简明扼要地表述的那样：

> 核战争是指在极短的几分钟内使用极端武力的战争。但是，有什么合理的目的可以证明它们的使用是正当合理的呢？核武器不会使现代战争的前提——国家利益——无效吗？❶

虽然（迄今为止）世界末日的可能性缩小了很多，但现代国家仍然继续依仗技术先进发动战争，❷ 其中速度的重要性持

---

❶ Mary Kaldor. New and Old Wars [M]. Cambridge：Polity, 1999：28.

❷ 卡尔多（Kaldor）观察到的现代战争的成本和后勤需求的特点值得我们关注，"除了应对明显力量悬殊的敌人外，几乎无法开展大规模的行动"（Kaldor, 1999：28）。卡尔多引用1982年马尔维纳斯战争和1991年海湾战争的例子，我们可以把"9·11"事件后的阿富汗战争和2003年的伊拉克战争也归于这种案例。但后两个例子表明战争胜利以及征战所需的成本和花费问题。孙子的另一句名言"不战而屈人之兵"，似乎很有道理。

## 第三章 难以驾驭的速度

续显著增加。最热衷于此的理论家是保罗·维利里奥（Paul Virilio）。自 20 世纪 70 年代中期以来，在一系列解释实际冲突的著作、文章和新闻报道中，维利里奥对速度、技术、文化呈现（特别是电影）以及他称为 20 世纪现代性的"纯粹战争"之间的关系，展开了复杂而广泛的分析。

如果要概括维利里奥的著作是不可能的，我也不会尝试这样做。❶ 但我仅仅挑选一些重要的、反复出现的问题来讨论。维利里奥在《速度与政治》（Speed and Politics）一书中指出，现在武器运输系统的速度不断增加，这与高速通信技术密切相关，导致战争本质的根本转变。现在的战争不仅仅从理性的角度思考，现在的战争与其说是获得、控制和夺取领土的主动权，不如说是占据时间的主动权。因为现代武器的速度极快、准确率极高，比如速度接近光速的激光武器，根据维利里奥的讨论，地缘策略优势（geostrategic strongpoints）的战争现在已经不复存在，因为我们无论身在何处都可以从任何一个地点在设定的时间精确地打击任何地方，误差不超过几米。❷ 这意味着战略的优势现在不在于占领阵地的据点，而是维利里奥称之为"永久运动的矢量"（vector in permanent movement），是"非本地化"力量（delocalized force），例如导弹，它的力量和方向能够打击任何地方。对于导弹来说，"最重要的是，它的移动速度和路径的不被探知性。"❸ 因此，对于战略至关重要的是保持武器的传输速度和精确度方面进行综合控制的优势。正是这种优

---

❶ 对于维利里奥作品的更好鉴赏和评价请参考德里安（Der Derian, 1998, 2000）和阿米蒂奇（Armitage, 2000, 2001）。

❷ Paul Virilio. Speed and Politics [M]. New York: Semiotext (e), 1986: 141.

❸ Paul Virilio. Speed and Politics [M]. New York: Semiotext (e), 1986: 135.

势带来的威胁,特别表现在短短几分钟就能够先发制人方面。因此,"瞬间的占领远远胜过领土的侵略,倒计时成了战争的现场"❶。

维利里奥在战争场地从空间转向时间中不但获得了战略战术,而且得到了政治推论。例如,他指出,随着可用于反应的时间的缩短,政治的反思和审议的时间也在缩短,可能缩短到某种自动化计算机的方程式必然会取代人类决策的程度。这种对技术既成事实(fait accompli)迫使政治遭到破坏的分析,以典型的方式超越了对于实际战争场景的阐述,成为关于政治领域日益缩小的更加普遍的推测:

> 物质空间的失去会导致政府除了时间别无所有。土地和国家分布的整个地理史已经结束,应运而生的只有时间维度的重组,权力不再是一切,只能被比喻成一种"气象学"。在这种不稳定的情况中,速度会突然变成一种无法逃避的命运,成为进步的表现形式。❷

任何读过维利里奥作品的人都会注意到,在这篇文章中他用引人入胜的方式,结合戏剧性的夸张和刻意的模糊(几页后他写道,"速度的暴力已经成为世界的命运"),表现出微妙的洞察力。如果我们能够理解独具风格的文字以及省略的部分,❸

---

❶ Paul Virilio. Speed and Politics [M]. New York: Semiotext(e), 1986: 138.
❷ Paul Virilio. Speed and Politics [M]. New York: Semiotext(e), 1986: 141.
❸ 道格拉斯·凯尔纳(Douglas Kellner)注意到维利里奥的文本,"快速转换他们的主题,像一种奔跑的'奇迹',批评者称,速度、战争和技术是否应该偶尔减速,更谨慎和耐心地分析他的理论立场"(凯尔纳, Kellner, 2000: 121 – 122)。

## 第三章　难以驾驭的速度

我们就可以领会到这一真理：的确，在许多方面，政府将处理事情和预测事情的核心放在速度上，而不是像过去那样只是简单地巡逻边境的领土。

1977 年，维利里奥完成了《速度与政治》(Speed and Politics) 的写作，背景是"冷战"、限制战略武器会谈 (the Strategic Arms Limitation Talks) 和白宫与克里姆林宫不断的电话谈判。在这一背景下，超级大国的紧张局势面临不断升级的威胁，甚至可能会造成核战争的世界末日。但是，尽管地缘政治形势、武器和通信技术都发生了巨大的变化，维利里奥所说的大部分内容仍与现在紧密相关，他还讨论了近年来发生的冲突，特别是关于 1991 年海湾战争的作品，比如《沙漠屏障——光速战争》(Desert Screen: War at the Speed of Light, 2001a)，以及关于 1999 年科索沃冲突的著作《欺骗战略》(Strategy of Deception, 2000a)。在最近的这部作品中，维利里奥描述了具有"绝对速度"或"光速"的电子通信对于军事发挥的越来越重要的作用。例如，他在书中说，我们正在目睹"通信武器胜过毁灭性武器的优势"，❶ 而且，战争的地点不再是"地球圈"(geosphere)、军事地理、领土等战略领域，而是"信息圈"(infosphere) 网络空间。❷ 事实上，这些论点使得维利里奥的著作超越了机械速度的时代，成为我将讨论的即时性和流动性的新兴领域。关于这方面的内容，我们将在后面的章节中再次讨论维利里奥。

但就目前而言，让人吃惊的是，维利里奥有关速度和战争

---

❶ Paul Virilio. Perception, Politics and the Individual (interview with Neils Brugger) [A] //John Armitage. Virilio Live: Selected Interviews. London: Sage, 2001: 86.

❷ Paul Virilio. Polar Inertia [M]. London: Sage, 2000: 47.

的著述富有见地，对于战争的充分准备、快速反应和先发制人的关注从"冷战"之后持续上升，而且已经超越战争的军事策略，延伸进入人们的日常生活领域。他在1977年如此写道：

> 作为通信毁灭手段的速度的盲目性不是将其从地理奴役中解放出来，而是消灭作为政治自由行动的空间领域。我们只需要参考对铁路、航空或公路基础设施的必要控制和约束，就可以看到一种致命的冲动：速度与日俱增，自由则逐日减少。❶

这些言论的直接背景是维利里奥称为具有双重含义的"紧急状态"（State of Emergency），这种状态在20世纪60年代和70年代的超级大国之间的紧张局势中盛行。但他所声称的自由随着速度的增长而减少的说法与"9·11"事件之后美国总统布什宣布"反恐战争"的无限期"紧急状态"不谋而合。为了进一步发展他的关于"行动空间领域的小型化"（miniaturization of space as a field of action）的观点，维利里奥谈道，"一个挥舞着缠满遮蔽胶带饼干盒的劫机者令人不易觉察的危险举动，可能会导致一系列灾难性的事件，直到最近这些事件都让人难以置信"。❷ 如果用开箱的刀具代替武器，这一系列事件可以被解读为世贸中心遭遇袭击的灾难与美国对阿富汗的入侵、伊拉克战争、马德里火车爆炸案以及2005年的伦敦地铁爆炸案联系在一起。

---

❶ Paul Virilio. SpeedandPolitics [M]. NewYork：Semiotext (e), 1986：142.
❷ Paul Virilio. SpeedandPolitics [M]. NewYork：Semiotext (e), 1986：143.

## 第三章　难以驾驭的速度

至关重要的是我们应该弄清楚维利里奥在这里所声明的是什么。速度本身并非原动力（primum mobile），因为很显然这里存在一些截然不同的问题，结合文化—宗教方面的互相仇视、狂热主义、社会的不公正、超级大国的霸权和老式的政治经济利益，这些问题提供了足够令人信服的解释。但问题的关键是，政治影响下的暴力事件发生的速度，或者更准确地说，国家感知这种威胁的速度，变得尤其重要。维里利奥指出，这种速度在民众中产生了越来越普遍的恐惧和不安全的文化，这种文化对公民的自由进行限制。

有些是相对而言较小的对于自由的侵犯，例如，机场安检的增强，对随身携带行李中的剪刀、指甲剪或护手霜等日常物品的限制，乘客必须使用塑料刀叉吃航空餐，或者有些很可笑和具有讽刺性的对于乘客尊严的冒犯，比如过安检时需要乘客脱下鞋子、解下皮带，❶这样的安检曾经是美国的标志，现在似乎成为全球的规范。乘客被请求在检票处脱下鞋子、解下皮带。但是，在制度化层面人们越来越产生怀疑的背景下来看的话，这些琐碎的事情被赋予了更深层次的文化意义（理论上每个人都是潜在的恐怖分子）。❷这种怀疑也通过技术的形式表现出来，比如在公共场合随处可见的监控摄像头，以及在身份确

---

❶ 芝加哥奥黑尔机场的保安人员过去常常会很高兴地告诉您这些要求，虽然您没有义务必须这样做，但是如果您不遵守这样的"请求"将在很大程度上延长安检的程序。当然，具有讽刺意味的是，现在安全审查降低了速度，在国家层面上，将令人焦虑的缓慢等待时间强加在全球快速旅行的时间上。

❷ 可能是每个人看起来都好像是潜在的恐怖分子。但是，人人似乎都经历偶然的怀疑后不知不觉地"融入"这个过程。当然，我们必须考虑非西方人群。随着最近呼吁的"选择性"安全检查以及"冒犯亚洲乘客"的黑色幽默笑话中，这一点变得更加明显。

认中运用的生物统计学（虹膜识别、指纹、基因分析）技术。就个人而言，在所有公共场合中，你会发现安保人员的数量和权力在不断地增加，这些都是这种怀疑扩大延伸的表现。

当然，有关现代各国的监视和控制措施，需要思考的问题更加广泛。但是，政府在计算这些措施的"政治可接受性"时，一个重要的因素当然是暗示一场虚拟的（潜在的）战争状态——"反恐战争"——现在已经开始。事实上，这场虚拟战争的第一个牺牲品并不是真理，也不是公民的自由，而是进行适当的政治审议的时间和地点。因此，在不安全和普遍怀疑的文化中，还出现了一种先发制人的文化（a culture of preemption）。

简单地说，先发制人就是首先攻击敌人，以防止受到敌人的攻击。当然，这不是什么新鲜事：这是在特定环境中的一种可行的策略，这种策略是从古代经典的警示哲学"汝欲和平，必先备战"（Si vis pacem, para bellum）中衍生出来的。[1] 但是，先发制人在制度化的文化中具有争议性的全新意义，它成为政策的首要诉求，现代政府以此为借口，以其他因素为动机发动侵略。或者，先发制人的思想成为文化上普遍接受的政治信条，是凌驾于正当的商议原则、公民权利和监管协议之上的政治信条。

---

[1] "汝欲和平，必先备战"语出韦格蒂乌斯（FlaviusVegetius Renatus, C.390AD），乔治·华盛顿（George Washington）曾引用过一句类似的话："和平是我们日益繁荣的最有力的途径之一，如果我们希望确保和平，那么我们必须知道，我们应该随时做好战斗的准备。"这让维护和平与维护财富更加重要（今天我们可以称为国家利益）。有趣的是，"先发制人"的词源也与经济领域有关：拉丁语首字母是"优先购买"。参考德肖维茨（Dershowitz, 2006, 28 FF）的政治和法理学思想的先发制人的简史。

## 第三章 难以驾驭的速度

如果说我们现在生活在这种文化中也许有些夸张，但在西方社会最近的政治生活中，确实存在某些事例，表明了这种新型的先发制人的安保态度。在西方社会最近的政治生活中，其中最突出的所谓的"先发制人"的行为出现在"9·11事件"之后的美国国防政策中。布什政府于2002年9月17日发表的《美国国家安全战略》（National Security Strategy of the United States of America）就说明了这一点。该文件中的第五章是"防止我们的敌人威胁我们，警惕我们的盟友，以及拥有大规模毁灭性武器的朋友们"，这就包含了先发制人的思想：

> 为了防止或阻止我们的敌人采取这种敌对行为，美国将在必要时采取先发制人的行动，美国在任何情况下都不会使用武力以先发制人，其他国家也不应将先发制人作为侵略的借口。然而，在一个敌人公开和主动追求世界上最具破坏性的技术的文明时代，美国不会在危险来临时袖手旁观。❶

尽管美国再三声明让世界放心，但是，不难看出，它为2003年入侵伊拉克进行的政治准备正是先发制人政策的实施。❷美国发动这场战争的主要原因是萨达姆·侯赛因（Saddam Hussein）政权可能存在所谓的大规模毁灭性武器，这可能会对美

---

❶ www.whitehouse.gov/nsc/nsall（p.10）。
❷ 科菲·安南在2003年联合国大会的演讲中批评了先发制人原则：如果［这一学说］被采纳，它会设定一个假设，导致单方面和随意使用武力，无论是否有任何令人信服的理由。这种逻辑是对过去58年来世界和平与稳定所依据的原则的挑战，尽管这些原则并不完美。（希罗，Hiro，2004：390）

国造成威胁。❶

英国卷入这场冲突的情况也在 2002 年 9 月 24 日的一份题为《伊拉克大规模杀伤性武器——英国政府的评估》(Iraq's Weapons of Mass Destruction: The Assessment of the British Government) 的卷宗中记录在案。在这个文件中，最重要的观点之一就是，"军事计划要求一些大规模的杀伤性武器在命令发出 45 分钟之内准备就绪"。❷ 现在大家都知道，为了强调英国所面临的风险而对这个文件已经进行了修改和编订。此处有关的问题并非英国声称没有在伊拉克找到大规模杀伤性武器是这一说法的明显错误，也没有任何涉嫌操纵公众舆论的企图，而是萨达姆可能会发动攻击的速度是引发战争的主要原因。

最近发生的一个事例也来自英国。英国提出把安保的先发制人引入普通民众领域。2005 年 7 月 22 日，在伦敦斯托克韦尔 (Stockwell Underground Station) 地铁站，来自苏格兰的警察开枪打死了巴西籍查尔斯·德·梅内泽斯 (Jean Charles de Menezes)。梅内泽斯被误认为是前一天在伦敦试图炸毁三个地铁站和一辆公共汽车的伊斯兰激进分子而遭到枪杀。他们非常残忍地杀害了他。他的头部中了七枪，肩膀中了一枪。所有的枪击都是轻率的快速射击。警察丝毫没有试图逮捕梅内泽斯先生的打算。其意图很明确，就是击毙他，而不是逮捕他。

无论从哪一方面来看，这都是一个令人震惊的事件。它不

---

❶ 即使事实证明如此，但是仅仅基于武器储存的假设发动伊拉克战争，无论从道德观念还是法律层面的辩解理由都受到广泛争议。2002 年，美国众议院国际关系委员会的共和党主席亨利·海德 (Henry Hyde) 非常清晰地阐明了这一点："只要意识到别人将要攻击你，你就要先下手为强。"(Rai, 2002: 150)

❷ Dilip Hiro. Secrets and Lies: Operation 'Iraq Freedom' and After [M]. New York: Nation Books, 2004: 446.

能被简单地解释为一个悲惨的偶然事件。因为，不管警察在执法过程中犯了什么错误导致一个完全无辜的人被杀，此事件暴露出英国警务政策出现了明显的转变，这种转变可以追溯到2002年，这一转变具有重大的意义。在误杀事件被迫披露之前，他们没有公开宣布这种转变的意义，因为关于袭击可疑的自杀式炸弹袭击者的新指导方针已经实施，建议向嫌疑人头部开枪，这实际上是一种"一枪致命"的政策。政策转变的原因非常简单，旨在使一个可疑的人体炸弹在他们有机会引爆炸药发动袭击之前立刻被终止。一位不愿透露姓名的高级警官引用《经济学人》(The Economist) 的说法，这种说法骇人听闻却十分准确："立即而彻底地摧毁他的大脑。"

无论个人针对这个政策的意见或者对此特定行为的看法如何，❶ 我们都无法简单回答这一案例所引发的道德两难境地。面对嫌疑人或许真的可能通过自我毁灭行为潜在地杀害公众的可能性（之前7月7日的爆炸事件造成52人死亡），不可否认的是，警察处于进退维谷的两难境地。非常有趣且值得注意的是，与入侵伊拉克的公众舆论相比，❷ 英国民众似乎支持这种特殊的先发制人政策。英国的舆观民调公司（Yougov）在2005年7月30日曾为《经济学人》开展的一项民意调查发现，超过60%的受访者认为警方在当时的情景下枪杀梅内泽斯的做法是正确的，虽然事后表明他们得到的情报是错误的。

---

❶ 随后的调查洗清了英国大都市警察的罪责，他们对梅内泽斯先生的死亡不负任何刑事责任，尽管依据健康和安全法规指控他们犯了玩忽职守罪，尽管这样的官司相当奇怪，但是在我写这本书时，这种官司还在继续。

❷ Hiro Dilip. Secrets and Lies: Operation 'Iraq Freedom' and After [M]. New York: Nation Books, 2004: 432.

如何解读这一问题的确非常困难。这可能反映出规避风险文化衍生的"如果……会发生什么呢"的道德权宜衡量。另一方面，它可能仅仅反映当时公众的一种不安状态。但是，似乎非常明确的一点是，在成熟的民主社会中，先发制人的杀戮逐渐成为执法的主流，这已经跨越了一道重要的门槛。

哈佛大学的律师、研究宪法的学者艾伦·德肖维茨（Alan Dershowitz）2006年出版的《先发制人———一把双刃剑》，对这一问题做出了深刻的探讨。该书引起了广泛的争议，因为艾伦在书中认真地研究了采取一系列先发制人措施时可能依据的道德和法律上的正当理由：

> 先发制人的措施包括：有针对性地杀害恐怖分子，对核武器和其他大规模杀伤性武器进行先发制人的攻击，再到预防性的战争……对种族、族裔和其他形式的定性，对传染病的接种疫苗或检疫（无论是"自然"传染还是"武器化"传染），对危险或攻击性言论的事先限制，使用酷刑（或其他极端的措施）作为收集必要情报的手段，这些都被认为是防止恐怖主义行为即将发生所必需的措施。[1]

德肖维茨绝不是认为所有这些做法都是合理的，但事实上，他提出了一系列严肃的说辞，这套说辞将这些措施纳入道德制裁和法理学的范畴，许多人对此感到震惊。他这样做的依据是：从政府的角度而言，这是政府采取特别行动（ad hoc action）的

---

[1] Alan M. Dershowitz. Preemption: A Knife That Cuts Both Ways [M]. New York: Norton, 2006: 2-3.

唯一选择。

无论人们对德肖维茨的论点有何看法，他将先发制人纳入道德和法律审议的范畴的尝试本身都具有重要的意义。隐含在德肖维茨的假设中的不足之处在于，他认为正义永远可以在先发制人的情况下得到伸张。这套话语从未探讨更广泛的文化制度和制度化加速的伦理道德，德肖维茨没有涉及的问题实质是：贸然行事的快速本身是否必须牺牲正义，因为它牺牲了认真思考的时间和空间。

现在我们必须对关于战争和速度之间关系的讨论做出一些总结。我们在开始讨论时引用了马里内蒂的观点，他试图通过美学思想来颂扬现代的机器战争。对此，最精辟的批评请参考本雅明非常著名的文章《机械复制时代的艺术作品》（*The Work of Art in the Age of Mechanical Reproduction*）的序言。我们可以理解，在1936年写作这篇文章的时候，本雅明为什么坚决地将未来主义美学放入法西斯主义的范畴之内："尽管世界即将灭亡，但请让艺术永存"（Fiat Ars – pereat mundus）。马里内蒂承认，希望因为科技不断进步所改变的战争能够带来感官上的享受和艺术上的满足。这显然是"艺术，为艺术而艺术"（l'art pour l'art'）的完美写照。[1] 本雅明对这种自我异化"可以体验到作为审美愉悦的自我毁灭"的回应，是对技术变革进行历史唯物主义分析的结果：

> 如果生产力的自然利用受到所有权制度的阻碍，那么

---

[1] Walter Benjamin. The Work of Art in the Age of Mechanical Reproduction [A] //Illuminations. London: Fontana, 1979: 244.

技术设备、速度和能源方面的增加将迫使人们对非自然进行利用，这一点可以在战争中得到体现。战争的破坏性表明，社会还没有足够成熟，无法将技术融入它的体制，技术还没有得到充分的发展，从而无法应对社会的基本力量。❶

无论人们对马克思主义者认为战争是过剩生产的系统性消费的观点如何看待，毫无疑问，当谈到技术与"社会基本力量"的关系时，历史与本雅明的观点一致而与马里内蒂的观点相悖。马里内蒂相信战争"建立了人类对被征服机器的统治权"，但是我们在这里回顾的关于20世纪的经验似乎恰恰与其相反。

因此，在总结时我们要强调的一个关键点是，基于速度和先进科技运用基础上的军事策略的"理性"承诺，已经被证实是我们时代的一个巨大的幻想。第一次海湾战争时，在"电视转播"中广为宣传的"外科手术式打击"（surgical strike）形象，似乎提供了一种新型的干净准确的战争形式。❷"外科手术式打击"是一种以较低的经济成本和较少的伤亡人数迅速而果断地赢得胜利的战争策略。相反，在已经失去传统的空间和时间界限的全球化的战争背景下——虚拟战争进入普通人们的

---

❶ Walter Benjamin. The Work of Art in the Age of Mechanical Reproduction [A] //Illuminations. London: Fontana, 1979: 244.

❷ 参考凯尔那（Kellner）1992年的例子。如果说第一次海湾战争可以比喻成"外科手术式打击"，那么我们可以"借用平淡无奇"来总结2003年伊拉克战争的特征。例如，速度的"减速带"，"速度的减速带是获取军事策略奖品的绊脚石，就像巴格达（Baghdad），它不会阻止你，但会减慢你的速度"。《战争语言：解码军事术语》，载《卫报》2003年3月21日第3版）

"和平"生活，速度的科技已经产生了新的非理性并将我们带入未知和令人困惑的道德—政治领域。

### 五、结论：测速摄像头——机械速度的文化矛盾

在这一章中，我们讨论了现代机械速度与"非律性"文化之间的不同关联方式，也就是说，它与理性、秩序、规则和进步等现代主流话语之间的冲突。在讨论时，我们主要集中在三个方面：机械速度的感官美学吸引力，速度与反主流文化排斥井然有序的资产阶级生活方式之间的关系，速度与战争暴力之间的联系。

然而，这种难以控制的速度在任何方面都很难被视为一种完全独立的文化叙事，更不能将其理解为理性、进步的速度的对立面，事实上，它也不能被理解为成功挑战主流资本主义现代秩序的连贯统一的话语。除了显而易见的战争之外，难以驾驭的速度已经在组织全面的现代性制度的空隙中找到了它的位置。如果我们非要针对哪种叙事的影响力最大做出一个肤浅的判断的话，那么毫无疑问，根据规范化和技术化的经济增长模式，速度作为进步之"父"的故事最具影响力。

如果是这样的话，我们如何理解现代速度文化的这两种不同趋势之间的关系呢？一个简单的答案就是，它们经常以矛盾的方式共存。随着军事技术的加速发展，战争的残酷持续升级，恐惧不断加剧，这一现象可以被看作一个很好的例子，是非理性能够与理性的现代性意识形态共存并被后者容纳的范例。

然而，我们可以提出更多的论点。在20世纪的发展历程中，从一些难以驾驭的速度文化的僭越性因素的命运中，我们可以看到制度化的资本主义现代性的中心矛盾的展现。这个中

速度文化：即时性的到来

心矛盾就是，在生活的某个领域内提升速度的冲动会导致其他领域对速度的规范或者抑制。我们会在加速文化的矛盾中感受到一些生活的挫折和紧张。我们也可以在这种文化中发现一些比较负面的关于速度僭越的案例。

日常生活中，最明显的控制速度的区域当然是公路。在路上（实际上，这里是指物体流动的区域）普通公民最有可能与其他公民或警察接触，有时可能会发生冲突和对抗。驾驶为人们提供了自己独立控制速度的机会，是人们体验机器快速移动带来的乐趣的一个最简单的方法。❶ 但是，与此同时，它可能是日常生活中规范和监督最严格的领域。这种情况成为最明显的紧张、挫折和低级违规行为的来源。

规范行驶速度的直接理性显而易见：超速驾驶是极其危险的，在一些混乱的场景中更是如此。如果人们停下来想想就会发现，在城市和郊区的行人与汽车驾驶员经常生活在同一个没有安全保障的环境里。毫无疑问，道路交通事故是现代社会非正常伤亡的一个非常重要的因素。费瑟斯通（Featherstone）援引2004年世界卫生组织的一份报告并披露了一些非同寻常的数字：

> ［据估计］每年有120万人在道路交通事故中丧生，2000万~5000万人受伤。据估计，在未来20年内，这一数字将增加65%，道路交通伤害将会成为造成全球疾病和意外伤害的第三大主要因素。目前道路交通事故的估计费

---

❶ Daniel Miller. Car Cultures [M]. Oxford: Berg, 2001; Mike Featherstone, Nigel Thrift, John Urry. Special Issue on Automobilites [J]. Theory, Culture and Society, 2004, 21 (4 - 5).

## 第三章 难以驾驭的速度

用为每年5180亿美元。❶

虽然速度不一定是引发道路交通事故的主要原因,❷ 但对于速度与交通事故潜在死亡率之间的关系人们基本上达成共识。对于一辆以每小时20英里的速度行驶的汽车而言,受害者有90%的幸存概率;而对于一辆以每小时40英里的速度行驶的汽车,受害者的生存概率则下降到10%。由于这些原因,限制车速是完全合理的举动,特别是在城市中更需要限制车速。

监控技术,也就是测速摄像头的使用越来越普遍,最常见的速度监测手段是通过测速摄像头来检测速度。出于安全考虑,检测速度的做法似乎是非常合理的。越来越多的证据表明,测速摄像头是实施强制性限速的有效办法。然而,在许多国家,人们没有重视这种强制限速的重要性。例如,据报道,2003年法国在引入高速摄像头后,交通事故的死亡率下降21%。❸ 对于监测速度的顾虑似乎对超速驾驶有很强的抑制作用,这是可以理解的,因为屡次违章,不仅会有罚款的处罚,还存在更为

---

❶ Mike Featherstone, Nigel Thrift, John Urry. Special Issue on Automobilites [J]. Theory, Culture and Society, 2004, 21 (4-5): 3. 费瑟斯通对各国的这些数字细分的讨论也说明风险在全球范围内分布不均,较贫穷国家风险最高。道路交通事故也显示了阶级和年龄差异。根据经济学家的报告,在英国,驾驶员可能是"17~24岁的年轻男性和高收入人群,年收入超过3万英镑",他们的受害者通常是学龄儿童。此外,"社会最低阶层家庭的儿童行人的死亡率是最高社会阶层的5倍"。(《经济学家》,2002年6月27日(印刷版)通过 www.Economist.com 访问)关于机动车和安全之间的概念关系,参考见贝克曼 (Beckman, 2004),关于道路死亡与阶级关系的讨论,参考克里斯汀·罗斯 (Kristin Ross, 1995: 60f) 的讨论,特别要关注卢克·博尔坦斯基 (Luc Boltanski) 20世纪70年代在法国的作品。

❷ 英国交通部2004年的一份报告指出,超速驾驶只是交通事故的第七大重要诱因之一,第一大诱因是"疏忽"。

❸ 速度,规则和心理学 [N]. 经济学人,2004-01-22.

严重的后果（与速度经济中的金钱的价值相比，流动性的社会价值是一个有指导意义的例子）。

毫不奇怪，超速罚款的力度大幅增加。1995～2005年，英国对于超速的罚款金额增加了10倍。测速摄像头的广泛使用因此也引起不小的争议，受到来自社会方面的阻力。在英国，像"安全速度"（Safe Speed）这样的游说团体已经展开了一些游说活动，而且取得了一定的支持率，他们的理由是安装测速摄像头的目的是用于提高收入而不是出于道路安全的考虑。❶ 汽车节目记者杰里米·克拉克森（Jeremy Clarkson）通过BBC的流行节目《最高档》（*Top Gear*），也被粉丝们俗称为"疯狂汽车秀"的平台，直言不讳地批评测速摄像头的作用。❷ 之后，我们看到了更加强烈的抵制，比如破坏测速摄像头的行为，等等。

单纯地从权利和责任方面来看，反对测速监管的游说理由比较薄弱。但是，如果将这一问题置于制度改进和抑制速度的矛盾中来思考的话，我们还有很多需要思考的问题。正如迈克·费瑟斯通指出的那样，人们普遍持有的"传统"道路安全观倾向于将责任转移到道路使用者个人身上，期望并鼓励他们在驾驶的过程中"不要犯错"。世卫组织的报告中隐含的另一项做法是：将道路安全定义为一个公共卫生问题，将注意力转向发生道路交通事故的政策中。正如费瑟斯通所说"从政策的角度来看，一个关键且显而易见的因素是人体是脆弱的，非常

---

❶ Ben Webster. March of Speed Cameras Halted [N/OL]. The Times, 2005-11-05. (www.timesonline.co.uk/article/0, 1858368, 00).

❷ 事实上，克拉克森声称自己长期站在一个自由主义传统的立场，反对限制速度。正如麦克里（McCreery）指出的那样，现在非常受人尊敬的英国汽车协会（AA）最初是一个激进的行动组织，通过设置巡防队来警告迎面驶来的司机，以挫败警察设置的速度陷阱（McCreery，2002：358）。

## 第三章 难以驾驭的速度

明显的解决方案是降低速度,或者是设计出速度不能超过人体脆弱极限的车辆"。❶

现代国家中没有一个政府支持这种政策性解决问题的方案的原因并不难理解:比如说,如果建议将交通速度限制为每小时最高速度 30 公里,这将会减慢供应链的运输,后果是产生巨大的经济损失。减缓速度造成经济损失被视为完全是不可持续的,更不用说普通公民在政治上无法接受这一建议。因此,减缓社会经济体系中的速度就无法被列入政治议题的议事日程,所以,采取影响较小的对个人行为进行监管的方式则更合乎实际情况。广义来说,这种情况就像尤瑞克·贝克(Ulrich Beck)所说的那样:"人们如何生活成为解决体系难题的方案。"❷

就交通速度而言,交通速度方面的系统性矛盾不仅体现在政府政策上,还表现在汽车的设计和营销上。速度文化权力——加速和速度的潜力——通常与价格相关,因此隐含着社会地位的意义,比如大马力汽车与"高级行政主管"联系在一起。

但是,最重要的是,在一个快速的、时间紧迫的文化中驾驶汽车是我们需要考虑的关键因素。毫无疑问,超速有时会与产生兴奋联系起来(在某些情况下,可能与高睾酮水平有关),或者甚至会产生截然不同的欲望:在快速行驶的过程中忘记自我。❸

---

❶ Mike Featherstone, Nigel Thrift, John Urry. Special Issue on Automobilites [J]. Theory, Culture and Society, 2004, 21 (4–5): 4.

❷ Beck Ulrich. Risk Society: Towards a New Modernity [M]. London: Sage, 1992: 127.

❸ 克里斯汀·罗斯(Kristin Ross, 1995: 20–21)把通勤者的"限制时间"(Lefebvre)和极其专注的超速体验进行了有趣的比较,他引用弗朗索瓦·萨根(François Sagan)的话,"甚至你的悲伤都被一扫而光,不管你多么疯狂地坠入爱河,以每小时 120 英里的速度你都不会如此"。他也引用了鲍德里亚的话,"它带来了崇高的静止和沉思的状态。如果每小时超过 100 英里的速度,那么就只有永恒的可能性"。

但是更常见的是，它似乎与驾驶员更加复杂的心理有关，通过简单的人机合作和加速器的压力，❶ 将内心的冲动和挫折与触手可及的果敢和自信混合在一起。

在这个过程中，我们可以看到机器"轰鸣"速度（buzz speed）与文化"匆忙"速度（hurry speed）的结合。这种越界速度与速度英雄主义几乎没有关系，相反，它暗示了世俗的期望和感知到的不间断地以进步为目标导向的必要性。这里的速度常常与行程或者日程结合在一起。从这个意义上说，它不是"难以控制的"，而是有目的、有计划的速度，并且它完全与合理的、省时的生活计划相一致。这些对于阻碍进步（进步通常被认为是某种与习惯性快速驾驶相关的事物）的人的轻微攻击行为也同样表达了对理性的冒犯。例如，在最温和的情况下，被认为是违规者的人会被贴上"白痴"的标签。❷

驾驶行为需要人们在不同的快节奏生活方式的情景下对它做出不同的阐释。这种思路可能会揭示现代社会更广泛的"流动的私有化"（mobile privatisation）矛盾。在这一关键背景下，我们可能会认为，对于短暂和快速生活的速度僭越已经演变成对强压力、长时间工作的枯燥生活的厌倦，在这里，30 岁之前（或者至少 30 岁左右）成功成为人们生活的目标。虽然这不是我们目前需要讨论的主要内容，但它证实了我想要强调的难以

---

❶ Lupton Deborah. Monsters in Metal Cocoons："Road Rage" and Cyborg Bodies [A] //Body and Society. New York：Norton，1999：57 – 72.

❷ 但在杰克·卡茨（Jack Katz）的《洛杉矶的愤怒》（*Pissed Off in L. A*）中，我们可以看到他对于司机的愤怒和攻击心理从社会心理学角度进行了微妙的分析。在卡茨的分析中，对汽车司机的"哑巴"行为普遍地被解释为"驾驶人在社交活动中没有使用语言交流，因为被限制在密闭狭小的车内，他们通过手势和最有限的示意动作与其他人进行社交"（Katz，1999：25）。

控制的速度的要点。这种难以驾驭的速度经常是速度的主流文化话语的附属品或者同化物，速度的主流文化话语将速度视为理性、努力和进步的代表，这些理想在这里通常被转化为计算、工具和获取私人物质的目的。

在本章中，我们对探讨的机械速度的文化含义做了总结。正如我们所看到的那样，机械速度发展出一系列独特的价值观和实践经验，这些都围绕着现代性的核心展开。当我们从 20 世纪进入到 21 世纪时，我们将继续在很多方面生活在这种文化中。然而，在某种程度上，有迹象表明，一些新兴的其他东西也从中发展而来。这就是我在下一章中把它描述为"即时性"文化（the culture of immediacy）的东西。

迄今为止，我们所讨论的速度文化的主要载体是机械现代化的"硬"技术（hard technologies），它从 19 世纪早期开始到 20 世纪末期一直主宰着人类的文化想象，历史性地打破了自然秩序对人类文化的束缚。相比之下，即时性的象征性载体是电子信息、媒体和通信系统中的"软"技术（softer technologies）。假设新的文化体验、想象和价值观正从我们与新兴技术的互动中浮现，这也合乎情理，不代表它落入技术决定论的陷阱，我将在以后的章节中探讨这些新的文化体验、想象和价值观。但是，在结束这一章时，我不想在关于机械速度的文化世界的讨论中划出一条界线。在许多方面，即时性文化与当今世界的机械速度文化交叉重叠，并不是说一种技术文化取代了另一种技术文化，也不是说新技术文化解决了早期技术文化所形成的问题和矛盾。正如我将论证的那样，即时性的状况确实在很大程度上改变了我们的生活环境，这些为文化分析提出了新颖但的确令人困惑的难题。

## 第四章　即时性的状况

在本章以及接下来的章节中我要讨论的问题是：在当代出现了一种影响21世纪现代性的全新状态，它对文化的实践、经验和价值即将产生影响。在19世纪和20世纪，机械速度主宰工业化的西方的现代性。这种新的状态一方面从机械速度中发展而来，但在另一方面它与机械速度又存在不同之处。我提议将这种新的情况称为即时性的状况。

当然，大量的分析概念以及与其相关的新词汇在完全合理的情况下可以添加在论证的实践中。就我们目前探讨的即时性的情况，我相信添加新术语是合理的。我在理解一系列新文化现象时面临的困难促使我引入"即时性"这个新概念。在我们看来，这些现象是现代世界日益增长的技术驱动速度的一部分，但是，它们无法归入我们在前几章讨论的文化叙事的范畴，因为它既不属于规范可控的速度也不属于难以驾驭的速度。

从机械速度的文化想象角度来看，我们如何理解以下这些世界发达国家日常生活的实例呢？

- 工作生活和家庭生活之间转换的不同，实际上是工作和休闲之间的区别，这是由于家用电脑的普及，从而使得"任务导向"（task orientation）和"定时劳动"（timed labour）之间的转变变得更加复杂，而这种转变被认为是现代工业资本主义劳动关系的典型代表。

## 第四章 即时性的状况

- 互联网上丰富的信息资源的确令人震惊,现在人们最先想到而且最明显的获取信息的地方不是图书馆而是搜索引擎。一些重要的品牌名称迅速地从名词延伸为动词,例如,"谷歌一下"(to Google it)。

- 购物时间逐渐变成每天二十四小时、每周七天的一种正常状态。当然,购物时间对于许多人来说也是工作时间。与之相关的转变是,对于城市空间的休闲化使用,这在咖啡馆文化中表现得淋漓尽致。而在过去,这些时间都被称为"工作日"。这一现象非常奇怪地与现代社会中延长工作时间的文化共存。

- 无论是以广播还是网络的形式,每天二十四小时都被新闻报道和评论所覆盖,实时地讲述我们生活其中的社会和政治情况。

- 银行业、保险业、公共服务、旅游和运输服务以及家政保洁提供的服务,从当地办事处转换成远程电话客服中心,这些客服中心通常设立在另一个大陆。个人常规的商业互动形式也随之转变,从面对面的形式转变成高度中介化的形式,这也涉及一些抽象的(而且常常是令人沮丧的)规范问题。

- 随着数字摄影技术的产生,我们不再需要等待照片的冲洗和打印(做成相册),实际上打印成为一种可以自由选择的事情。这种转变隐含着我们对摄影观念的转变,而照片是最具现代性象征意义的艺术品之一。

- 与电脑相关的各种疾病、挫折和焦虑:电脑死机、数据丢失、病毒("蠕虫""机器人""拨号器")、垃圾邮件、停机、"网址无法访问"、数据处理延误。

- 一项经常引用的统计数据显示,现在的工人在整个工作生涯中平均会出现 12 次职业变动。职业变动的合理性通过灵活弹性和跳槽技巧等概念进行描述，这种概念已经进入职业管理和教育话语之中。

- 闪电式约会（Speed dating）。
- 虽然不利于环境的可持续发展，但持续增长且全球化的经济消费的假设是：商品的生产能够而且将会满足人们的需求和愿望。与此相关的是，消费者需求的转变，从以前单纯地获得商品到交货速度的要求。这与物流紧密关联，例如"及时"生产和迅速交付系统。
- 将源于电脑处理问题时使用的"多任务处理"（multitasking）一词应用到人类的活动。也许与之相关的是，工作场所的心理压力有可能取代像"背痛"这样的传统的职业病，而成为长期疾病的主要原因。
- 全球的青年文化，其中手机已经成为时尚偶像和人际关系模式的决定性因素。
- 键盘和屏幕在我们的日常环境中无处不在，使用键盘和屏幕的技术成为现代生活的一种基本能力，变得不可或缺。
- 最后，根据一项广泛认同的文化观，其中为数不多的普通人（和更少的知识分子）毫不怀疑地相信"进步"，从广义的角度而言，是普遍的人类福祉的历史进步，这是通过人类共同努力的科学技术与应用来传递的历史进步观。然而，与此同时，在这种情况下，并没有出现更加令人满意而且可以取代以前的社会目的的叙述话语。因此，在某种意义上说，政治或经济领域中持续地、象征性地使用"进步"这一词语受限于短期的需求、议程和目标。事实上，一种似乎脱离了传统宗教信仰的延续的公共话语，在很大程度上已经放弃了界定长期集体目标的尝试。

## 第四章 即时性的状况

我承认以上这些例子是一系列随意观察到的现象，有意识和无意识地带有主观选择性，其重要程度也各不相同。毫无疑问，它们都带有作者的个人主观偏好，也不无偏颇之处。在引用这些例子时，我并没有在观察这些现象的时候假装严谨，它们当然也不应被误认为是通过归纳分析得出的结论。尽管如此，这些例子都可以在微不足道或者更加深刻的层面上，代表现代人的普通生活，具有重要的意义。每一个例子在历史上都是一种新颖的文化现象，每一个例子至少直觉地与社会生活中某种特殊的加速模式直接关联。因此，这样的例子连同其他的例子可以被添加在速度文化的列表中，共同形成一种更加普遍并且更加容易理解的模式，这种做法并非全无道理。这一假设正是促使我引入即时性概念的根本原因。

现在让我们厘清即时性这一棘手难题的详细问题。即时性作为一种文化原则，与我们现在所处的特定时代的科技基础相关，尤其是与通信传播基础相关的科技相关，就像"机械速度"是前一时代的准则一样。

那么，什么是即时性呢？即时性这一概念有两层含义。第一是与空间有关，"不受中介关系的限制；直接的关系或者联系……接近的、最近的、相近的、紧密的、靠近的"。第二层含义与时间相关，"指的是时间流或者瞬间……立即发生的，即时发生的；瞬间发生的"。[1] 虽然它与时间的关系似乎更多地与速度相关，但正如我们将要看到的那样，这两者对于分析在我们的时代中现代速度文化的转变具有启发性的意义。

---

[1] 参见《牛津英语字典》收录的"及时性"（Immediacy）和"即时"（Immediate）词条。

实际上，我之所以选择"即时性"一词，部分原因是它的多重性。为了便于研究的目的，我将其分为三个核心概念。

首先，即时性意味着一种瞬时性（instantaneity）文化：一种习惯于快速传递、触手可及、及时满足欲望的文化。当然，这是经济和与之相关的工作文化的基础，不仅是为了维持这一现状，而且是为了不断提高生活节奏。这是一种最接近机械速度的趋势，至少与加速的市场资本主义的拥护者和批评者的言论相吻合。

其次，即时性也可以被看作一种直接感受，也就是一种文化邻近性的感觉。从词源学的角度来看，其主要意思来自于晚期的拉丁语"immediatus"，意为"不分离"。在第二种意义上，即时性不仅意味着在文化中的加速，而且表明了文化体验的独特性。在日常生活中，在某种程度上这可能被理解为一种新型动力，也许（用一个相当自命不凡的术语）是对个人生活体验有着更强烈的"个体存在此性"（haecceity to individual lived experience），是一种与他人关系的紧密联系，或者是一种普遍存在的紧迫感，或者我们短期关注的事物带来的紧迫感和驱动力。与此相关的是作为介入元素或者中间者的中介消失的概念。我们可以用直观的（ostensive是一个重要的限定词）"弥合差距"（closure of the gap）来形容这一点。从历史上看，这个"差距"把此时与彼时、此地与彼地、欲望与满足分隔开来。正如我们在第二章中所看到的那样，这种差距造成对于"速度即进步"的积极挑战。从这个意义上来说，即时性再一次表明了机械速度时代"终结"这个术语在两个方面的结束：作为目标的终结和作为结论的终结。

最后，表面上看起来与第二种意义有些矛盾的是，我对这

## 第四章 即时性的状况

个词的使用明确地涉及了媒体在现代文化中的重要意义。这是不可否认的事实，通常而言，电子通信和媒体系统在日常生活中扮演着越来越重要的角色。从更具体的角度来看，电子通信和媒体系统是一种独特的、历史上前所未有的远程教育文化体验模式，这是 21 世纪全球现代化的典型表现。正如我将在第五章中尝试阐述的一样，对远程媒介经验本质的审视，揭示了对于媒体技术和系统的日益依赖与作为废除距离与分离的即时性概念之间的明显冲突。这种最广泛意义上的传播媒介对于任何即时性状况的解释都是不可或缺的，这一点从我所列举的大多数例子中就可以明显地表现出来。

但这并不意味着，即时性就是一种"以媒体为中心"的分析工具，也不应该意味着它完全与机械和电子加工等技术领域的转变有关。相反，我想要阐述的更广泛的状况是，正是因为通信技术融入现代性之中，使现代性在各个层面上发生变化，比如全球化、去辖域化（deterritorializing）、改变生产方式和生产关系、改变交付和消费的方法和关系，产生新的便利、兴奋和愉悦，也导致新的焦虑和病症，等等。这种现代性建立起来的文化分析是一项宽泛的议题，包括我们的情感和审美敏感性转变所传递的意义，以及我们的道德倾向和视野转变的潜在含义。这种分析的最大挑战是考虑即时性的状况是否以及如何改变人们对于生活的常规想象和期望，以及在合乎情理的范围中，我们期望它会提供什么。

接下来的章节将尝试朝这个方向迈出第一步。然而更重要的是将即时性这一概念当作一种分类范畴来使用，这样的话我们将有一个更加恰当的词汇来理解我们共同的现代经验；这种词汇也不会完全地割裂与旧的机械速度思想之间的联系，但同时也能够辨别出一些关键性的转变。

## 一、流动性与轻灵性（Fluidity and Lightness）

一种让我们开始讨论的方法是，将即时性这一概念放在其他可区分不同时段的现代性的分析中。在这里我用了一个重要术语，即"流动性"或"移动性"。在这一分析中，流动性/移动性的比喻被用来说明现代性的社会本体论。❶ 这项分析被运用在理解如下几个方面的不同：社会空间的渗透性和变化无常的性质；主体、社会过程及其关系的内在流动性（就像围绕网络的流动）；现代社会存在的现象学。后者，不仅体现在现代社会的去辖域化和共同经历上，而且体现在价值的恒定性逐渐瓦解和生活的不同"质地"（texture）上。

正如鲍曼指出的那样，使用这种比喻来捕捉现代性并不是什么新鲜的做法。以《共产党宣言》为例，他们使用"烟消云散"的意象描写资产阶级社会，提到"一切坚固的东西都烟消云散了，一切神圣的东西都被亵渎了，人们终于不得不冷静地直面他们生活的真实状况和他们的相互关系"。❷ 然而，正如鲍曼所言，马克思等人所描述的旧社会文化秩序的"烟消云散"（liquefaction）被认为是建立新的坚固的东西（new solids）的必

---

❶ 鲍曼（Bauman）在他的《流动的现代性》一书中一开始就提出了物理理论观点，即流动性是液体和气体的质量，这两种物质都不同于固体，因为它们都具有"在受到压力时形状不断变化"的特性（2000：1）。除此之外，我和他也不太关心流动性和移动性的区别。当然"气态现代性"是一个不太恰当的术语，其中的原因有很多。

❷ 这也是波德莱尔（Baudelaire）现代主义审美想象的特点之一。在 1863 年出版的《现代生活画家》一书中，他强调现代性的品质就是"过渡、短暂、偶然"（波德莱尔，1964；弗里斯比，Frisby，2001：236f）。

要前兆,"进步了很多,并接近完美,因此不能再变动"。❶

运用流动性或者移动性来代表最新的现代性体验的一个主要特征在于,人们既不是用这些字眼去代表危机也不是去表示进步或革命进程中的过渡阶段。因此,流动的现代性不是一种严酷的考验,而是世俗社会存在的一种持续的状态,一种被体验为可塑的且转瞬即逝的存在状态,到目前为止,对于它我们唯一可以预测的是它的不可预测性。

社会科学家已经使用流动性这一比喻,在不同的概念框架中探索它的状况。约翰·厄里(John Urry)将这一概念应用在其最具独创性、最具洞察力的社会理论分析中,并借鉴自然科学和数学,关注全球现代社会的内在复杂性。他所说的"全球流动性"(global fluids)是一些可以"栖息"其中的实体,因此为全球连通网络结构带来了与生俱来的复杂性、活力和流通的本质:

> 这样的流动性部分地由全球秩序、机械网络、技术、组织、文本和参与者组成的各种"图景"构成,它们彼此又构成各种相互连接的节点,流动性沿着这些节点接力流动。全球流动性也沿着这些不同的"景象"流动,但它更像白细胞一样,穿过"细胞壁"进入周围的环境,并对该环境产生不可预知的后果。这种黏度不同的流动性是这个复杂过程中混乱力量的组织者。❷

---

❶ Zygmunt Bauman. Liquid Modernity [M]. Cambridge: Polity, 2000: 3.
❷ John Urry. Global Complexity [M]. Cambridge: Polity, 2003: 60.

速度文化：即时性的到来

　　根据厄里的研究，他在全球流动性中列举了全球旅行、人口流动、互联网、金钱、汽车、环境危害和社会运动，而且全球流动性呈现一种"没有明确的出发点"也"没有必需的终结状态或者终极目的"的波浪形移动状态。❶ 这至少在一定程度上解释了当代现代性的不可预测性、明显的不稳定性和开放性，也显示出它不愿屈服于早期传统社会分析的理性主义体系建设。❷ 正因如此，厄里宣称，"关于全球的线性进步描述，例如针对财富增长、同质化、民主或者暴力的描述，都是错误的"。❸

　　我想要强调的一点是，隐含在厄里的描述中的要点是：这种流动性的网络与更"坚固的"现代性想象之间的区别，尤其是当它们与早期的机械技术联系起来时，这一区别就更大了。❹ 部分地是因为这种区别符合我在机械速度和即时性之间确立的宽泛区别，而且它也是厄里对流动性社会本体论的应用与鲍曼探究此论题中直接的"划时代"的处理方式之间明显的联系点。现在我就开始论述鲍曼的论点。

　　在一系列抓住人文与社会科学思想者的想象甚至延伸到宗教思想的文本中，鲍曼使我们理解我们所处的社会呈现一种

---

❶ John Urry. Global Complexity [M]. Cambridge: Polity, 2003: 60.

❷ 比较德里达关于中介经验波动特征的评论很有趣。关于柏林墙的倒塌、南非种族隔离制度的结束等历史性事件似乎在世界上以"破裂"的方式发生，无法预测它们发生的时间：因为它支离破碎，像波浪一样滚动，随着加速，波浪积聚力量和质量。我认为这一进程的加速与遥测技术、远程技术改造、图像、模型等跨越边界的情况联系在一起。因此，所有政治或经济进程的加速，似乎都离不开技术的新时代，离不开另一种节奏。（Derrida, Steigler, 2002: 71）

❸ John Urry. Global Complexity [M]. Cambridge: Polity, 2003: 124.

❹ John Urry. Sociology Beyond Societies: Mobilities for the Twenty-firstCentury [M]. London: Routledge, 2000: 56f.

"流动性"的状态。鲍曼选择使用"流动的现代性"这一术语作为比喻来表示现代性的当前状态,这源于他对后现代性或者晚期现代性等术语的不满。❶ 虽然可以选择更具实质性的术语而不是这些充满问题的关于现代范畴的时间限定词,但从某种意义上说,它在根本上发挥几乎相同的作用。通过与此前的现代化相区别,流动的现代性是我们当前的状况。其关键在于,被鲍曼称为"沉重的"(heavy)、"坚固的"(solid)、"以硬件为中心的"(hardware - focussed)现代性与新的"轻灵的"(light)、"流动的"(liquid)、"基于软件的"(software - based)现代性之间的对比。

现在,如同所有宽泛的一般性比较一样,这种观点容易受到各种各样的抨击,特别是易于受到那些担心历史时期划分准确性的人们的批评。❷ 然而,注重时期划分的细节并没有什么用处,因为这没有抓住问题的要点:这种比较不是为了提供精确的社会历史描述,而是帮助我们创造性地思考周围事物的发展过程。从这个意义上说,我认为鲍曼的一般研究方法在教育方面具有启发意义,鼓励我们为社会上存在的问题寻找解决办法。❸ 我并不是非常赞同鲍曼所描述的一些伦理文化含义,这些观点将在后面涉及,但在很大程度上,我希望将"坚固的"

---

❶ Zygmunt Bauman. A Postmodern Grid of the Worldmap? - Interview with Milena Yakimova [N/OL]. Eurozine Review, 2002 - 11 - 08 (www.eurozine.com/articles/2002 - 11 - 08 - bauman), 2002: 2 - 3.

❷ 关于时代思维的有效性和局限性请参考瑟伯恩(Therborn, 1995)、阿尔布劳(Albrow, 1997)、汤姆林森(Tomlinson, 1999; 35f)。

❸ 启发式或许也适用于计算机系统。根据微软百科全书字典,启发式程序(例如拼写检查程序)是"根据用户需求修改自身程序"。对于社会学的自反性来说,这一描述很适合。

与"流动的"、"沉重的"与"轻灵的"现代性之间的比较,视为一种可行的、有益的比较。

因此,简单地说,根据鲍曼的说法,目前我们在见证一个"沉重的"现代性时代的结束,在这个时代中,"规模就是力量""数量意味着成功":"这个时代的机械永远笨重且愚钝,工厂高墙包围着与日俱增的厂房,这些厂房容纳着众多工人,生产着笨重的铁路发动机和巨大的远洋班轮。"❶

除了重工业和劳动密集型生产等明显特征外,鲍曼也把"沉重的"现代性与时间和空间的相对固定性联系在一起,或者至少与硬件方面的趋势联系在一起,即"行动迟缓、笨拙、缓慢"。❷因此,"沉重的"现代性是一个财富和权力都集中在物理性地域的时期:"具体的,固定的,与钢铁和混凝土捆绑的,并通过体积和重量来衡量的。"❸扩大权力意味着扩大对这些地理上固定领域的所有权、占领权和控制权,鲍曼将这些地方生动地称为"权力的温床、堡垒和监狱"。因此,"沉重"的现代性与领土扩张联系在一起:对空间的日益扩张,进而增加对时间的相关控制。无论是从泰勒在第二章描述的那种工业劳动力的时间规范方面而言,还是以使用钟表时间协调时空最终形成全球性空间与时间的协调方面来说,❹沉重的现代性阶段是一个领土征服的时代,是帝国主义和殖民主义的时代,同时也是时间规范和制度化的时代。因此,这是一个测量勘察、规

---

❶ Zygmunt Bauman. Liquid Modernity [M]. Cambridge: Polity, 2000: 114.
❷ Zygmunt Bauman. Liquid Modernity [M]. Cambridge: Polity, 2000: 115.
❸ Zygmunt Bauman. Liquid Modernity [M]. Cambridge: Polity, 2000: 115.
❹ 关于时空协调对现代性的中心作用,特别参考:吉登斯(1984,1990)、哈维(1989)、拉希和厄里(1994)、厄里(2000);关于全球化的概念,参考赫尔德(1999)、汤姆林森(1999)。

划进程、安排时间和控制计划的时代。

相比之下，新型的"轻灵的""流动的"现代性带我们进入了另外一个世界，在这个世界里，曾经占有一席之地的稳定的、坚固和纯粹的领土扩张不再被认为是一种资产，至少对全球资本主义来说是如此。这是一个资本流动、企业轻装上阵的世界，生产的方式是可塑的，材料的来源是多种多样的，员工的雇佣是暂时的，规划是灵活和可调整的，逻辑是比较模糊的。鲍曼指出，这种对比反映在企业文化领域，微软等公司的组织形式较为松散和"灵活"，与通用汽车、福特或雷诺等老牌重工业巨头形成鲜明对比。从员工的角度来看，流动性标志着传统观念中终身"职业"概念的终结，因为企业的目标是拥有更广泛的"适应性"组织结构。这也延伸到更广泛的文化中。在日常生活方式、态度和价值观念中，稳固、持久与地域性的价值观让位于移动性、灵活性和对变化开放的态度。建设、规划、调控被不确定性、"随波逐流"所取代；长久性变为短暂性，长期变为短期。最重要的是，在流动的现代性中，距离不再是问题：

> 在光速传播的软件世界中，跨越时间真的能在"转瞬间"完成，对于距离远近不同的概念也被消除。空间不再是行动及其效果的限制和障碍，空间发挥的作用很小，或者根本不起作用。❶

运用这种对比来理解速度进程，乍一看，是比较直截了当

---

❶ Zygmunt Bauman. Liquid Modernity [M]. Cambridge: Polity, 2000: 117.

的方法。尽管鲍曼强调了"沉重的"现代性的"沉重"和巨大的本质,但他明白,在这个时代,速度作为空间的征服者具有多么重要的意义。他说,现代性"诞生于加速和征服土地中"。"征服空间"意味着生产更快的机械。要提升运动意味着需要更广阔的空间,而且加速运动是扩大空间的唯一手段。❶ 在"沉重的"现代性中,我称为机械速度的东西在克服人们对于物理空间的"自然"阻力来实现人类的愿望方面至关重要,它与早期现代性叙事中的科学与技术的进步密切相关。通过引用马克斯·韦伯的工具理性概念❷,鲍曼说道:在早期的现代性阶段,人们"聚焦于设计方法从而更快地完成任务,同时消除非生产性的、无所事事的、闲置的和被浪费的时间"❸。这与速度的准道德联想(quasi-moral association)(而非懒散和停滞)之间形成对比,这种对比显而易见地与人类对于良好愿望的展望联系在一起。

当然,鲍曼的分析没有缅怀和感伤早期现代性的痕迹。事实上,甚至可以说,他强调早期现代性的沉重性和固定性,往往忽略了现代性与机械密切联系的丰富的时代本质:不仅体现未来主义者看到的那种极度的兴奋,表现很多当代人描述的那种恐惧、好奇和希望交织在一起的复杂心理,也体现19世纪的艺术家和像波德莱尔一样的知识分子的反应,就像马歇尔·伯曼所说的那样,"既是现代性的狂热的拥护者,也是现代性的

---

❶ Zygmunt Bauman. Liquid Modernity [M]. Cambridge: Polity, 2000: 112-13.
❷ 参考韦伯(Weber, 1970: 293f),讨论请参考吉登斯(Giddens, 1972)、墨里森(Morrison, 1995)。
❸ Zygmunt Bauman. Liquid Modernity [M]. Cambridge: Polity, 2000: 113.

# 第四章　即时性的状况

敌人"❶。

但是，尽管如此，"沉重的"与"轻灵的"、"稳固的"与"流动的"现代性之间的对比，是当代资本主义现代性批判的重点。许多批判都因为它找到了自己批判的靶子。鲍曼以其独到而鲜明的见解阐释了当代生活中工作、消费、人际关系和社会命运等方面的变迁。当然，他的叙述中有一些要点并没有抓住我想要讨论的问题，或者更确切地说，他的观点涉及这些问题，但他似乎不想再进行深入的探讨。

让我围绕鲍曼在运用"轻灵"这个概念时的模糊性再次开启这个话题。尽管人们普遍地将流动性与"轻灵"联系在一起，而且他确实有一个关键部分的标题是"从沉重的到轻灵的现代性"，但是鲍曼显然对此多少有些困惑，随后便疏远了这个术语。例如，在2002年的一次采访中，他说：

> 我强调一点，不要把"流动性"或"液态性"与"轻灵"混为一谈，这是一个我们在运用语言时的根深蒂固的习惯性错误……能够使液体与固体区别开来的是它们松散、脆弱的纽带，而不是它们的比重。❷

当然，这些比喻的精确性是至关重要的——事实上，就体积而言，某些液体比某些固体要重。❸但鲍曼绝不是不够严谨，

---

❶ Marshall Berman. All that is Solid Melts into Air: The Experience of Modernity [M]. London: Verso, 1983: 24.

❷ Zygmunt Bauman. A Postmodern Grid of the Worldmap? – Interview with Milena Yakimova [N/OL]. Eurozine Review, 2002 – 11 – 08 (www.eurozine.com/articles/2002 – 11 – 08 – bauman).

❸ Zygmunt Bauman. Liquid Modernity [M]. Cambridge: Polity, 2000: 2.

我认为，他对"轻灵"的想法感到不安必然有其他原因。他不想提到的是，现代的体验是"轻"的，因为即使对于那些可以说是资本主义全球化经济的赢家来说，现代的体验也意味着轻松、舒适和无忧无虑。资本主义已经减轻了它的结构和过程，特别是通过摆脱一些旧的负担，比如重型工厂，大型的、永久性的（和强有力的工会化的）劳动力，但这并没有减少对于工人或消费者的奴役，也没有减轻他们的负担。我认为，最重要的是，鲍曼希望不要把流动的"轻灵性"与我们在营销和政治话语中越来越多地感受到的"轻文化"（culture－lite）混为一谈。

奈杰尔·斯瑞福特（Nigel Thrift）也有同样的顾虑，他在使用"软资本主义"（soft capitalism）一词时加注了一个很长的脚注。❶ 鲍曼赞赏斯瑞福特对"跳舞"和"冲浪"隐喻的探索，以求"接近资本主义新化身的本质"。他接着说道：

> 但是，日常的舞蹈和冲浪并没有什么"软"可言。舞者和冲浪者，尤其那些在拥挤的舞池中跳舞或者在被巨浪冲击的海岸上冲浪的人，需要坚强而不是软弱。而且就像为数不多的前辈一样，他们要足够坚强地在原地站稳，或者沿着标识清晰、服务齐全的路线移动。软件资本主义（software capitalism）与它的硬件祖先（hardware ancestor）一样强硬和坚韧。❷

---

❶ Nigel Thrift. The Rise of Soft Capitalism [J]. Cultural Values, 1997（1）: 29－57.

❷ Zygmunt Bauman. Liquid Modernity [M]. Cambridge: Polity, 2000: 221.

## 第四章　即时性的状况

这些比喻可能有点牵强附会，但其中的道理非常清楚。

现在，我之所以花大量的精力来探讨鲍曼的论述，或许这可以被看作一种旁证，因为我认为，它对于我想要将流动性的一般概念与即时性的概念联系起来有着相当重要的意义。的确，我在分析即时性的状态时，正是想要借助诸如"轻灵""柔软""舒适"这些概念。

我在这里需要讨论的是现代流动性的一个方面，它将努力把劳动从人们普遍想象的社会契约中取代。在我看来，机械速度的意识形态与即时性的意识形态之间最显著的区别之一是，"努力"，尤其是共同努力，像魔法一样正在从实现美好生活的想象中消失。我说它像魔法一样正在消失，是因为无须补充，劳动过程中的"努力"依然没有完全消失，而是被各种各样的东西所取代：它转移到发展中国家的田野和工厂，转移到自动化的生产流程，转移到抽象的（和深思熟虑的）专业知识的不同领域，转移到兼职工作支离破碎的数据包中，转移到吸收和把劳动伪装成社会和人际交往能力的服务行业，也转移到"创意产业"（creative industries），这句话在很多时候实际上是一种自相矛盾的说法。我现在要讨论的是，很多"努力"都非常令人迷惑地转移到消费实践。

当然，这些都不是导致劳动去除异化（de-alienation）的原因，而马克思在他的哲学人类学说中谈到劳动去除异化是实践的关键。几乎可以肯定的是，在当代现代性的众多就业领域中，创造性表达的机会增加了，而且必须说，实现创造性表达的机会增加了。但这一切都是有条件的，总是受到盈利能力和市场业绩背景的限制、监管和规范，而在"业绩指标"（performance indicators）的审计文化中，盈利能力和市场业绩几乎涵盖现代生活的每一个领域。

但是，主流文化表征中真正消失的是"努力"的整体价值，马克思在批评它被统治阶级扭曲地挪用为一种雇佣劳动纪律的意识形态的同时，认可了19世纪高歌猛进的进步精神。如果在流动的现代性社会想象中不再把"努力"奉若神明（这与普遍地对进步丧失信念密切相关），那么我们就需要问问其中的原因。

尽管这其中肯定有许多原因，一个重要的原因是，在日常生活的许多领域中，机械的现代化所付出的艰辛努力，都被一种实际上和象征上的欺骗戏法（legerdemain）所迷惑。这种"手法"（sleight of hand）既可以理解为一种轻灵的戏法，也可以理解为一种神秘感。

就第一种意义而言，它指的是身体练习，尤其是我们与新通信技术相互作用的熟练程度：键盘、小键盘、屏幕、手机和遥控器。在第二种情况中，它指的是，在发达经济体中，对于在这些经济体中较大的一部分人口来说，商品，特别是技术的进步，似乎唾手可得。人们也可以负担得起，一些商品从奢侈品变成了必需品。当然，这并不是说财富分配总体上变得更加平等。然而，在当代的消费文化的基础上有一个广泛的假设，那就是，不管我们个人经历了什么或者在全球现代化的动荡中发生了什么，"物资都会送达"。把这两种意义连接起来的是轻灵地敲击键盘（a lightness of touch）——经常以一个手势在键盘上按压。

因此，在分析即时性的状态时，我将阐述的一个关键的主题，就是从费力的速度联想转换为轻松的中介快速传递。这个主题将贯穿在第五章的媒体技术讨论和第六章的消费文化讨论中。为了事先说明这个主题，在本章的最后，我将把这个主题更牢固地建立在"即时性"的概念中。

但在此之前，我们需要更仔细地关注最近资本主义事业的加速发展。

## 二、快速资本主义

《快速资本主义》（*Fast Capitalism*）是一家线上杂志的名称。杂志公开声称的目的是发表一些关注如下问题的文章："快速传播的信息以及通信科技对 21 世纪自我、文化和社会的影响"，以及探究"像工作、家庭、教育和娱乐这些与以前不同的社会机制，如何在加速的后福特（post-Fordist）资本主义阶段模糊了身份"❶。这是当代的文化状况的核心问题。正如我所写的，虽然只关注两个方面的问题，但《快速资本主义》许诺要成为一个对所谓的"加速媒体文化"进行分析和辩论的重要论坛，这种倾向变得更加明显，这一期刊的目的是"以辩证的方式看待问题，觉察细微的不同之处，避免纯粹的指责和热情洋溢的赞美"。❷

如果只是简单地将此论点纳入我的观点之中就显得缺乏思考，事实上我在这里想要表明的是另外的东西。2005 年问世的这个杂志引发了一个问题：为什么快速资本主义是一个特别新颖的概念？资本主义不是一直都很快吗？或者更准确地说，生

---

❶ Ben Agger. Editorial Introduction ［M/OL］. Fast Capitalism ［A］（www.uta. edu/huma/ agger/fastcapitalism/edintro. html），2005：1.

❷ Ben Agger. Editorial Introduction ［M/OL］. Fast Capitalism ［A］（www.uta. edu/huma/ agger/fastcapitalism/edintro. html），2005：1. 参考本·阿格尔（Ben Agger）的《快速资本主义》一书的编辑。

产和资本流通的速度（第二章）不是所有现代工业资本主义经济的一个决定性特征吗？那么，当代资本主义以一种新颖独特的方式快速发展的内在原因是什么呢？这是我们在确定当代资本主义的即时性境况时所面临的一个关键问题。因此，我在这一节中试图弄清当代资本主义的某些特征，这些特征使当代资本主义在某种程度上变得"迅速"，从而有别于机械现代化的资本主义。

第一种，也是最普遍的一种感觉是，全球资本主义秩序的整体强度、活力和冷酷程度都有所增加。许多评论家都意识到，资本主义在20世纪的后25年到现在，发展节奏发生了巨大的变化。事实上，"现在的资本主义有一种前所未有的速度、必然性和力量"。[1] 经济学家威尔·赫顿（Will Hutton）这样描述：

> 这是一种更加坚硬的、更加流动的、更加冷酷的，也更加确定它需要什么来维持正常运行的资本主义。爱德华·卢特瓦克（Edward Luttwak）将其称为涡轮资本主义，这与19世纪50年代和60年代较为可控的和受监管的资本主义形成鲜明对比。服务资产所有者与股东的利益是其凌驾于一切之上的目标，它有一个坚定的信念……一切诸如规章、工会、税收、公有制等阻碍它实现此目标的东西都是不公正的，都是应该被废除的。尽管这是一种非常狂热的资本主义，它的做法也是一种短视的急功近利，但它一

---

[1] Will Hutton, Anthony Giddens. On The Edge: Living with Global Capitalism [M]. London: Jonathan Cape, 2000: 8.

直是新技术、新全球产业和新市场的非常有效的传播媒介。❶

就某些方面而言，这种变化可以简单地解读为数量上的变化，是资本主义早期更加固有的加速发展趋势。的确，正如赫顿在这里描述的那样，强调对各种形式的约束和规范表示不耐烦，这看起来像是19世纪自由市场的自由主义原动力的重现，而且情况也可能如此。但是，促使这一切发生的原因是资本主义和资本主义文化的一些质的变化。

其中的一些变化是实际商品在生产和交换中的技术变化，特别是由于全球化的连通性（connectivity of globalization）而产生的变化。这包括弹性的全球物资和零部件的采购、劳动力的全球分配、生产过程中计算机控制的自动化、基于网络的工作流程系统、准时交货的系统，以及总体上将网络化的信息和通信技术融入资本主义的基本运作之中。另外的一些变化是，熟练精确地操作复杂的资本主义市场运作方式，特别金融资本领域。比如说后者，它可以对商品的未来价值进行投机（期货），并通过越来越多地使用统称为"衍生品"（derivatives）的合成工具（synthetic instruments）进行脱离实际商品交易的高抽象水平的金融交易。或者，正如曼纽尔·卡斯特斯（Manuel Castells）所言，"用市值价值创造市值价值"。如果我们考虑曼纽尔·卡斯特斯所引用的估算，我们就会发现衍生品交易的重要性不言而喻。该调查发现，早在1997年，全球衍生品交易价

---

❶ Will Hutton, Anthony Giddens. Living with Global Capitalism [M]. London: JonathanCape, 2000: 9–11.

值就高达 360 万亿美元，相当于全球国内生产总值（GDP）的 12 倍左右。❶

衍生品、期货以及有别于传统债券、股票和外汇市场以外的高风险投资，所谓的"对冲基金"（hedge funds），这些都是资本主义表现出的新型特征，与当代全球市场的狂热投机活动以及随之而来的动荡、不稳定和危机的不断威胁都有着复杂的联系。❷

但是，这种抽象、复杂、对信息敏锐的资本主义在哪些方面呈现出迅速发展的趋势？有洞察力的读者会意识到，我已经非常危险地接近我的能力极限了。但是，我们不必过分深入地理解经济问题就能够发现，资本主义速度存在一些关键之处。第一，计算机化、网络化、资金流转系统运行接近瞬时速度（near-instantaneous speed），再加上通过互联网获得市场情报的速度，使得这种高风险、高利润的金融投机成为可能。第二，作为第一种情况的后果，尽管这些经济实践寄生于节奏较慢的"真实"贸易的流动之中，而且对于期货而言，它实际上依赖于这些缓慢的节奏，这些经济实践必然是短期的、非常快速的交易，通过预测真实世界贸易的价格波动来获取利益。如卡斯特斯所描述的那样，"投机性的投资者为寻求较高的金融利润，快速地穿梭于不同的市场之间，通过利用预测模式来预测不同

---

❶ Manuel Castells. Information Technology and Global Capitalism [A] //Will Hutton, Anthony Giddens. On The Edge: Living with Global Capitalism. London: Jonathan Cape, 2000: 55.

❷ Manuel Castells. Information Technology and Global Capitalism [A] //Will Hutton, Anthony Giddens. On The Edge: Living with Global Capitalism. London: Jonathan Cape, 2000: 54.

产品在不同期货之间的价格波动。"❶

因此,第三点,这种投机行为的影响(似乎固化在一个没有高度监管的信息化全球经济中)加快了整个资本主义进程的步伐,进而回到商品生产和流通的"真实世界"中。实际上,这就是"全球竞争力增强的市场现实"背后的动力。在批评自由派对新自由主义经济政策趋势持不同意见的政界人士口中,这种说法已变得耳熟能详。

在卡斯特斯的分析中,新型的金融全球化被比作一台"自动化机器"。他也认识到,如此表述存在一些问题。他并不认为整个过程都是自动化的。❷ 相反,这与网络投机系统的日益复杂相关,这一过程涉及众多因素,牵扯各种不同市场情报方面的人员,他们受雇于一个"不断变化的价值追求的几何变量中"。❸ 这一方面不会产生一个各行其是的"自动驾驶"(automatic pilot)系统,另一方面也不会造成金融混乱。但是,它确实给金融体系带来了更多的随机性和不可预测性。从这一方面而言,它在很大程度上超出了政府、企业资本家、个人投资者乃至市场本身的控制,至少超出市场监管的传统观念。各国政府对全球市场的波动表现出极大的担忧,而这种担忧往往表现为关注与实际生产有关的贸易速度差异和金融资本速度差异。正是因

---

❶ Manuel Castells. Information Technology and Global Capitalism [A] //Will Hutton, Anthony Giddens. On The Edge: Living with Global Capitalism. London: Jonathan Cape, 2000: 55.

❷ 这可以从1987年著名的纽约股市崩盘中推断出来,崩盘的原因是计算机自动交易的试验。

❸ Manuel Castells. Information Technology and Global Capitalism [A] //Will Hutton, Anthony Giddens. On The Edge: Living with Global Capitalism. London: Jonathan Cape, 2000: 53.

为这种担忧，引发了特蕾莎·布伦南（Teresa Brennan）对快速资本主义言辞更加激烈的批评。布伦南在认识到将金融资本的速度与"实际"贸易的流动性重新联系起来的必要性的同时，还认识到，在"中心、快速的动态资本"（central speedy dynamic of capital）和"人口与自然资源的再生产速度"之间存在一个更深层次的脱节。❶ 因此，在重新理解马克思劳动价值论的过程中，布伦南对全球化资本主义的批评建立在全球化资本主义确立的节奏这一论点之上，这个节奏要快于适宜生物资源的自然重组和健康、欢乐的人类生存的节奏。

布伦南是最直接也是最广泛地批判快速资本主义的批评家。她认为，"自然环境和人类健康的恶化是快速追求全球利润的必然结果"。❷ 她的观点详细阐述了尤其在如下几个方面意味着快速的资本主义：大气和海洋的污染，全球变暖和臭氧层变薄，粮食作物的基因操纵和与之相关的疾病，国家对于环境保护、社会供给和教育的投入比例普遍减少，慢性疾病尤其是与紧张和压力相关的疾病不断增长，各种负债，抑郁，社区解体，个人的隔绝孤立，等等。

布伦南作品的重要性在于，它与环保主义、全球化经济和发展的不平衡以及作者对西方日常生活质量的批判性分析联系在一起。虽然她的论点都是前后连贯的，而且通常都得到了经验的支持，但在这样一种绝对全面的批判中，不可避免地存在弱点——尤其是从文化分析的角度来看。

---

❶ Teresa Brennan. Globalization and its Terrors：Daily Life in the West [M]. London：Routledge，2003：13.

❷ Teresa Brennan. Globalization and its Terrors：Daily Life in the West [M]. London：Routledge，2003：16.

## 第四章 即时性的状况

古德曼（Goldman）、帕普森（Papson）和克赛（Kersey）指出，布伦南批判论题的脆弱之处在于她所保持的含蓄的自然主义态度，这种态度假设存在一个恒定的"有机生命的自然时间"，人们可以依此对资本主义的加速进行控诉。古德曼、帕普森和克赛这些作家更加倾向于把"有机时间"看作一种文化神话。有机时间的文化神话是"我们大家最重要的集体幻想，是我们相信我们属于自然历史的一部分的一种需求。有机时间的神话对我们具有较大的吸引力是因为它提供了获得某种精神救赎的希望"。❶ 我怀疑布伦南可能已经对此做出过回应，她指出人类生理的所有时间恒定性决定我们身体的存在状态：生命和衰老的过程，昼夜交替的节律和睡眠的模式，心跳与呼吸的频率，月经的周期，十月怀胎，等等。所有这些当然都在一定的限制条件、社会和技术的影响之下以及在文化实践的过程中不断发生变化。至少在目前的形势下，它们以完全可以理解和令人信服的方式保持一种恒定性，定义人类的生存状况。❷ 疾病治愈率随着医疗保健的改善而改变，但几乎所有人都知道（而且确定）自己很难活到100岁，在现代经济发达社会中，一段时间内这种情况是不会改变的。如果我们试图将我们的"自然"呼吸频率转换到几分钟以上，我们会更快地失去生命。而且，布伦南还指出，如果我们的身体受到这些"相对恒定性"变量的影响——这些变量是由于工作压力对交感神经系统

---

❶ Robert Goldman, Stephen Papson, Noah Kersey. Speed：Through, Across, and In – The Landscapes of Modernity ［M/OL］. Fast Capitalism, 1.1（www.uta.edu/huma/agger/fastcapitalism/1_1/gpk2.html）. 2005：11.

❷ 当然，我在这里排除了基因工程领域带来的各种可能性，因为可能需要为这些可能性确定人类状况的新定义。但是，正如斯嘉丽·奥哈拉（Scarlet O'Hara）使用一种智慧的方式调侃的那样，"我今天不去想那些，明天再想"。

的影响而产生的,我们也会更快地走向死亡。

正是这些来自现实经验的规则,它们不可避免地成为人类经验的一部分,使人们对社会建构主义(social constructivism)的主张产生怀疑(尤其是在那些数量惊人的不是社会科学家的人看来),至少对于他们显而易见的有意表述的一些主张产生怀疑。但是,社会建构主义案例中关于人类不同生命阶段的论述并非毫无借鉴性。它抓住了现实社会的一个重要方面。例如,我们能够了解儿童时期并不是人类成熟过程中的一个固定阶段,而是一个被构建出来的范畴,在某些文化或者历史时期它是完全不存在的,或者"中年"和"老年"只是一种文化期待和角色归属的描述,以及关于人们机体老化的描述也是一种文化建构。事实上,令人愉快的是,以前的50岁也可以成为现在的30岁。从这种意义上来说,布伦南和她的批评者都是正确的,他们之所以正确是因为他们代表了同样的令人信服的观点。在我看来,如果将这些观点用来批评快速资本主义,它们并非全然相互排斥。目前,问题的关键不是将自然主义和文化主义之间毫无意义的辩论作为抽象的理论,而是关于与人类的生存状况息息相关的经济实践的辩论,它可以被理解为社会和文化媒介的有意识的化身。

然而,很有可能不用援引生物的准恒定性就可以对快速资本主义提出批评。以工厂的工作节奏为例,我们可以通过其他方式理解这一点,而不是简单地按照工作效率、截止日期以及它们对健康的影响来说明这一点。人们可以从工作机构和实践的变化速度的增加来理解它,这些变化已经成为资本主义企业和公共部门机构内部企业文化的核心。"管理变革"(Managing change)已经成为人力资源团队的核心使命。"变革"本身就被

## 第四章 即时性的状况

确立为一种无可指责的制度价值,对这种价值的抵制意味着顽固不化或者至少是人类的弱点。人们对此进行嘲讽,认为这是进步意识形态的残余,夹杂着简单化的社会达尔文主义(Social Darwinism)。但是,令人奇怪的是,如此空洞而毫无实质性内涵的理想如何在国家上下充满理性的各种制度中获得巨大力量。我们或许可以这样理解,它是现代社会存在的一个巨大谜团。

但是,它的根源是个体资本主义机构的寿命缩短,这是快速资本主义的另一个核心特征,比如,频率越来越高的并购、收购、改造、重塑品牌、重组,等等。理查德·桑内特(Richard Sennett)对这一过程做出最连贯、最精细的阐释,他指出,这些结果不关乎身体健康,而是与有助于个人身份的持续性的"工作叙事"(work narrative)有关:

> 尽管对于这些机构变化的宣传激发了一种精确的"企业再造"的氛围,但大多数公司在调整的时候都是混乱的:商业计划反复地出现和瓦解,员工被解雇又被重新聘用,公司重心不稳,生产下降。工人和他们的老板一样,对从这种混乱无序中获得个人意义几乎不抱任何希望。工作从亚当·史密斯设想的稳定重复的任务转变为由团队执行的短期任务,柔性企业中劳动任务的内容随着全球需求的变化而变化,所有这些物质变化都对可持续的工作叙事的形成提出了新的挑战。[1]

---

[1] Richard Sennett. Street and Office: Two Sources of Identity [A] //Will Hutton, Anthony Giddens. On The Edge: Living with Global Capitalism. London: Jonathan Cape, 2000: 184.

桑内特所说的"工作叙事"指的是那些处于长期稳定的职业结构中的工作人员可以通过另外一种有意义的方式阐释个人的谋生之道，它构成工人整个人生经历中的一个部分。问题的关键不在于发现自己的工作富有成就（这种情况很少见），而在于能够认为工作值得一做，值得用一生的劳作时间去交换；工作有很好的发展机会；工作能够提供足够的就业保障，有利于规划个人和家庭的未来。正如桑内特所言，快速资本主义的体制变革在这一点上是不利的。因此，劳动的灵活性和适应性的灵丹妙药实际上可以解读为（现代政府日益提倡的）一种指令——放弃我们经济生活与文化层面上来之不易的权利。

令人困惑的是，人们对于这种走向就业不安全和无保障趋势的抵制如此之弱，以至于它几乎没有出现在我身处其中的社会和政治议程上，尤其是自从对结构性就业不稳定的容忍与个人的未雨绸缪以及通过教育机会和家庭观念改善生活的政治宣传辞令之间的矛盾变得如此明显之后。❶ 这就是即时性文化分析应该也有可能阐明的那种矛盾。

讨论至此我们可以看到，当代资本主义的加速和放松管制相结合的做法显然有许多不足和值得批评的地方。然而，文化分析需要做的远不止于此。如果对人类的能动性还没有失去信心的话，我们就需要阐述当代资本主义现代性所能提供的——或至少在当代资本主义现代性的背景下呈现出来的——吸引力、舒适和满足。因为如下两个原因，我们这么做是非常必要的。

---

❶ 在一些发达国家，就业领域的社会契约比其他国家更为严格。例如，2006年，法国政府备受争议的青年就业立法提案遭到民众的反对。尽管如此，显然几乎在所有地方都遭责了"终身工作"的原则。对于"全球化压力"而言，令人困惑的问题不是经济原因，而是所有政客似乎都放弃了这一政治原则。

第四章 即时性的状况

首先，资本主义背景下的生活并非文化体验的全部。当然，它在塑造文化体验方面发挥着巨大的影响力，但它并非与文化体验共存。像特蕾莎·布伦南那样的表述存在不足之处：那种无情的批评，没有从根本上反映出构成西方富裕社会（以及东方日益增多的富裕社会）文化体验的幸福与挫折、快乐与恐惧、舒适与不安的复杂层面。

其次，认识到在资本主义内部"交易"（bargain）这个术语的含义非常重要：这是一个我们可能用于批评交换的速率和神秘性的术语，毫无疑问这种交易也是陷于困境和边缘化的情况下人们很少会拒绝的交易。但是，为了尊重和理解大众与资本主义秩序的合理认知，这种情况仍然需要被理解为一种交易。正是这种混合和这种交易将资本主义框定在即时性的状态之下。

在确立这一原则之后，此时，我只想就讨论这一问题的方法列出一个简短的提纲。因为，最明显的能够辨认它的地方就是消费领域的转变，我将在第六章更加详细地讨论这一点。

但是，为了总结这一部分，让我进一步说明这一观点，即快速资本主义的利与弊越来越多地交织在一起。《快速资本主义》的编辑在本节的开头引用了这一观点，他认为，"迄今为止，工作与家庭、教育与娱乐等以前明显不同的社会行业和机构之间的区别正在变得越来越模糊"，这一观点对上述问题的研究意义重大。

家庭生活和工作生活的界限逐渐模糊的一个主要例子是工作侵占家庭生活的时间，尤其是因为互联网计算机的运用。例如，在正常工作时间之外发送或接收与工作相关的电子邮件的趋势越来越普遍（尤其是在学术界），这给人们留下的直接感觉是：这是一种剥削，从员工身上榨取合同规定之外的更多的

145

劳动时间。当然，尽管从合同上看，这种做法是员工自愿接受的，但它是在竞争日益激烈的工作环境中对工作表现的一种心照不宣的要求，或者说得好听一点，这是一种"形象管理"（image management）。因此，在深夜或清晨发送标有时间戳的电子邮件，可能被视为20世纪80年代企业精神的象征，是早餐会议的仪式。然而，从另一方面来看，对于某些人或者很多人来说，在一些特定情况下这样的做法代表了时间使用上的高度自主和方便。工作时间和家庭时间混合交织在一起是在劳动雇佣真正具有灵活性的情况下才会发生的现象，我们必须认识到，在这种雇佣情况下，除了对劳动力的剥削之外，还存在一些其他的事情。❶

了解这个问题的一种新的方法是，将这种新的工作和家庭生活相结合的情况与理解农民社会对劳动时间概念的"任务导向"（task orientation）范畴进行比较，后者与时钟控制的工业资本主义，特别是泰勒主义的"时间导向"（time orientation）形成对比（第二章）。爱德华·汤普森描述了"任务导向"的三个显著方面：

> 第一，在某种意义上，"任务导向"的劳动比计时性劳动更容易被人理解。农民或劳动者似乎都遵循这个规定。第二，在一个任务导向普遍存在的社区中，"工作"和"生活"之间的界限似乎最小。社会活动与工作混在一起，根据工作任务延长或者缩短工作时间，劳动与"打发时

---

❶ 这可能很少见，但是请参见桑内特（Sennett）对弹性工作模式的批评（Sennett, 1998: 57f.）。

间"之间没有很大的矛盾。第三,对于习惯按照时钟时间劳动的人来说,这种工作态度似乎是浪费时间和缺乏紧迫感。❶

很明显,现代工作任务与家庭生活的融合在很多方面都与之前的情况存在重要的区别:这样的做法没有表现出任何的浪费时间或者缺乏紧迫性,也不太可能与简单的消磨时间相混淆。的确,意识到我们的存在受到时钟的控制,也受到各种各样的、充满竞争性的现代生活日程的控制,这可能成为我们将工作时间安排在其他日常事务间隙中的最重要动机。

但它们之间也有相似之处,最明显的是"工作"和"生活"之间的界限很模糊。因此,我们称为"新任务导向"(new task orientation)的观点似乎捕捉到了处于资本主义(或者受到资本主义影响)的人们的体验,资本主义的工作关系影响他们的私人生活。再次提到一个先前提到的观点,即"柔性"工作的概念。正是这种工作时间相对柔性的安排,表面看起来让我们远离了钟表时间和工厂的哨声等较为强硬和明确的纪律约束,但它本质上要求的更多。因此,将工作融入家庭生活中通常不再让人们感受到被殖民的体验,而是被看作一种更微妙的让步、给予和索取,一种有直接或间接补偿的灵活安排。劳动的"柔性"在某些方面,在实际的劳动和操作中,与我们所联想的休闲活动融为一体。是什么让有关工作的电子邮件与我们发送的针对比如一项体育赛事或者上网研究某个项目或者帮助孩子完

---

❶ Edward Thompson. Time, Work Discipline and Industrial Capitalism [A] // Customs in Common. London: The Merlin Press, 1991: 358.

成家庭作业的邮件不同？正如汤普森所说，"（雇主的）时间和（工人的）'自己的'时间之间几乎没有区别"。❶ 这是一个很难辨别的差异，因为在涉及实际任务时二者难分彼此。

最后，我简要地谈一下消费领域。关于消费的即时性有许多可以谈论的问题，但大部分的问题必须要等到我们更加充分地确定了这个概念的参数之后，尤其是它与媒体技术和体制之间的关系之后，才能更加清楚地进行说明。在这一点上，我想再次强调的是边界的模糊性。特雷莎·布伦南在这里提出了一个令人信服的论点，这个论点的大意是，快速资本主义的消费包括大量的无报酬的劳动，这一要素确实是非常必需的，它抵消了为了配合生产速度的不断上升而引起的分销成本的增长：

> 上网购买产品或者预订机票，就是在完成配送工作。这样的工作占用了曾经用来休息和娱乐的时间。世纪之交，服务业的负担从生产者向消费者转移，这几乎影响着每一个人。如果你生活在所谓的"发达的西部"，你肯定花费更多的时间来打电话，按"1"选择这个，按"6"选择那个。当你这样做的时候，你也在（为别人）赚钱，因为你节省了劳动力和运输成本。❷

这一论点很好，它在我们对于消费的直觉中加入了经济的精确性，因为我们往往认为消费是一项费时耗力的事情。当然，

---

❶ Edward Thompson. Time, Work Discipline and Industrial Capitalism [A] // Customs in Common. London: The Merlin Press, 1991: 359.

❷ Teresa Brennan. Globalization and its Terrors: Daily Life in the West [M]. London: Routledge, 2003: 133.

每个人的认知不同,这样的论述肯定没有达到让理智的人们停止购物的程度。

另外需要强调的一点是,消费可能也是现代世界的主要娱乐活动。这是一个悖论,它深深地吸引也击败了批判性的文化分析,至少赫伯特·马尔库塞(Herbert Marcuse)将消费主义所获取的满足简要地描述为"不快乐中的愉悦"(euphoria in unhappiness)。❶ 毫无争议,也无须赘言,消费行为是简明易懂的,因为它是在资本主义中寻求满足的第一个手段,它可以说是想象中的一面镜子,是雇佣劳动最直接的报酬。因此,尽管布伦南在这一点上是绝对正确的,她指出新的消费方式是如何成功地"在交换的情况下降低生产和分销的剩余劳动",这种不公平被掩盖得很好,因为被它忽略的劳动与休闲消费同处一个世界,并且采用神秘变色的方式隐身其中。总的来说,这是一个柔软、安逸、轻松的世界,不断地对我们的欲望进行预测,并且迅速地、不遗余力地满足它们。"购物疗法"(Retail therapy)虽然是一个最近创造的颇具讽刺意味的新词,但它巧妙地捕捉到这些追求舒适的消费的全部意义。

这并非事情的全貌,更多的关键点可以放在批判性的分析上。但是请原谅我,我现在想强调的是劳动、休闲和获取之间模糊不清的界限,而这种界限的模糊是如何在即时性文化中营造出一种轻盈、柔和的氛围。

### 三、即时性:没有进步的速度,没有启程的到达

现在,在一定程度上我们需要将上面提到的东西稍加强化

---

❶ John Tomlinson. Cultural Imperialism [M]. London: Cassell, 1991: 122f.

整合，进一步厘清"即时性"的概念，它是在流动性和快速资本主义的背景下阐释速度文化转变的一种方式。在第一部分中，我认为即时性的概念应该用来象征机械速度时代的终结，而此处的"终结"有两种意义，虽然这听起来有点夸张，但我还是坚持我的观点。当然，我不是说，机械速度的所有特征和文化偏见全部消逝不见。正如我在第三章结尾处所说，机械速度文化在许多方面与当今世界的即时性境况相互交叉，我们没有办法将二者清楚有序地划分开来。我认为这种阴影和重叠是文化史上一个常见的情况。

然而，我认为，把机械速度的终结视为现代性某一阶段定义文化关注点的方式是有道理的，因为具体来说它与理性科学和道德进步的早期现代性意识形态有着直接的联系。从这种意义上来说，这是一种隐藏在文化现象表面之下的隐含叙事，与科尼利厄斯·卡斯托里亚迪斯（Cornelius Castoriadis）所谓的"想象的意义"（imaginary significations）相似，机械速度直到最近才成为一整套现代社会强有力的价值、实践和个人想象的核心。

这种叙事将勤奋、努力、效率、计划和规章制度的价值融入改善个人生活的想象之中，并且追求一种渐进但可靠的社会进步。正如我在第二章中所论述的那样，这是现代速度的主流叙事，也是难以驾驭的速度的结论（第三章）所表现和反映出来的叙事，但在某种意义上它们又是从属关系。同样，这并不代表个人想象和理想随之消失，而是明确表明这两者不再是紧紧相连、不可动摇、充满活力的叙事，也不再是一个诠释现代文化加速发展的叙事。这些叙事将被取代，但是，它会被什么取代呢？

## 第四章 即时性的状况

为了回答这个问题,我们将讨论"终结"的第二种意义,即作为一个目标的"终结"。即时性的想象意味着速度的目标现在已经通过某种方式得以实现。可以说,我们已经超越了将速度构建成机械现代性的时代独立价值的过程,尤其是超越了对于协调一致共同努力的需要。也许,这是一个难以实践的主张。但在我们的日常文化实践中,尤其是我们与新技术的互动中,有很多现象可以支持这种想象。保罗·维利里奥在这里进行了恰当的阐述:

> 随着19世纪的交通运输革命,从一个地方到另一个地方的移动显然已经发生变化,因为"出发"和"到达"目的地拥有的特权达到了损害我们所谓"旅行"的程度。与此相联系的是高速列车乘客的被动、困倦,以及长途飞机上的电影放映。随着瞬时运输的革命,现在是"离开"被抹除,"到达"被提升,成为数据层面的广义的"到达"。❶

我们应该把这段引文放在上下文中来看。维利里奥讨论的

---

❶ Paul Virilio. OpenSky [M]. London: Verso, 1997: 56. 19世纪的资料同样可以例证维利里奥对列车上乘客昏昏欲睡的观察。例如,希弗尔布施(Schivelbusch)指出,"出现沉闷和厌烦的原因是人们试图将传统旅游的感知装置及其强烈的景观欣赏用于乘坐火车行走在铁路上"(1980: 61)。约翰·拉斯金反对我们所提到的铁路,他认为,"所有的旅行都变得迟缓,正好与其速度成正比",1864年福楼拜(Flaubert)写道:"我在火车上太无聊了,5分钟后我就开始闷得大发牢骚。"(两者都是引自希弗尔布施,1980: 60-61)在我看来,在飞行中播放的电影有着截然不同的含义:既可以采用时间来代替空间上的距离体验(长途飞行可以采用可能观看的电影数量来衡量),又可以转移乘客对相关风险的注意力(参考汤姆林森,Tomlinson, 1999: 4-5)。

是"接近法则"(the law of proximity),或者他又表述为"最小的努力或者最少的行动"法则。这是一个关于科技的发展减少体力劳动的道理,从而更广泛地来说,这也使人们的行动变得更加从容不迫。根据维利里奥的说法,它发挥着科技发展逻辑中不可替代的作用:"如果要在坐电梯或自动扶梯和走楼梯上楼之间做出选择,我相信没有人会走楼梯。"❶ 像往常一样,在这种背景下维利里奥所关注的是一系列看似不相关的现象之间的联系:"电信技术"、建筑环境的特征和"生物技术微型化"。❷ "接近法则"带领我们朝着技术引领的文化变革方向前进,这些变革可能会带来巨大的意义,比如人体对微信息处理器的"摄入",它们不知不觉地悄悄进入我们的生活,绕过理性思考,成为我们生活中不可避免的东西。

然而,就我们目前的目的来说,这篇文章主要的区别性的特点在于"出发"的增多和"到达"速度的提升。从一般意义而言,我们可以把这一点看作一个信号,提示本章开头谈到的即时性境况的特质:人类的欲望和实现欲望之间的"差距在缩小"。如果说机械速度的功能像维利里奥所说的那样是减少旅程的意义,那么它这样做的方式就是有意识地将人类意志和机械力量统一化。早期的现代速度正是因为展现出征服距离的意志、力量和努力,对马里内蒂、柯布西耶来说它充满英雄气概。但是,就文化想象及其推广的价值观念而言,最关键的一点是,

---

❶ Paul Virilio. Open Sky [M]. London: Verso, 1997: 56.

❷ 在下一章中,我们将回到其中一些主题的讨论上,集中讨论通信技术对日常经验的影响,包括维利里奥提出的地点和具体化的经验。不同的是,维利里奥倾向于将"数据的普遍到来"(Virilo, 1997: 56)与久坐现象的增加联系在一起。我认为,如果把久坐现象理解为一种日益移动的生活方式,它就会变得有趣得多。

## 第四章 即时性的状况

此地与彼地、我们所渴望的和我们期望获得的东西之间的距离，就存在于必要的努力中，在意志的运用中，在大多数情况下，也在于深思熟虑的计划和规范方面。

相比之下，即时性文化的核心特征是想象这些差距已经缩小，它促使我们探讨即时性这个词的概念和词源本质，即时性意味着没有介入或者处于中间的东西。因此，即时性，也就是缩小差距，通常是中间过程的冗余或者消除。在后面两章中，我将讨论当代文化生活的关键领域。例如，在我们与通信技术、媒体系统以及消费领域互动时，各种介入中间的冗余以一系列线索和指数的形式提供给我们，成为关于我们如何生活以及如何最好地生活的线索和指数。例如，移动电话提供相互通信的轻盈便捷和毫不费力，给人的印象是即时性和不受距离限制的、真正无处不在的联系。如果进入消费实践，人们的印象是，新的舒适、便利和精致独立于我们的个人努力而流动：欲望和欲望满足之间极少分离，就像现代生存中永恒不变的常量一样，物品源源不断地到来。

无须更多的阐述，这些线索在许多方面都是不可靠的指数，无法准确地说明现代生活作为一个整体所涉及的内容。也就是说，在所有这些轻灵的实践中都存在我们前面所提到的"手法和把戏"因素。同样，我们也不能说，这些轻灵的实践就等同于连贯的文化叙述，在某种意义上就如同它们替代的文化实践。即时性以不同的方式存在于一系列的日常实践和表征中，存在于它们构成的隐含意义中，被更好地理解为一种本质上模棱两可的状态，而不是一种透明的叙述。

话虽如此，但是，如果我们既要理解近代社会速度的历史转变，又要理解更广泛的文化态度和价值观，就需要更加自觉

速度文化：即时性的到来

地接受即时性的这种状态。其中的一个重要方面是，不要过于急切地将即时性的概念置于任何一种层面。我认为，重要的是要避免鲁莽地做出批判性的判断。例如，鲍曼在写这句话的时候，倾向于沿着某一个方向思考，"瞬间性意味着即时、当场完成，也意味着立刻感到疲惫以及兴趣的快速消逝。流动的现代性是一个解脱束缚、捉摸不定、轻易逃避和绝望追逐的新时代。"❶

这是对即时性的思考，特别是在它的时间模式中进行的思考：在时间上缩小差距，或者更准确地说，是消除等待。这可能很快就会让我们联想到当前一些常见的文化焦虑：对注意力保持时间缩短的担忧，或者大众对"即时满足"（instant gratification）、"三分钟文化"（the three-minute culture）、"现世代"（the now generation）的普遍关注，等等。这种担忧引发了对文化加速的批判，该批评聚焦与容易冲动、华而不实和急躁易怒等相关联的主题，并且在现实中的例子比比皆是：快餐店、刮卡赌博、强迫性购物、看电视时频繁更换频道、一系列的不忠行为、因为交通拥挤而大发雷霆（"路怒"）。

当然，这些都是真实而严重的焦虑，鲍曼在描述这些时并没有夸大其词，"即时性的到来将人类文化和伦理引入没有地图标记和未被探索的新领域"❷。

我认为，如果需要开始绘制这一领域的地图，我们需要尽可能全面地理解即时性的状况，并将此作为文化批评的第一要义，辨别和思考积极和消极的时刻：既要思考即时性文化中的

---

❶ Zygmunt Bauman. Liquid Modernity [M]. Cambridge：Polity, 2000：11, 120.
❷ Zygmunt Bauman. Liquid Modernity [M]. Cambridge：Polity, 2000：128.

吸引力，也要辨别其中的愚昧和危险。只有这样，我们才能避免在批判时迷失在对于日常生活经验的解释中，错失对即时性本质的理解，从而滑向一种纯粹的抗拒。

## 第五章 媒　　介

在速度文化向即时性文化的转变中，需要考虑的最主要因素是文化的"远程媒介化"（telemediatization）。通过借助"远程媒介化"（一个不大雅致但相对精确的术语），我对电子通信和构成日常生活经验的媒介系统日益俱增的重要性理解得更加透彻。

远程媒介化的活动包括：看电视，在计算机上打字、上下翻动屏幕、点击浏览网页，在手机上交谈、发短信、发送或者接收图片，在键盘上输入密码并进行交易，等等。这些活动都可以被视为一种独特的文化实践，也是一种将经验转变成意识的独特方式。这些实践在个人日常生活中占据了重要地位，个人的生活世界具有其自身的独特性，但又与现实生活中其他人面对面的互动结合在一起。

然而，想要了解通信和媒介技术在我们生活中的重要意义，也许首先必须意识到在实际生活中，通信和媒介技术是值得分析的对象。当今，远程媒介的实践和经验已经成为社会日常生活中的一种惯例，被视为发达社会理所当然的存在。❶ 这种熟

---

❶ 为了避免在一开始就产生误解，我想强调的是，本次讨论借鉴并反思了这些社会中的文化经验，以及那些相对容易接触到的相关社会经济群体的文化经验，尽管这些关于技术讨论的问题很重要，但是我并没有讨论全球或其他分配不公的问题（见Castells, 2001: 247f; van Dijk, 2005）。即使考虑到这一问题，我相信这些技术依旧具有普遍的重要意义。以中国为例，2005年数据显示，中国是世界上人口最多的国家，当时手机用户约为3.4亿，占中国人口的1/4以上。更重要的是，中国新中产阶级约为2亿人，这一数字远远超过了预计。更重要的是，中国和印度的通信技术的增长速度超过了世界其他任何地方（Feuilherade, 2005）。

## 第五章 媒　　介

悉感在我们的生活中不知不觉地悄悄降临，但未得到足够的重视，因此，为了理解通信和媒介技术在我们生活中的重要性，我们需要让它们在我们的生活中陌生化，其中一种陌生化的方法是将我们当前的经验与近代的远程媒介化进行比较。

在约翰·亚当斯（John Adams）的歌剧《尼克松在中国》（*Nixon In China*）❶的开场中，理查德·尼克松（Richard Nixon）独自回忆 1972 年他和周恩来在北京郊外一个军用机场的停机坪上进行的历史性握手场景，卫星直播报道这一幕让他觉得神奇不已。尼克松的思绪很快从这一世界历史性事件转向美国国内，内心浮现出一个美国国内观众在"黄金时段"观看这一报道的画面。他联想出一个生活和睦的美国中产阶级家庭，通过"三大电视网络"观看这一直播，电视画面透过窗帘投射到他们郊区住宅的草坪上。虽然这个场景非常抒情，但它是浪漫的幻想。然而，从当时的技术层面来讲，电视观众在这里被描绘成核心家庭和民族家庭的方式是合理而可信的。1972 年，广播电视在美国的媒体文化中占据主导地位，无人能敌。具有"鲜艳色彩"画面的电视刚刚出现，人们津津乐道。美国"三大电视网络"几乎"俘获"了所有黄金时段的观众。❷ 由于录像机的时间平移功能（time‑shifting）尚未出现，❸ 家庭成员在晚餐后围坐在电视机旁的画面完全合乎情理，这样的情景被称

---

❶ 《尼克松在中国》，爱丽丝·古德曼编剧（1987），红色黎明编曲。

❷ 正如布赖恩·温斯顿（Bryan Winston）所指出的，尽管彩电已经存在了近 20 年，但直到 20 世纪 70 年代初，彩电在美国才真正开始销售。1971 年，"三大电视网络"在"黄金时段打开电视"所占的市场份额为 93% 参见（Winston，1998：122，316）和（Briggs and Burke，2002）。

❸ Brian Winston. Media Technology and Society：A History from the Telegraph to theInternet [M]. London：Routledge，1998：126.

速度文化：即时性的到来

为拥有广播的国家形象象征。❶

在不到 30 年的时间里，新媒体技术和相关的实践已经被引进到家庭领域，这足以完全削弱媒介文化。❷ 个人电脑、光纤电缆、手机、摄像机、视频游戏、互联网、电子邮件、网站、搜索引擎、博客、社交网站、DVD、数字电视和广播、宽带、数字录像机、MP3 播放器、播客等已经打破了常规意义上的媒体接收的时间和空间框架，使媒体受众分散化，打破了传统意义上的集体观看或集体聆听方式。他们还引入了一些目前我们依然无法给出适当名称的体验方式，例如，即时和无限地获得世界信息资源的体验，这就是网络浏览器展示给我们的现象。

媒体技术如此容易、如此迅速地被"家庭化"，我们不得不提醒自己，当今社会中对于远程媒体化技术的体验与过去几十年的历史相比成天壤之别，每一个体验都有助于定义现代社会中作为一个社会存在是怎样的感觉。❸

---

❶ Lynn Spigel. Make Room for TV: Television and the Family Ideal in Postwar America [M]. Chicago: University of Chicago Press, 1992: 144.

❷ 我不想在这里对"新媒体"和"旧媒体"做一个明确的区分。波斯特（Poster, 1995）：我们应该区分第一代和第二代媒体时代，初步规划与现代和后现代的分裂，但春温蒂·淳认为全盘接受"新媒体"范畴存在巨大危险（Chun, 2006: 9 f），与一个在过时的技术进步主义盛行的社会一致。

❸ 我们可以为大多数媒体技术的某些方面建立一些貌似可信的谱系，例如，它们在电报—电话—因特网发展过程中的时空压缩特性（Standage, 1999）。然而，在我看来，似乎有一些真正前所未有的特点，那就是当前的日常媒体文化。我在这里特别想到的是：在各种日常应用程序中与屏幕键盘接口的常规交互；电子数据检索的日常实践，特别是搜索引擎的使用；以"下载"和"上传"的方式，将获取知识和资料的途径概念化；鼠标指向、敲击鼠标、上下翻页、网上浏览等线上视触觉的结合技能；以及将移动通信融入日常生活的节奏。

第五章　媒　介

## 一、协调均衡

　　正是这种熟悉的、被认为是理所当然的、很多时候在表面上看起来微不足道和平庸的，但同时又能够彻底地和不可逆转地改变人类交往方式的神奇混合物，似乎构成远程媒介文化的特征，从而提出针对文化分析的特定问题。我认为，这个问题就是当我们尝试了解远程媒介时，找到一种协调均衡的方式。现在我想借用一段趣闻轶事开始这个问题的分析。

　　我最近买了一台数字（DAB）收音机。这台收音机吸引我的地方主要是信号的稳定性和信号的质量，也有一些其他看起来很吸引人的功能，在其他调频收音机上无法收听到的一系列频道在这台收音机上能够收听到，还有一些设计十分精巧的功能，例如滚动式文本播放，可以允许"暂停和回放"直播的记忆功能，等等。我对这台音质大大改善的收音机非常满意，但我发现除了我最喜欢的两个BBC频道外，我很少收听其他频道，而且除了一个"睡觉模式"之外，我几乎不去使用任何新的功能。当然，这个"睡觉模式"按钮不是什么新奇的装置，我的旧收音机上也有这个功能。实际上，当我考虑这个问题时，我意识到这一功能是我购买收音机时优先考虑的一个因素。因为我通常在听收音机的时候很容易睡着，如果收音机有这样一个功能——能够在15~30分钟内自动休眠，这样对我来说就会变得非常方便。

　　不过，我注意到了这台新收音机的不同之处。关机时，收音机的信号不是突然切断，而是在四五秒钟内逐渐消失。所以，在睡眠功能逐渐切断信号而我还没有入眠的时候，或者准确地说，当我的睡意踮起脚尖悄悄来临时，我发现我从收音机的这种逐渐进入寂静中获得了一种奇妙的快乐。即使我当时正在收听某个节目，我对今天这个逐渐切断信号的媒介经验也会感到满足。不过我从来没有受到诱惑想要重新打开收音机。

谁会想到这个有趣而奇特的微小观察激发了一种关于媒介体验本质的大观察。考虑到这一点，我从两个不同的思路对这一观察进行探讨。首先，让我印象深刻的是日常生活中科技的力量，它潜移默化地渗入我们的生活方式之中，它甚至可以让这种转变从有意识变成无意识。这种想法引起了麦克卢汉式的敬畏（McLuhanesque awe）：媒介确实是"人类身体的延伸"。这不仅是因为媒介无处不在，也是因为它们涉及发达社会生活领域存在的所有问题，我们可以毫不夸张地说，媒介具有塑造和构建经验的强大力量。如果我认为我从声音或音乐的逐渐消失直至寂静中获得快乐，那么这种特别的对于寂静的体验本身就可以被认为是一种人为的精心设计的产物。因此，即使媒介没有在场，它的影响也不会缺席。

但紧接着第二个想法就出现了，就好像是对这些狂热的科技热情进行严格的自我纠正。当然，主要的教训在于媒介的可有可无。事实上，尽管媒介无处不在，我们也可以并且确实经常关闭它，或者至少在某个特定的时间让其自行关闭。当我们将注意力从公众所认为的越来越广泛的媒介实践转移到那些真正需要或有益的脱离媒介的活动，如睡眠、面对面的交谈、阅读、玩游戏、唱歌、练瑜伽、做爱以及祷告等时，媒介的这种可有可无性就变得很明显。我们当然可以在有媒介技术的情况下做所有这些事情，但是我们大多数人在大多数时候还是不愿意过分地依赖媒介，虽然有观点认为新生代天生就能适应媒介处理多任务的情况。❶ 媒介技术在很多情况下都会分散我们的注意力，很多时候我们不会像小说《一九八四》中不幸的男主人公温斯顿·史密斯（Winston Smith）那样，我们可以选择也有能力关掉媒介。人们已经意识到媒介技术渗透其他领域的事例越来越多。例如，电视和广播就像家庭的"墙纸"；电话打破了面对面的交谈；卡拉OK。但是，仅仅是这种认识无法改变这一切。在最后的分析中，媒介的可有可无使媒介在人类文化中很协调地占据了一席之地。睡眠功能可以调节身体的节奏，但它最后只不过是一个延迟的"关闭"按钮。将这种行为作为人与媒介之间的一种契约来看待是一种错误。事实并不是这样：这仅仅是一种程序编辑行为。真正的契约在于我们自己：我们在多大程度上让媒介进入我们的生活。其实媒介仍在我们的掌控之下。睡眠功能就是人类能动性的见证。

我们在讨论当代文化中媒介技术的角色、过程和实践时需要使用协调均衡的概念，这个概念实际上依赖于前面所说的两种思维的调和，我们需要更加精确地了解如下几个问题：媒介的无处不在与可有可无之间的模棱两可性，媒介在我们的生活中扮演了决定性的角色还是只处于代理人的位置，媒介究竟是

---

❶ 莫里斯·萨奇（Saatchi）是英国广告公司M＆C的执行董事，其2006年在英国《金融时报》发表的一篇文章中指出，广告业面临的根本问题源于年轻人对电视广告截然不同的回应，他称这些年轻人为"数字原生代"。由于成长过程中受到数字输入的影响，数字原住民的大脑生理不尽相同，在发展过程中大脑的功能发生改变，反应更加灵敏准确。显然，这就是为什么现代青少年能够在30秒的电视广告中打电话、发送短信、接收照片、玩游戏、下载音乐、读杂志或者以6倍速观看商业广告。其结果是，电视节目的召回率从20世纪60年代的35%下降到今天的10%（Saatchi，2006）。我们可以理解，虽然萨奇关于超短期神经适应性的主张受到嘲讽，但在年轻人使用、管理和整合各种媒体的独特方式方面存在一个重大的文化问题（Livingstone，2003）。

处于我们关注的中心还是边缘。我们生活在一个媒介几乎影响我们所有的行为和经历的世界里,甚至可以说影响着我们是谁,或者至少影响到我们如何看待自己。❶ 但是,即便如此,如果我们不能把这种影响合理地与生活中的其他领域或者生活体验的其他方面联系起来,我们就有可能面临产生错觉的危险,这不仅是为了避免围绕媒介的大肆"炒作",这也是一个当我们在媒介中如何获得观点的问题,是一个维持协调均衡的问题。

我提醒大家注意是因为,在接下来探讨的大部分内容中,我必然会更加关注媒介科技和制度的影响力,因此明显地忽视了对于它们的文化中心地位的重新怀疑。但是,在后面的章节中,这些科技可有可无的问题将再次出现。所以在这里,我们不得不避免提出相反的、抗拒性的立场,这种立场建议对作为道德或者美学需求的中介经验采取节制的态度。所以,我将再次强调协调均衡的概念。

最后是一个非常实际的问题,我们必须找出协调均衡出现在远程媒介化的哪些方面,这是我们可以在这个章节中开始探讨的问题。针对这一点,我提出用一种广泛而不太严格的准现象学观点解决问题。而且,重要的是媒介向我们传递即时体验的方式。这就意味着我们应该关注"传送点"(point of delivery),问题的着重点在于体验主体与媒介体系之间的连接协调。这个重点应该有助于我们解决关键性的问题:世界是通过远程媒介构建和调节的模式呈现出来的。

现在,在这种经验的内部存在各种其他现象以及关切的问

---

❶ 参见约翰·达勒姆·彼得斯(John Durham Peters)的见解,"只有处于媒介沟通的阴影中,人与人之间的沟通活动才有可能"(Peters,1999:6)。

题和相关的理解方式。例如，通信系统所衍生的科技，媒介科技与系统化的政治经济背景，而最明显的问题是它们与快速资本主义的关系。❶ 出于讨论的必要，在本章我们不得不忽略其中的许多问题。但是，将其他问题分成几个部分的做法有助于我们掌握重点，也几乎不会损害分析结果。坦率地说，这些已经足够我们讨论了。

## 二、即时性与媒介的本质

因此，让我们从媒介这一术语的巧妙构思开始，其精妙之处在于，无论在字面上还是实际情况中，媒介一词都处于"即时性"的中心（im‑media‑cy）。

我们在上一章讨论即时性的方式时强调了这样一个观点，即差异的消除，或者可以被理解为差异即将消除，这些差异存在于历史上定义人类文化的各种术语之中，包括空间上的隔绝，即将"这里"和"其他地方"建构成只有通过努力才能连接起来的实体，随之出现"地方性"（localities）并把文化置于这种"地方性"中，给身份认证提供稳定的位置，同时在文化和政治上把我们禁锢在"我们的地方"（in our place）。这些差异也包括现在和未来之间的时间差距，需要等待和耐心，但作为一个经过认真思考和合理规划的生活策略的部分，它似乎是可以预测和可以达到的。因此，即时性的境况，也就是这些差距的消除，包含消除距离的体验，这是一个全球化的核心特征，也是一个未来的核心特征，未来在文化和技术的快速变革中似乎

---

❶ 参见 McChesney et al., 1998; Schiller, 1999; Castells, 2001; Thrift, 2005。

正朝我们迎面走来。

　　直观而言，很容易看出媒介发展和科技是如何助力于这种体验的。然而，一旦我们开始探索什么是"媒介"时，就会遇到一个概念上的难题。简而言之，"媒介"（其复数形式为"media"，我们采用这个词的松散意义，涵盖所有的现代通信实践、技术和机构）有两个彼此分隔又相互关联的矛盾特征。

　　连接的概念，特别是跨越距离的联系，当然这是沟通的基础，同时在电子媒介形式的许多词源中都成为固有的存在，最明显的表现是"电视"（television）、电话（telephone）与"电报"（telegraph）中"tele"这个词根都来源于希腊语中的"远，距离"。这就需要把媒介理解为连接时间和空间的中介，把遥远的事情带到当地人的生活之中。❶ 但是，实现这一连接目标的方式——通过电子媒介的所有技术手段以及它所使用的网址中一整套复杂的符号代码、惯例、体裁、格式、地址形式等——加重了分离的概念：媒介的概念是，"将印象传送给感官的中介物"（《牛津英语字典》）。

　　正如雷蒙·威廉斯（Raymond Williams）所指出的，媒介作为一种"中介物"的概念在历史上很早就出现了，它首次出现在 17 世纪前半叶：

> 因此，"视觉需要三件东西，对象、器官和媒介"。这里对于"看见"这一实践活动的描述——发达的视觉器官与所见之物的可接近性属性之间完整而复杂的过程——由

---

❶ 有关这方面更详细的讨论，请参阅"解域化"的内容，参见《全球化与文化》（Tomlinson, 1999: 151ff），亦见 Meyrowitz, 1985; Morley and Robbins, 1995; Thompson, 1995; Morley, 2000。

## 第五章 媒　介

于媒介这个第三术语的创造被打断，这个第三术语从实际关系中抽象出来，被赋予了自己的属性。❶

威廉斯注意到媒介这个术语的使用是一个物质化和具体化的过程的开始。在其早期使用中，存在一个简单的错误：人们假设了一个看不见的、准因果关系的完整实体媒介，它是看见过程中的必备之物。正如威廉斯继续表述的那样，这个想象的实体就像"燃素"曾被认为是燃烧的基本物质一样，它以人们看不见的和必然的形式呈现在所有的可燃物中。但是威廉斯认为，媒介的物质化持续、巧妙地融入我们对于文化实践的理解中。❷ 例如，在视觉艺术中，媒介的概念，比如"油画媒介""水彩媒介"，都是从中立的工艺技术概念（颜料的传递）开始进入一种具体的实践范畴，比如，艺术家用油彩或者水彩进行创作，接着就成为对艺术实践的定义者。正如以下所述：

> 在形式主义的影响和强化下，出现了一种熟悉的物化实践。媒介的属性被抽象化，仿佛这些属性定义了媒介的实践，而不是成为媒介的方式。这样的解释掩盖了实践的全部意义，而实践总是被定义为在某些必要的社会条件下

---

❶ Raymond Williams. Marxism and Literature [M]. Oxford: Oxford University Press, 1977: 159.
❷ 参见威廉斯（Raymond Williams）对马歇尔·麦克卢汉（McLuhan, 1964）技术决定论的明确批评，"在这一批评中，'媒介'（形而上学地）是主人"（1964: 159）。但是，参考威廉斯的基本立场，讨论斯科特·拉什（Scott Lash）的论点，他反对媒体意识形态功能的批判理论，认为我们不应该把媒体作为首要"手段"。

为了特定目的而进行的实际运作。❶

威廉斯想要提醒我们注意的是文化实践的社会关系，当然，这些社会关系以文化实践为语境并通过文化实践表现出来。他非常正确地指出这种媒介艺术具象化的过程中涉及的神秘性。然而，就电子媒体而言，我认为，总的来说，还有另一种几乎完全相反的"模糊"形式。也就是说，在某种程度上，电子媒体倾向于隐藏它们的中介作用。它们不但没有大力宣传媒介，反而隐藏媒介实践的人为设计技巧，并将自己的产品或者获取信息的渠道表现为原始的、未受影响的、即时性的。❷

我们可以区分出之所以如此的三个方面。

首先，最直接的问题是技术的改进和创新。其中一个显而易见的主题是相当普遍的假设：定义媒介科技不断加速发展的轨迹，从早期的电报到现在的电脑媒介的融合，通信传播速度的逐步提高是无可争议的事实，也是非常有益的事情。❸ 但同

---

❶ Raymond Williams. Marxism and Literature [M]. Oxford: Oxford University Press, 1977: 159–160.

❷ 在其他地方，威廉斯也承认，与文学不同，电子媒体拥有"一种明显的、往往是真实的即时性"。他说，这是"一种维度上的变化，似乎恢复了存在感，由于记录和持久性的替代优势，书写系统已经远离了存在感"（Williams, 1981: 111）。但他并没有探讨这种即时性的人为设计性。

❸ 这一假设可能被视为"新闻"概念的核心。然而，在人们理解快速传输技术传递新闻方面发生了一个有趣的转变。在最近的一份年度报告中，英国广播公司（BBC）陷入了一种两难境地，无法负担"用户生成"的新闻内容，即公众通过手机发送的短信、图片和视频剪辑。这份报告提出了一个可能性，这种未经证实的报告可能更容易被24小时的新闻频道所接受，"在许多突发事件的早期阶段，报道事件的不确定性和相互矛盾的解释可能是更加准确地反映现实的方法"（BBC年度报告2005/6: 48–49）。这里引出了一个有趣的观点，即慢新闻和快新闻在认识论上的区别。

样重要的是，传输技术的目标在于提高"质量"。事实上，这就意味着消除所有形式的"噪音"，更加接近现场的实际"在场"。我们可以在这里列举一些最近创新之举的例子：广播信号质量的提高（特别是在数字技术的应用中）；图像定义和液晶显示器、等离子显示器以及即将问世的高分子发光二极管，它们使得图像的清晰度和银幕的尺寸都有较大幅度的提升（2006年随之而来的阴极射线管市场的大量崩盘）；宽带互联网连接和下载速度的提升。所有这些人们认可的创新（拥有许多优点），通过提高媒介装置的效率和精确度，降低了我们对媒介的"戒备心"。例如，试想一下，我们曾经打电话时需要接线员的介入，听收音机需要精心"调试"和一段时间的"预热"，看电视需要"测试卡"作为媒介。

其次，我们需要将"即时性"作为一种专业媒介价值的目标，包含对既定媒介实践的两个基本信息的假设：媒介资讯的传播方式应该更快速而且可以呈现出一种"现场场景"的错觉。当然，这些特性在媒体对"现场"事件的报道中最明显：新闻、体育、特殊表演等，显而易见的目的是提供近似真实现场存在的体验。但是，从即时性的专业/制度的价值角度出发，它显示出更广泛的媒介表达"风格"，这种风格倾向于非正式性、直接对话性以及某种与观众亲密互动关系的假设（有时甚至是一种饱受批评讽刺的共谋）。在这种情况下，即时性的价值往往与当代其他媒体的价值相互混淆。例如，电视节目通常需要"节奏"，比如向前发展、相对较快的叙事节奏，背景音乐和背景图像以及活动和互动，而不是简单地"对着镜头"进行独白。这种结合产生了一些荒谬的现象，例如现在有时候主播在播报新闻需要接受站着播报的尴尬要求。然而，这背后的理由与即时性的价值是完全一致的，那就是象征性的障碍和惯例（新闻播报员的面前办公桌）的消除表明媒体是中介者，而不是日常的熟人和对话者。

因此，只有在（相对而言）罕见的情况下，我们才可能成为"媒体演员"（无论是社会学还是戏剧学意义上来说），例如在电视上接受采访。在这种情况下媒介的人为介入技巧才会展现出来。雅克·德里达（Jacques Derrida）谈到了在面对镜头讲话时所感受到的"节奏"方面微妙而特别的不同：

> 在面对镜头时，我不再以同样的方式说话、思考和回应，这与我独自一人坐在车里、对着电脑或者对着一张白纸，放空自己，做着白日梦完全不同。一旦有人说"开始录像！"，媒介传输就开始了，人们开始沉默不语，不再以寻常的方式思考，或者无法思考……我们可以说，这是"知识分子"、作家或老师们普遍经验的一部分：当他们对着镜头或麦克风时，他们越想到自己面对镜头或者麦克风的情况，他们就越明显地表现出沉默、顾忌、退缩或者逃避，就像我现在的情形一样……他们越是不经历这种体验就越难以习惯这种体验，也就更加无法忽略这种情景的人为介入技巧。❶

对德里达来说，媒介技术和时间节奏通过一种特定的"节律"连接在一起的问题，成为专业广播播报员的第二特性，观

---

❶ Jacques Derrida, Bernard Stiegler. Echographies of Television [M]. Cambridge: Polity, 2002.

## 第五章　媒　介

众认为这是"自然而然"的事情，但是这依然是媒体实践和经验所特有的现象。当我们关注于这种节律的技术/符号/风格方面的设计技巧时，我们就会失控，变得"局促不安、反应迟钝、说话结巴"。

最后，媒介的技术、专业/风格的发展形成了第三种关于媒介的意义，这也是最普遍的意义，在这种意义中媒体模糊了自己的介入性质，表现出现在的远程媒介体验与日常生活"流动"的直接体验密不可分。当然，这并不是说我们混淆了两者，也不是说我们无法区分媒介体验和"现实生活"。相反，这两种体验模式不仅以混合在一起的而且以平等的方式呈现在我们面前，因此我们不需要时时刻刻地区分它们。在我们的体验中，媒体介入的和非介入的体验都很普遍，以至于我们在这两者之间转换时没有感受到任何不同。想一想我们经历的这种体验，比如我们是如何轻而易举地从收听新闻这种有媒体介入的模式转换到与朋友讨论这则新闻的意义的"非媒体介入"模式；或者再试想一下，在三方通话这种复杂模式中，一边是现场通话的真人，而另一边是在电话那一端的人。或者说，在一个相当神奇的情景中，当我们坐在电影院的座位上时，我们的注意力就有意识地被吸引到银幕上——通过这个模式，我们似乎"进入"了电影的世界。

事实上，很多时候媒介体验已经变成了我们的"第二天性"，[1] 以至于我们需要一个蓄意的颠覆行为，让媒介的技巧吸引我们的注意。迈克尔·哈内克（Michael Haneke）2005 年拍

---

[1] 关于这个方面，本雅明对于电影的著名论点是，在电影中，"知觉冲击的形式形成一个正式的原则"（1979：177），"电影产生一种令人震惊的体验，是一种对于冲击的体验"（Jervis, 1998：316）。

摄的电影《隐藏摄像机》(Caché)中有一个很好的例子。这部电影是关于监视和犯罪秘密主题的影片，哈内克挑战了观众对正在观看的内容的假设。其中一个长镜头聚焦在位于繁华富足巴黎街区房子的情景，这是整部故事的中心。在一个中距离和固定的拍摄位置，摄像机在这个不起眼的场景中停留了几分钟，让观众置身于被摄像机监控的位置，或者是置身于一个房子可能被人监视的位置。但是，这些假设被电影突如其来的镜头推翻，画面被水平线切开，即刻表明我们实际上一直在观看电影画面，而现在这些画面在倒放。哈内克在整部影片中使用了这种拍摄方式，结尾则更为大胆地用青少年放学离开的镜头为终结，包含着一个模糊的和"隐藏的"线索，以揭示电影的神秘。但事实上，电影最后的画面所呈现的"媒介状态"，让人产生一种难道这是另一情景的开始的疑问，电影以一种拒绝叙事终结的方式结尾。

像这样的颠覆显然违背了我们对电影叙事可靠性的常规假设，而且更有趣的是，这一设计巧妙的技法依赖于我们能够立刻意识到自己正在观看"录像带"，并很快地理解使用这种骗局的含义。这种技法不仅运用在特定的叙述上，而且是电影的惯用手法。它之所以起作用，是因为我们能够毫不费力地在不同类型的文类和不同模式的媒介体验中随意转换。

所有这些都可以看作现代生活中远程通信媒介实践和体验"自然化"的一个方面。此外，我们还可以补充一点，进一步说明媒介技术明确概念过程中存在的内在困难。例如，在数字化信号把声音和图像作为媒介"呈现"时我们如何构建、保留数字化信号与声音和图像之间的关系？这一问题已经在数字艺术和网络艺术领域开始讨论。例如，瑞秋·格林（Rachel

## 第五章 媒　介

Greene）这样描述在《火线》(*Live Wire*) 中"反向技术局"（Bureau of Inverse Technology）成员纳塔利（Natalie Jeremijenko）发明的一个装置：

> "火线"（从 1995 年至今）是由纳塔利早期创立的一个与互联网相关的项目，它省略了一般互联网的标准活动（浏览网站、发送电子邮件），而是利用本地网络，根据本地的计算机使用情况进行一系列的可视化活动。来回摆动的悬挂结构（一条鲜红色的电缆）提升了以前无法访问和网络欠佳的区域的信号……因为它平淡无奇……它的摆动引起了人们对于被忽视的信息的注意。❶

纳塔利的成果如果放在办公室和咖啡馆里，在政治层面上吸引了人们对互联网商业交易活动"匿名性"（anonymous nature）特点的关注。但这也说明了网络艺术家工作媒介本身的模糊性（obscurity）。这与威廉对绘画中媒介的支配和持续处于前台地位的批判形成鲜明对比。"火线"可以将看不见的技术活动具体化，但是，它的原始摆动状态肯定代表了我们大多数人在理解传递我们日常体验的技术媒介这一复杂活动方面的低水平认知。它也揭露了我们一直以来的怀疑，虽然通信传播的定义模式可以数字化，但理解媒介体验的典型模式仍然是同样的。媒介在传输的时候以最"自然"的方式展现在我们面前，并且越来越接近于非媒介化的现实。

就这些方面而言，我们毫无疑问可以这样说，远程媒介化

---

❶　Rachel Greene. Internet Art [M]. London：Thames and Hudson, 2004：69-70.

的历史是逐渐模糊媒介证据的历史。这为当代媒介文化的分析提供了线索，因为媒介成为人们的"第二天性"。但是，我们的关注兴趣更加具体，那就是远程媒介化传递即时性模式的含义。在这一节中，我试图描述一些与此相关的远程媒介文化的普遍特征。在下一节中，我将思考媒介科技如何融入我在第四章中讨论过的流动的、轻灵的现代性模式，并探索其中的含义。

### 三、不断改变的终端

让我们回顾上一章中保罗·维利里奥（Paul Virilio）对现代性中持续不断的技术革命的评论，他谈到19世纪的交通运输革命和20世纪及其以降的通信和媒介技术革命。保罗认为，其中的媒介和通信革命使"出发"的概念变得多余，反而促进了"数据的普遍到达"。他接着说："（无线电、视频、数字）信号的输入和输出概念已经超过了传统意义上分布在整个空间中与人或者物体运动相关联的概念。"❶

保罗从这些观察中推断，近在咫尺的本质正在从一种空间现象转变为一种时间现象。在事物通过通信技术传递给我们的世界里，"近在咫尺"并不是衡量距离的尺度，而是衡量时间的尺度："即时性（实时转播）的实时性比建筑物的真实空间更具优势"。❷ 在这里，保罗的建筑兴趣凸显了他的分析特色，因为他把通信技术的影响放置在对于建筑物的居住和"采取定居生活"的背景中展开想象。但是，我认为这种想法是不正确的。

---

❶ Paul Virilio. Open Sky [M]. London：Verso，1997：56.
❷ Paul Virilio. Open Sky [M]. London：Verso，1997：56.

## 第五章 媒　　介

近期，远程媒介的发展轨迹成为一种在"流动的现代性"中与人们流动性的不断增加明显相关的趋势，正如约翰·厄里所说，"无论是一种隐喻还是一种过程，这种流动性都处于社会生活的核心"。❶ 手机科技与互联网的结合，以及对这个平台作为音频、文本和图片信息、电视、购物、银行、数字摄影等的便携式多功能终端的重视，或许明显地体现了这一点。更广泛地说，尤其是在针对青年人的市场投放广告时，手机的文化用途和内涵主要体现在手机的社交功能上：在21世纪的都市里，手机是生活的象征，融入了城市生活的所有活力和激情。❷ 所有这些都表明一种忙忙碌碌的文化情景，而不是在连接网络的住宅中，依靠网络孤立存在的生活方式。

不管怎样，保罗·维利里奥提出了一项重要而普遍的议题，即新媒介技术会以何种方式改变我们与我们的居住地之间生活的和想象的关系。但是，我们可以通过认识到流动性和远程媒介之间的一体化来处理这一问题，而不是僵化地把二者割裂开来。事实上，与这些科技的互动常常被准确地描述为"虚拟流动性"（virtual mobility）的特殊形式。因此，互联网的使用有时被理解为一种"虚拟旅行"（virtual travel），甚至在某种程度上电视也是如此，人们经常使用表示动作的词来比喻这种互动方式，比如，冲浪、换台、导航，等等。我想通过这种比喻的用法来思考终端概念的转变。

终端既是启程也是到达目的地，既是起点也是终点。但无论

---

❶ John Urry. Sociology Beyond Societies: Mobilities for the Twenty – first Century [M]. London: Routledge, 2000: 49.
❷ Pasi Maënpää. Mobile Communication as a Way of Urban Life [A] //Jukka Gronow, Alan Warde. Ordinary Consumption. London: Routledge, 2001: 107 – 123.

速度文化：即时性的到来

在哪种意义上，它都意味着用于旅行或通信的一种界限、边界和一组固定的空间坐标。在我所说的机械现代化时代里，大部分的终端都具有建筑环境独有的特征，最典型的是大型火车站。从19世纪中叶起，大型火车站就是现代化大都市最醒目的一种特色。

这些现代初期的火车站建筑宏伟壮观，相当有趣。从最普遍的意义上说，它表明了火车站在那个时代对地理权力的一种广泛的文化确权。正如鲍曼所说，在那个时代，即机械时代，"重型"技术意味着在时空位置上的一种可靠的永久性，那是一个权力明显地集中在地理位置上的年代。这种文化自信可能最完全地体现在维多利亚时代的新哥特式建筑风尚中，❶ 比如查尔斯·巴里（Charles Barry）在19世纪40年代重建了威斯敏斯特宫，❷ 乔治·吉尔伯特·斯科特（George Gilbert Scott）建造伦敦圣潘克拉斯车站（1868~1876）。❸ 在这里，对机械进步的信仰与宗教（哥特式风格的宗教内涵）、帝国权力（因为这种风格是模仿大英帝国时期的大型火车站）❹ 和商业息息相关（吉尔伯特·斯科特包含巨大的米德兰大酒店，设计豪华，以适应不断发展的商业活动）。❺

---

❶ Kenneth Clark. The Gothic Revival [M]. Harmondsworth：Penguin，1962：214.
❷ A. N. Wilson. The Victorians [M]. London：Hutchinson，2002：62f.
❸ 当然，在欧洲各地19世纪车站建筑的各种风格中，也可以找到其他宏伟的都市建筑，例如格奥尔·格特（Georg Eggert）不朽的法兰克福车站（1879~1888）或弗朗索瓦·杜奎斯尼（François Duquesny）的巴黎东站。
❹ 例如，在孟买（当时的孟买）的维多利亚车站，当时正在建设世界上最大的火车站之一。该车站由斯蒂文斯于1887年设计，据说是为了"向圣潘克拉斯致敬"，其哥特式风格与"撒拉逊"特色融为一体。
❺ 新哥特式的商业用途，尤其是它应用在世俗建筑中——"像油漆一样新……还有……和希尔斯一样古老"（威尔逊，Wilson，2002：63）。对此，比如普金这样的建筑师和卡莱尔、拉斯金这样的评论家对现代的中世纪主义也持批判的态度（Williams，1963：137f）。

## 第五章 媒　介

但宏伟的火车站美学承载着一个更加深刻的内涵，它传达出一个关于机械现代化胜利的信息：它们展示了现代之前旅行的变迁方式，从词源学的角度来看，"旅行"（travel）与"艰辛"（travail）相联系，表示充满痛苦或者费心费力的努力。这些都被机车力量一扫而空。因此，维利里奥的观点认为，火车站的宏伟壮观意味着对于旅程本身的征服。

沿着尤斯顿路向西，不到半里就可以到达尤斯顿车站。1962年以前，这一站一直是菲利普·哈德威克的多立克柱廊（1839年）通往伦敦和伯明翰铁路终端的地方。迈克尔·弗里曼（Michael Freeman）的讨论提到了著名的"尤斯顿拱门"，它既是19世纪都市的典型"门户"，更重要的是，它是"工程战胜自然"的标志：

> 当时的评论家嘲笑门廊正面入口的巨大规模，与后面简陋的火车棚形成鲜明对比。但他们没有抓住问题的要点。尤斯顿拱门是一座"凯旋门，横跨通往伦敦的第一条铁路线"。这也是庆祝"工程师们战胜了基尔斯比的地下水域和流沙，以及开辟特里格和罗德的巨大隧道"。❶

但是，这场工程战胜自然的胜利付出的代价是：空间的工业化。这种观点出现在沃尔夫冈·希弗尔布施把火车站作为大

---

❶ Michael Freeman. Railways and the Victorian Imagination [M]. New Haven: Yale University Press, 1999: 16. 弗里曼引用了罗特（L. T. C. Rolt）1974年的作品《角色的线条：蒸汽时代的召唤》（*Lines of Character: A Steam Age Evocation*）。1962年，英国铁路公司对哈德威克的拱门轻率地进行拆除，并将其替换为"厕所瓷砖"建筑，这一点极具争议（卡特，2001：229）。然而，特别是自从尤斯顿在1994～2001年成为备受诋毁的铁道总部之后，它似乎预示着英国运输史上最惨淡的时期。

速度文化：即时性的到来

都市门户的论述中。❶ 沃尔夫冈强调了早期车站建筑的"两面性"，比如尤斯顿的建筑，它们在 19 世纪中叶出现的两种空间场所之间起着连接作用。出发的旅行者离开了 19 世纪 30 年代前工业时代的城市空间，随后进入火车站空间，火车站又为他做好准备，让他进入实际的铁路工业空间。❷ 根据沃尔夫冈的说法，这些早期的车站发挥的门户功能是：通过机车上装置的工业设备来缓冲乘客进入实际站台的危险空间。因此，像尤斯顿这样的构造将乘客隔离在接待区内，无法直接进入站台，"在这种情况下，乘客（就像我们现在的航空旅客）必须聚集在一起，等待火车在出发前才将候车厅与月台的门打开"。❸

车站建筑业的发展是这些隔离空间持续一体化的过程。在 1876 年圣潘克拉斯火车站落成时，公众已经有了强烈的把候车厅与月台可以直接连接起来的需求。正如沃尔夫冈所说，主要是因为城市本身已经像铁路空间一样工业化。但火车站至今仍然是一种工业化的流动形式的标志和功能装置，这是早期现代速度文化叙事的核心。正如前几章所强调的那样，处于这种叙事核心位置的是，流动性来之不易的对于自然的征服、充满英雄主义的齐心协力的努力与相关的具有内在危险性的"坚硬"的科技（hardness of the technology）之间的关系。

为了了解通信技术如何建构一种不同类型的流动性，我们可以将其与当代的电子终端（手机、笔记本电脑、数字音乐播

---

❶ Wolfgang Schivelbusch. The Railway Journey: Trains and Travel in the Nineteenth Century [M]. Oxford: Basil Blackwell, 1980: 161ff.

❷ Wolfgang Schivelbusch. The Railway Journey: Trains and Travel in the Nineteenth Century [M]. Oxford: Basil Blackwell, 1980: 164.

❸ Wolfgang Schivelbusch. The Railway Journey: Trains and Travel in the Nineteenth Century [M]. Oxford: Basil Blackwell, 1980: 167 – 168.

## 第五章　媒　介

放器等）进行比较。在这里，我们可以看到明显的差异，例如在物理规模上，我们似乎一眼就能看到这种比较的不切实际性。但是，我们不要受制于这个原因。相对于在固定环境中建筑的车站（精确的出发点和到达点），我们现在随身携带的电子终端则完全不同，它们围绕对于空间和地点想象的超越建立了一整套完全不同的规则。

这些电子终端的主要特点似乎是可移动性和个性化特征。如果我们随身携带电子终端，或者很快就可能把它们植入我们的体内，❶ 终端就不再是组织我们的流动性模式的实际空间中的一个固定点。因此，在某种意义上，人类克服了自身的局限——至少在某种程度上，世界的实时"呈现"无时无刻不跟我们在一起。事实上，从体验上来说，它确实以我们为中心，跟着我们。这反过来又形成一系列其他的假设、价值观、态度和立场，它们共同构成远程通信即时性的文化风格：明显的实时"呈现"的普遍性、努力的冗余性以及通信风格中的某种漫不经心。我举下面这个有趣的例子可以更加简洁地说明这些特征。

我正坐在从爱丁堡开往伦敦的火车上，非同寻常，我这次乘坐的不但是头等车厢，还坐在可以吸烟的区域。在纽卡斯尔

---

❶ 在这里看到维利里奥对种植技术的讨论，作为"最后的领土的殖民……它是'生物'与'技术'融合的悲剧"（Virilio, 1997：57）。这不再是科幻小说的情节。根据拉德福德（Radford, 2000）的说法，西门子科技集团旗下的罗克·曼勒研究公司（Roke Manor Research）的研究人员已经预测到一种将微传感器嵌入电视记者视神经这一技术的商业发展前景，这种技术使他们能够将看到东西实时地"传送"到我们的电视屏幕上。据称，这项技术已经存在。更普遍的说法是，皮下传感器现在应用于各种商业和安保中。西班牙和荷兰的舞蹈俱乐部也把植入传感器作为时尚宣言的入场券。与硅基半导体相反，塑料的最新发展似乎有可能加速探索开发植入技术的新途径。

177

站，一个女人上了车，坐在对面的座位上。她衣着优雅，从容不迫。她丝毫没有理会车厢里的其他乘客。当她落座之后，她以一种自信而流畅的动作从肩上脱下她那件昂贵的外套，一只手点着烟，另一只手打开她最新款的小巧手机。在我们搭乘苏格兰飞人号火车一路向南行驶的三个半小时里，她一根接着一根地抽烟，并一刻不停地打着电话闲聊，似乎一次都没有环顾四周或窗外。在她看来，坐在车上我们实际的身体移动几乎无关紧要。如果用西班牙语来说的话，她就像坐在自己的家里（en casa）。

令人吃惊的是，她把悠然的心情、优雅的动作、自我陶醉却不失谨慎（她讲话轻声细语，不像许多商人或者女人把车厢当作自己的开放办公室）与极其夸张的内敛、专注的神情和对目前身处其中的环境浑然不觉地融合在一起。而在这里，手机正是核心因素，它体现了一种微型的、谨慎的和个人化的审美，这与火车站的宏伟以及公开炫耀形成了鲜明的对比，火车站标示着我们身体移动的界限。我认为，在某种程度上，这激起了我对远程媒介体验现象学的兴趣。因为它似乎构成了历史上独一无二的存在模式。

从这个相当极端的例子中，我们可以得出这样一个结论：使用这些新的通信技术的体验是毫不费力、轻松自如和随时随地，尤其是当它们运作正常的时候。我们似乎很容易就能得到想要的事物或者联系到想要联系的人，以至于当别人偶尔关掉手机或者邮件收件箱中没有得到回复的邮件时，我们可能会感到莫名的生气。沟通变得简单方便，似乎没有什么真正需要克服的障碍：只需滚动查看电子通讯簿，然后按一下手机上的"呼叫"按钮，或者在电子邮件中点击"发送"。这些操作被轻巧、灵活、流畅地编排在我们的工作节奏中。这些操作看起来不像是身体活动，只需举手之劳，似乎就是魔术中的一个小戏法。而且，通过类似的手法，智能科技就可以立即做出反应：可以弥合此地与彼地、现在和将来、欲望和实现之间的鸿沟，对于"沉重"的现代机器时代而言，这样的鸿沟是无法弥合的。

但是现在我们必须记住协调均衡的原则。当然，这种即时性的联系完全局限于电子通信的模块中。我们依旧会面临地点的限制和实际距离的限制。而这些限制的顽固存在可以在一些过时的但越来越重要的公共汽车站、铁路和航空站、出租汽车站、停车场等固定地点中窥见一斑，也可以在巨大的经济和输送乘客的运输科技的 21 世纪文化中看到这一点。今天的旅行体验本身是相对轻松的——至少与令人筋疲力尽和充满危险的旅程相比，机械现代化把我们从这种疲劳和危险中解放出来。但是，我们并不是在说，21 世纪的流动性不存在困难、挫折和危险。现在，这个问题可以从两方面来看，一方面因为火车和航班延误或交通堵塞带来的不便正在减少，另一方面道路交通事故或者因系统故障造成的更为触目惊心的飞机坠毁或者客轮沉没等灾难性伤亡的风险也在增加。而且，我们不得不将各种蓄意破坏的因素纳入人们惯常的旅行之中，比如"9·11事件"就是其中的一个例子，它成为社会运输组织的分水岭。

在上述任何一种形式下，当代旅行的变迁证明了人类的脆弱以及现实的存在条件依然会带来各种限制。正是我们的身体标志着远程通信和其他形式的即时通信的关键区别。如果我们想概括新通信技术的首要文化影响，可以公平地说，它们制造了某种虚假的曙光，以为人类能从自身以及真实存在的地域限制中解放出来。如果我们想要一个具体的形象（尽管是一个相当平庸的形象）来捕捉对即时性的过度期望，我们只需想想下面的情景：一群火车乘客在听到通知火车晚点的瞬间纷纷掏出手机的沮丧姿态。在这里，媒介和"真实"之间的真正协调在科学技术的局限性中显露出来，这种技术虽然可以让我们发泄怒火，重新安排我们的行程，却无法将我们从所处的"在此地"的物质环境中解救出来。正如我们现在看到的那样，人们开始希望也期待科技能够解决这一切。

总而言之，我认为理解通信媒介的即时性的最好方式是，把它与当代社会和文化的高度流动性相互结合；它与机械现代性的文化叙事形成鲜明对比。我也讨论了通信媒介对于速度的推崇，特别是它假设的无处不在、"毫不费力"和触手可及的特征。此外，我也讲到移动媒介技术的使用彻底改变了我们与我们所在的地方之间的真实和想象的关系。虽然这不能改变我们具体面临的情况，但它可能引发对于这种情况的不同态度。因此，就像现代性的许多特征一样，这种转变并不是完全的，也不是非常明确的。远程媒介的即时性在给人们提供解放的同时也产生了许多文化挑战。在本章倒数第二节中，我们将探讨这些令人困惑的问题的几个方面，然后在结论部分，我会对远程通信媒介为即时性做出的贡献进行全面评价。但在此之前，让我们先稍稍偏离一下主题。

### 四、键盘：附记

当我们想到自己与媒介科技的连接时，自然会倾向于自己所看到或者听到的事物：世界透过电脑、电视或者电影屏幕、杜比音响（Dolby Stereo）、手机或 iPod 的耳机等媒介传递给我

## 第五章 媒 介

们。这实际上引发了一个更大的问题，即在整个现代时期，感官"等级"（hierarchy of the senses）的变化，例如关于视觉文化逐渐占据主导地位的争论。我们无须深入这个更广泛的问题的讨论就可以看出，❶ 这种思考媒介的方法（只涉及五种感官中的两种），主要强调科技对人类意识的直接冲击。用弗里德里希·凯特勒（Freidrich Kittler）的话来说，让我们把人与媒体的关系看作"大脑生理和通信技术之间的循环线路"，❷ 在这一循环线路中，许多更广泛的人类存在的特征都被忽略了。就像我们将在后面的章节中讨论的那样，这一点又反过来渲染媒介科技带来的心理和文化影响层面的焦虑。

但在这里，我想提醒大家注意日常媒介实践中的另一个常见特征：我们形成了通过键盘访问各类网站和与外界交流的习惯，这些实践显然涉及我们的身体，尤其是手部和触觉。

我探讨这个现象的原因如下。首先，正是因为人们普遍忽视了这一现象，❸ 除了我们把媒介分析的重心放在视觉、口头/听觉上之外，这一现象还以其他方式缩小了远程通信媒介的概念范畴。键盘——或者更普遍的键盘缩小版本，比如各种小型的辅助键盘，现在充斥在我们的生活环境之中。我们不仅通过辅助键盘，更直接地与媒体、通信系统进行互动，比如手机、

---

❶ 参见约翰·厄里（John Urry, 2000: 77ff.）的讨论，他是为数不多的对人类感官提供详细的一般社会理论分析的理论家之一。关于文化中的视觉性，参见（Jay, 1993; Mirzoeff, 2002; Howells, 2003）。

❷ Freidrich A. Kittler. Gramophone, Film, Typewriter [M]. Stanford, CA: Stanford UniversityPress, 1999: 216.

❸ 尽管在这里可以看到本雅明对"切换、插入、按压等"等新兴动作的深刻理解。他选择的例子是最重要的——"抓拍的摄影师……，手指的触摸现在足以确定一个事件的无限时间"（1979a: 176 - 177），迅速返回强调从触觉到视觉的经验。

电视和音响遥控器、电脑、游戏机等，我们也逐渐使用辅助键盘从银行取钱，控制微波炉做饭、开门、操作空调系统，也使用辅助键盘停车、洗车（甚至通过辅助键盘来驾驶），在美术馆和博物馆通过电子仪器接收解说，等等。这表明，通信媒介的一些文化特征实际上镶嵌在一系列广泛使用的键盘操作中。

我们关注键盘和使用键盘的另一个原因是，它们的不可缺失性创造了一种新的认知、技能和成就。这不仅包括年轻人在发短信时非凡的灵活性，而且包括日常社交能力所必需的各种基本技能。例如，输入手机密码的节奏。我们还需要牢记我们必须使用（但不能写下来）的用来开门、在自动取款机取钱、超市购物、酒店退房的密码，这比输入密码的节奏模式更加微妙，也涉及记忆的具体形式。如果我们对这个精心设计的密码输入行为不太熟练，那我们可能会面临失败的风险，或者至少怀疑我们的能力，只要一不小心按错，就无法通过验证，因此就会产生尴尬和不安。一个简单的按键错误也会让人不安，因为我们的网络访问会被暂时拒绝。我们不要忘记这些数字代表着我们的"个人身份"，或者把这种认知转换的技巧当作辨认我们使用配置不同的键盘时出现的各种不同"按键"的技巧——菜单、滚动、选择和输入功能。我们可能需要运用相关的能力，一种让自己忽略其他的"反向能力"（negative capability）。因为人们不去阅读使用手册，辅助键盘的普通使用能力似乎与直觉的感觉相关。我一直把这些适应称为"技能"，虽然如此称呼未必十分准确。在很大程度上，它们不是需要训练的实操能力。它们是更典型的随意习得的习惯和身体的感官节奏。

因此，第三个原因，也就是我在这里想要叙述的重点，那

## 第五章 媒　介

就是操作键盘的灵巧性和熟练程度，尤其是相对于操作机械物体时需要的强壮肌肉和力气，使用这些科技意味着轻便、柔和的体验。

让我们以打字机为例进行探讨。打字机似乎是现代键盘和辅助键盘的直接先驱，但这两种键盘的共同点没有乍一看那样明显。弗里德里希·凯特勒从打字机这个词的模棱两可开始，给了我们最引人入胜和最具启发性的关于打字机文化史的描述：

> 这个词的意思包含打字机这个机器和女打字员的双重含义。在美国，有无数这样的漫画。一位破产商人在给妻子的一封打印信中写道："亲爱的布兰奇，我把所有的办公家具、椅子、办公桌等都卖掉了，现在我正在用膝上的这台打字机非常艰难地给你写这封信。"这个漫画结合了职业、机器和性别，道出了一副真实。❶

凯特勒分析的亮点在于，他在寻找这两重意义的结合时运用尼采或亨利·詹姆斯这些作家使用的打字机和女打字员之间的关系作为论证的例子。但是，更普遍地说，他描述了从19世纪80年代前后开始男性对文职工作"垄断"的结束，女性"打字机"取代了男性专有的文职工作。对于这种创作中的性别反转，凯特勒讲述了一个复杂而具有讽刺意味的故事。其中，"尤其是女性在权力体系中的边缘地位迫使女性不得不训练出熟练的操作能力，在媒介系统中，这超越了男性秘书关于书写

---

❶ Freidrich A. Kittler. Gramophone, Film, Typewriter [M]. Stanford, CA: Stanford UniversityPress, 1999: 183.

美学的自豪感"。❶ 这颠覆了女性被系统性地排除在书写世界之外的情形，这一现象与另一项革命同时发生，那就是文学生产和官僚主义的工业化（从最广泛的意义上来讲）。在机械现代性不断变化的劳动力市场中，女性所获得的技能，或者可能是从其他操作中发展而来的技能，占据了一个特定的位置。❷ 尽管这些技能不能为女性提供更高水平的专业，但重要的是，这确实是技能。也就是说，它们是技术成就，定义了一个特定的独立的手工操作角色，构成工作的一部分。❸ 打字员的技能是灵巧、准确和快速的结合，每分钟能够打出的字数是检验和认证她们的标准。由于受到不断扩张的快速资本主义的驱动以及在稳定的、规范的社会等级的组织精神中发展而来（信息在命令链中上下传递），打字员的速度技巧与机械速度的文化叙述很好地契合在一起。

相对于键盘来说，特别是我这一代的学者们，都知道它是如何在不经意间不知不觉地降临，以一种民主的劳动分工取代了专业打字员的角色，只有脾气最为刚强的人才敢抱怨。但我们或者我们的学生，从什么时候起才真正学习键盘技能？我们

---

❶ Freidrich A, Kittler. Gramophone, Film, Typewriter ［M］. Stanford, CA: Stanford UniversityPress, 1999: 194.

❷ 尤其是钢琴演奏。凯特勒引用了1895年德国讨论打字员的说法，打字员是"这个领域的统治女王"："非常令人吃惊，像瘟疫一样席卷全国的一个真正的实用操作就是给年轻女孩上钢琴课。由此产生的灵巧性对打字机的操作非常有用"（凯特勒，1999: 194-195）。早期的法语打字机术语"clavecinécrire"和"pianoécrire"保留了这种联系（1999: 290）。

❸ 在威尔斯1909年的女性解放小说《安·维罗尼卡》（*Ann Veronica*）中，同名女主人公得到了以下关于实现经济独立的建议："让自己值得享有体面的自由……获得学位，让自己有价值。或者成为一名完全的速记员和专业秘书"（威尔斯，1924: 129）。

## 第五章 媒　介

练习打字速度、熟悉主要按键的位置或者记住标准打字键盘（QWERTY）。雷明顿牌（Remington）打字机和帝国66号打字机等对于技术的高要求与它们对于机械的"严格"技术要求相联系，这些成为专业打字员必备的特质。笨重的、坚硬的和冰冷的打字机触觉，要求精准、坚定、快捷的按键，非常明显打字机是严肃的工业化的机器。事实上，凯特勒说，打字"就像快速开火的武器"："基本构造刚好也是由扳机发射机器组成，自动化、分离的操作步骤，就像左轮手枪和机关枪中的弹药发射的步骤一样。"❶

从这一点和其他因素来看，现代的电脑键盘与打字机只存在微弱的同源方面的相似之处。我们通常随意地"不受约束"地接触电脑键盘，反映了它们的普遍性和易于使用的特性。电脑键盘的触觉相对比较柔软，特别是对打字错误具有的包容性。我们在电脑的塑料键盘上打字不像在刻着字母的打字机上打字，从来不会要求我们要坚定地敲击键盘。我们用电脑打字的过程中处理的单词都是虚拟的，易于编辑、删除和检查拼写错误。难怪电子邮件常见的轻松对话风格得以发展，因为它对于打字错误能够宽容，丝毫不用担心暴露人们的文字修养。

我们通常漫不经心地看待键盘，这是因为键盘只是电脑这个强大系统的附属物。电脑不仅能够以十亿分之一秒的速度进行文字处理，同时，也让这个相当基础的任务得以适用于任何传播技术中。这种附属地位还意味着（与打字机不同）键盘在某种意义上是不完整的。可替换、廉价和塑料制成的键盘被忽

---

❶ Freidrich A. Kittler. Gramophone, Film, Typewriter [M]. Stanford, CA: Stanford University Press, 1999: 191.

略，随意地扔在桌子上，每个人都可以使用它。没有人会因为它也是一种工作工具而尊重它：在一天的工作结束时，没有人会在它们上面盖上一个整洁合适的罩子。具有讽刺意味的是，在即时性条件下，键盘让我们的生活变得过于轻松，从而失去了我们对它的尊重。

同样地，我们大多数人与键盘的关系处于业余而不是专业的状态，无法在熟练使用键盘打字时获得任何特别的自豪感。这里当然有一种速度的体验，但整体而言，这种体验与熟练掌握操作技巧的体验有很多不同。❶ 与芯片的处理速度相比，人体操作键盘的能力已经失去了重要性，它总是处于极其不利的地位，在我们打字的时候，大部分时间处理芯片都在耐心地等待我们的手指不停地敲击键盘。因此，奇怪的是，我们的体验似乎受到了一种急躁情绪的影响，在快得难以想象的信息处理速度中偶尔出现小故障——启动的时间较慢、下载的时间较长、沙漏验机助手符号的出现。在很大程度上，这些让人挫败的等待是在提醒我们，在人机关系中我们并不是计算机的主宰者。在键盘上快速打字没有在打字机上快速打字的敲击快感，这种快感是人类直接掌控技术的象征。对于技术的掌控被纳入现代通信媒介生活的速度焦虑氛围中。

## 五、只有连接……

到目前为止，我们在本章中一直试图捕捉一些远程通信媒介的体验和行为的特殊性质。我曾经说过，随着电子通信媒介技术变得越来越普及，对自身的关注越来越少，因此，我们发

---

❶ 电脑游戏玩家的拇指和眼睛的协调可能是个例外。

## 第五章　媒　介

现我们有意识地区别它们是否有媒介介入模式的理由和场合也越来越少。通信媒介的常规化与技术平行发展，与人们对久坐隔离的恐惧相反，它们融入了当代的现代化流动性之中，改变了地理位置的重要性，也改变了人们对于在场和距离的体验。但是，我认为，通信媒介的轻便性和轻盈性，不仅体现在它们对于视觉和听觉的关注，还体现在它们在操作上的轻触感方面，使人类的生存境况轻松便捷。远程通信媒介有成为我们身体的一种限制甚至是一种阻碍的潜能，至少成为需要以新视角来面对的古老的存在主义问题。

在这种背景下，我想在这一节和最后一节尝试更加精确地探讨远程通信媒介对即时性状况的独特贡献。

在我看来，这种贡献存在于两个方面，也就是对于两种"距离的消除"。其中之一涉及在快速资本主义中因为消费本质的不断变化而产生的通信媒介实践的意义：通信媒介可能正在瓦解对消费物品（包括信息）的欲望体验及其满足之间的明显界线。我们在下一章将通信媒介作为"传递"的一个较大构成部分，在那里我们将进一步讨论其含义，而且即时性与日益加快的生活节奏之间的关系将更加明显地表现出来。

另一种消除差距的类型是，通信媒介在维持生活相距较远的现代人之间的持续和普遍的联系时扮演重要的角色，这当然不是完全脱离消费语境，而是提出了一系列独特的新问题。即时性的这个方面是本章关注的重点，我想继续讨论这一问题。

我想提出的论点是，远程呈现（telepresence，思科网真，一种通过结合高清晰度视频、音频和交互式组件，在网络上创建独特的"面对面"体验的新型技术）——我们可以理解为可能的并且对于越来越多的人而言是一种更好的选择"保持联系"却不是真正意义上的"保持联系"——不应该被认为是一种有缺陷的状态。我的意思是,远程呈现可以被理解成一种独特的存在模式,存在于直接且真实的关系之中,不应该被视为或者评判成一种体现"确定"的存在模式的缺陷。不可否认的是,远程呈现有各种各样的限制和潜在的危险,我们已经注意到其中的一些。但在我看来,在理解它的含义特别是它如何吸引年轻人的时候,我们没有对它进行深层次的了解,除非我们能够用自己的方式来理解它,而不是用一种怀旧的比较方式,否则我们的论题不会有任何进展。正如读者可能已经猜到的那样,我之所以这样说是因为我并没有特别强烈地感受到这些吸引力,因此,与我同时代的其他人一样,我常常对它感到困惑。

我的邻居是一个图书管理员,他告诉我,有几个十几岁的孩子会来到公共图书馆,并排坐在一排电脑旁,静静地互相发送邮件。她想,为什么他们不喜欢在外面边呼吸新鲜空气边面对面地聊天呢?我没有准确的答案。而且,直到我了解他们在家进行远程呈现的直观感受时才会找到这个问题的答案。很明显,他们在这种方式和以前在家中面对面聊天的形式之间建立了一种非常舒服的关系。

首先,让我们看看为什么远程呈现与现场呈现相比较时会存在一些不利之处。我可能会忽略许多与新媒体技术有关的对于身体病痛的焦虑,包括从与使用键盘有关的一些重复性身体劳损到使用手机增加大脑肿瘤的风险。[1] 我也会忽略那些基于计算机的学习制度可能无法培养儿童足够和广泛的认知技能的

---

[1] R. Dennis Hayes. Digital Palsy: RSI and Restructuring Capital [A] //James Brook, Iain A. Boal. Resisting the Virtual Life. San Francisco: City Lights, 1995: 173 – 180.

## 第五章 媒　介

顾虑。[1] 文化批评家们往往担心的是一个存在主义的问题，而不是生理或心理的问题，即网络文化和新式的通信媒介是否会破坏我们对作为最基础的存在状况的感知。

一些学者早在这些技术真正存在之前就开始担心这个问题。E. M. 福斯特（E. M. Forster）的短篇小说《大机器停止》（*The Machine Stops*）经常被引用为早期文学领域对电脑空间进行描述的作品。该作品首次发表于1909年，比"未来主义的宣言"早了两年，福斯特将其描述为"对早期威尔斯（H. G. Wells）所描述的乌托邦的回应"。[2] 《大机器停止》并不是福斯特最佳的一部作品，但它非常具有预见性，完全符合威尔斯对未来技术的预想。

故事以未知的未来为背景，想象存在这样一个世界：在这个世界中，人类已经将生活完全交给了科技，放弃了在地球表面的生活，大部分时间居住在彼此隔离的地下模块中，就像生活在"蜂巢"中的蜜蜂。在这里，他们过着舒适的、久坐不动的生活，显然这是一种高度文明而且完全可控的生活。他们的需求通过一台"机器"自动满足，这个机器是一个包罗万象、被推崇为半神性的科技系统。故事的情节并不复杂，主要围绕两个人物展开。一个是瓦实提（一个没有情感的、理智的知识分子），她只关心理念；另一个是她的儿子库诺，他与母亲的

---

[1] M. Neill. Computers, Thinking, and Schools in the "New World Economic Order" [A] //James Brook, Iain A. Boal. Resrsting the Virtual Life. San Francisco: City Lights, 1995: 181 – 194; S. Millar. Internet "Could Damage Children's Ability to Learn" [N]. The Guardian, 2001 – 10 – 12 (6).

[2] 在福斯特1947年的短篇小说集导论中，具体来说，它是对威尔斯的中篇小说《彗星之日》（*In the Dadys of the Comet*）（1906）的一个乌托邦式的道德寓言的回应。

观点相左，更加感性。库诺对这台机器失去了信心，他不顾一切地"非法"进入地球表面。在这里，尽管他无法正常呼吸，但他短暂地享受了自然世界的乐趣，正如我们最终发现的那样，他在这里体验到与地球表面的一个居民之间的亲密关系。不久他被机器"矫正装置"那可怕和丑陋的白色触角拖回地下并返回他的"牢房"。瓦实提对库诺的冒险和他对这台机器的"亵渎"感到震惊。她认为他疯了，于是和库诺断绝了关系。几年之后，库诺传来另一条消息，他简洁明了地宣布，"大机器停止"。起初，瓦实提根本无法理解这一点，不过当她的"牢房"中的音乐开始扭曲时，她很快就感觉到了这个机器系统衰竭的迹象。随后出现了其他故障，最终导致整个机器发生了灾难性的故障，这证实了库诺的预测。机器的技术文明因此消亡，但故事以乐观的基调结束。由于母子在死前短暂相见，库诺告诉瓦实提，那些在地球表面、机器无法触及的地方幸存下来的人们"躲在雾气和蕨类植物中，直到我们的文明终止"。既然"人类已经吸取了教训"，他们的生命将在地球上延续。

这个故事中有些东西似乎非常契合作为我们这个时代的寓言。最明显的是福斯特的技术预测：他预示了通过可视电话（一个"蓝色的视盘"）和类似互联网样的东西（通过它瓦实提"认识了几千人"）可以实现即时性的全球通信。在某种程度上，他还预测了这些技术对社会产生的影响，例如，他提出了人们需要处理持续不断、永不停歇的通信流，小说还多次提到瓦实提不停地体验到时间的压力，导致了一种不耐烦和易怒的惯常状态和加速衰老的感觉："库诺，快点，我在黑暗中浪费

我的时间。"❶

但是,这些观点是这个故事的两个反乌托邦中心主题的附带内容。首先,福斯特关注的是一种人类文明的狂妄自大,这种文明过于相信科学理性能够战胜自然,以至于人类已经失去了对技术系统本身的控制,从而使人类完全依赖于机器(以及一个脱离直觉的机械理性),这毫无疑问是非常错误和致命的。其次,围绕这种技术依赖而发展起来的文化已经开始忽视甚至蔑视它所代表的自然。

后者是这个故事最能与当代人对远程呈现的影响产生共鸣的方面,他们对远程呈现的意义表示担忧。这一主题部分地以针对科技进步逻辑的批判和讽刺形式出现。例如,瓦实提在不太情愿勉强去探望儿子的途中,对先前的文明进行反省,"他们错误地理解了这个系统发挥的功能,认为通过它把人类带向物质,而不是将物质带给人类。过去的岁月真有趣,人们去外面寻找改变空气而不是改变自己房间的空气。"❷ 但是,更重要的是,福斯特强调这种文化对于感官享受和身体接触的压抑:孩子出生后很快就与母亲分离,那些显示运动能力的迹象被摧毁;过去与他人接触的方式已经变得"过时",被人们所厌恶;自然世界被忽略,人们认为它没有包含任何"理念"。在她的旅程中,瓦实提经历了他人的"直接体验的恐怖",更令人震惊的是,故事中暗示库诺受到修理机器装置(Mending Apparatus)的阉割,这是对他与地表居民非法性行为的惩罚。

---

❶ Edward Morgan Forster. The Machine Stops [A] //Collected Short Stories. Harmondsworth: Penguin, 1954: 110.

❷ Edward Morgan Forster. The Machine Stops [A] //Collected Short Stories. Harmondsworth: Penguin, 1954: 115.

当然，我们并不能完全根据它的预测能力评价科幻小说，福斯特（至少到目前为止）似乎搞错了一些事情：特别是在他对于远程呈现会导致久坐的生活方式的预测中，这一事实实际上既不存在也不会存在。同样，我们不应该期望科幻小说能够超越它所处时代人们关注的问题。因此，福斯特所描述的那种发现自身处于尴尬位置以及对自己所代表的人类状况进行系统压抑之中的文化，也可以被解读为对20世纪早期英国社会的特殊风俗的评论。我随后会再讨论这一点。如果我们只谈论这个故事的表面价值，无论它多么简单，它也足以让我们提出这样一个问题，即我们在日常使用远程呈现方式时，在多大程度上会持有一种曲解的态度。

为了有助于我们找到答案，我们可以参考休伯特·德雷福斯（Hubert Dreyfus）在2001年出版的小册子《关于网络》（*On the Internet*），其中对远程呈现提出了敏锐的批评。

德雷福斯简要地引用了福斯特的故事，并以一种严肃的方式看待小说的反乌托邦主题。他的论点尤其针对那些对互联网的优点过于热衷的人。❶ 但他也觉得——这也是他最接近福斯特的地方——我们通常可能对于技术的长期的文化后果过于乐观。然而，他的方法与福斯特的方法完全不同。除了哲学上的复杂性之外，德雷福斯与福斯特的主要区别在于，他决定不去依赖"看似无所谓而实则导致严重问题的楔形细端"（thin end of the wedge）式推论，而是去应对当前存在的远程呈现技术的实际质量问题。他探讨了一系列的问题：在设计能够搜索特定

---

❶ 例如，德雷福斯引用了库兹韦尔等"受计算机启发的未来学家"，也引用了一些过于激动的商业大亨作为论述的例子。

关联信息的信息检索系统时面临的固有困难；在远程学习环境中计算机的使用；互联网提供与身在远处的其他人建立有意义关系的能力；关于建立"虚拟社区"的潜在可能性的争论。德雷福斯表明，在每一个案例中，我们从互联网中获得一些东西的同时也在这个过程中损失一些东西，我们一直在二者之间进行权衡。以搜索引擎为例，这种权衡是一种对称的权衡——我们用搜索引擎获取信息的范围，交换它在辨别搜索内容相关性方面总体而言较弱的能力（与人类的辨别能力相比较）。在其他情况下，德雷福斯说道，权衡以各种不同的方式呈现出不对称，要么我们失去的比获得的更多。例如，在课堂上的互动和有风险的参与感，或者是做出选择和采取行动导致真正结果的存在意义，而不是虚拟的、不涉及真正承诺的意义。要么在远距离互动的情况下，德雷福斯认为"远程呈现永远不能给我们一种遥远事物的现实感，也不能传达一种对于处于远距离的人的信任感"。❶

在所有这些论证中，正如尼采、梅洛－庞蒂（Merleau-Ponty）和克尔凯郭尔的哲学所理解的那样，对德雷福斯来说，人类具体体现出来的状况才是至关重要的。我们在这里无法逐一探讨索德雷福斯主张的细节，❷ 但就人类具体体现的重要性而言，他的结论是非常清楚的：

>  我们的身体，包括我们的情感，在理解事物的过程中扮演着关键的角色，我们也借此认清什么是比较重要的，

---

❶ Hubert L. Dreyfus. OntheInternet [M]. London: Routledge, 2001: 9.
❷ 与远程呈现的普通现象学相关的最贴切的主张来自梅洛－庞蒂的观点，即我们的身体使我们能够"最佳地掌控世界"（1979: 55f.）。

我们也拥有让事物变得有意义的能力，并因此获取技能，我们对现实事物的认知，对他人的信任。总之，我们无条件地作出承诺让自己的生活更有意义。如果我们认为不具备这些具体的能力我们依然可以生存，这是非常错误的想法。如果我们欣然接受互联网为我们提供了一个让我们脱离肉体、超然身体、无处不在的思想，这也是错误的。❶

就这一点而言，一个不太明智的批评家可能会得出这样的结论：要么发出我们生物学上的身体是累赘的警告，要么因为远程通信技术似是而非的承诺而对它不屑一顾。德雷福斯并没有这样去做。相反，他认为有必要"培育一种共生关系"（to foster a symbiosis），即我们如何在利用我们身体独特的能力与技术提供的信息检索、存储和远距离连接方面的全新能力之间建立共生关系。这样做的关键条件在于"我们持续肯定自己的身体……不是因为它们的有限性和脆弱性，而是因为如尼采所看到的那样，失去了身体我们将一无所有"。❷

在我看来，这样的论述切中要害。它准确地捕捉到了本章开始时所提及的协调均衡的态度。也许我们需要再进一步，深入地了解这种共生关系是如何运作的。

在我们推崇这种共生关系之前，我们可能需要更多地了解远程呈现的内在特征，至少了解它是如何被体验的，而不是仅仅探讨其范围和限制。因此，我与德雷福斯的不同之处在于，我比他更直接地将远程呈现体验作为一种值得探索的"方式"，

---

❶ Hubert L. Dreyfus. On the Internet [M]. London: Routledge, 2001: 90.
❷ Hubert L. Dreyfus. On the Internet [M]. London: Routledge, 2001: 107.

## 第五章 媒　介

而不是简单地将其作为与一组实用装备的协同互动。

在福斯特更优秀的一部作品《霍华德庄园》(*Howard's End*)的题词中，福斯特选择了一组意义含糊而隐秘的短语"只有连接……"(Only connect…)。可能极少有人能够理会这个句子暗含的意思，这也是迄今为止移动电话公司还没有采用它作为时髦的广告用语和口号的原因。其实这个短语实际上并没有直接指向人际交往过程中的困难。在小说中，它指的是需要调和围绕在施莱格尔(Schlegel)和威尔科克斯(Wilcox)家庭周围交织在一起的各种对立面，也就是说，商业与文化，城市与农村，进步与传统，直觉与理智，个体和机器，最重要的是，身体和心灵。

这句话在小说的一页上出现过三次，那是描写玛格丽特·施莱格尔(Margaret Schlegel)梦见自己在亨利·威尔科克斯(Henry Wilcox)的第一任妻子去世后嫁给这位沉默寡言的中年商人的片段：

> 无论是作为一个男孩，丈夫还是鳏夫，他私底下总认为身体上的激情是不好的……礼拜天在教堂里大声诵读的那些圣经中的话对于他和其他男人来说，就是炙烤圣凯瑟琳和圣法兰西斯的灵魂使他们对肉体产生白热化仇恨的话语。他不可能像圣人那样，以天使般的热情去爱世人，他可能会因为爱上妻子而感到羞愧……玛格丽特正是在这个方面希望去帮助他……她不但指出了隐藏在他灵魂里的救赎，也指出了藏在每个男人灵魂中的救赎。只有连接！这是她布道的全部内容。只有把圣经中写的和激情连接起来，两者才会被升华……只有野兽和僧侣之间的连接，只有在

速度文化：即时性的到来

剥夺生命的隔离中，二者才会死亡。❶

如果我们愚钝，无法将这一主题与把瓦实提和库诺分开的原因联想在一起，福斯特在1908年的日记中或许可以给我们提供一些帮助，这也是他撰写的《大机器停止》和计划创作《霍华德庄园》的时间："请灵魂和肉体停止战斗，一致挫败它们共同的敌人——机器。"

有两场战斗正在进行。正如德雷福斯所言，比较古老的是要求我们继承的"柏拉图式/基督教式"的对肉体和原罪的斗争。德雷福斯说，"我们的文化已经因为这种灵与肉的分离堕落过两次"，我们在运用通信技术时要避免这种分离。在面对新的敌人——机器时，我们该怎么办呢？对福斯特来说，把科技视为敌人并不难：他对自己那个时代的新科技深感怀疑，尤其是在《霍华德庄园》中反复出现的"悸动、发臭的汽车"之类的描写。他写道："我出生在和平时代即将结束的时候，除了绝望，我无法期望任何东西。科学不是解放人类而是使人类受到机械的奴役……天哪，未来会是怎样的情景！"但是，尽管福斯特个人感到绝望，他还是客观地说道："人类可以在新的条件下获得新的、更强大的灵魂。"❷

这让我想到了如何将远程媒介化理解为一种新的、常见的"存在方式"（way of being）。正如我们现在所看到的，福斯特认为"新环境"（new conditions）实际上不会压垮人类，这一

---

❶ Edward Morgan Forster：Howards End ［M］．Harmondsworth：Penguin，1983（First published in1910）：188.

❷ 1908年1月27日的日记。奥利弗·史泰利布拉斯（Oliver Stallybrass）的企鹅版《霍华德庄园》的精彩介绍在第10页中引用了这篇日记和此前的一篇日记。

## 第五章 媒　介

观点是正确的。当许多日常生活中无可厚非的活动都涉及通信媒介的互动时，不仅地方议会和小型企业，甚至教堂、慈善机构、小学、园艺俱乐部、业余戏剧社团和赛鸽团体（pigeon racing groups）都有自己的网站；当丈夫们从超市打电话给妻子，询问要买哪种奶酪时，人们把涉及的科技想象成"敌人"似乎不合情理。我们所代表的现在已经无处不在地连接起来的文化存在已经发生了变化，我们需要一个更加合适的词汇来理解。

### 六、保持联系

为了解决这一问题，我们可以运用一个在我们习惯远程科技之前就已经存在的例子，而不是本着"好吧，没有科技，我们还是想方设法过得很好"的精神，而是试图抓住那种生动的、瞬间的、处于根本性转变的文化体验。其中一个有趣的现象是马塞尔·普鲁斯特（Marcel Proust）的文学现象。

在《追忆似水年华》（*A la Recherche du Temps Perdu*）的第二卷中，普鲁斯特生动地描写了 20 世纪初人们在使用电话时的焦虑。小说中有一个非常关键的场景，描述主人公马塞尔在接听他祖母从巴黎打过来电话时的焦虑，这种电话必须事先预定，并在电话局等待。这部分描述特别有趣，普鲁斯特使用倒叙的方式进行讲述。他在观察自从 1870 年人们首次使用电话以来，电话如何逐渐变成了人们习以为常的事情。❶

当时，电话并不像现在这样普及。然而，习惯使得我

---

❶ 参考斯蒂芬·克恩（Stephen Kern）的评论，到 1898 年，法国只有 31600 个电话接线，与英国、德国以及迄今为止发展最快的美国相比，法国的电话使用相对较少，美国到 1914 年已经有 1000 万部电话投入使用。

们在如此短的时间内揭开我们互相联系的神圣力量的神秘面纱,因此,由于没有立即接到电话,我立刻感到这一切漫长且不方便,我差点就要抱怨。我觉得太漫长了……这是一种令人佩服的魔法,用几分钟的时间就能把我们想要交谈的人带到我们面前,虽然看不见,但近在咫尺。❶

终于马塞尔的电话接上线了,但打电话的过程并不顺利。普鲁斯特接下来描述的是一种困境,因为他能听到生病的祖母的声音,但不能身处祖母身边,实实在在地和她在一起。他用一个相当美妙的短语描述了他第一次听到祖母的声音:"那是一种微弱的声音,非常模糊,一种超越距离的声音。"她在那里,却又不在那里,他想象祖母独自一人在巴黎的家里,他却无法伸手触摸或者安慰她。而且,电话也时断时续。后来,电话中断了。电话戛然而止留给马塞尔的是一种失落、困惑与难过的感觉。即使在今天,当电话在关键时刻突然中断,我们也会有这种似曾相识的感觉。身为作家,这使得普鲁斯特追忆他与祖母的关系,祖母的离世即将来临,他和祖母最后的分离,也预见了自己的死亡:❷

当那最温柔的声音就要出现时,我更清楚地感觉到一种虚幻……也许这是一种真实的存在,声音似乎近在咫尺,

---

❶ Marcel Proust. Remembrance of Things Past, Vol 2. The Guermantes Way [A]. Trans. C. K. Scott Moncrieff, T. Martin. London: Chatto and Windus, 1981: 133-134.

❷ 克恩(Kern, 2003: 215)指出,这个故事建立在普鲁斯特和自己的母亲之间的一次真正的电话交谈的基础上,在这段对话中,他形容她的声音是"完全不同于我一直认识的那个声音,一直断断续续"。

# 第五章 媒　　介

但实际上又相隔千里！但这也是永远分离的预感！……我很想亲吻她，但只有声音在我耳边，就像祖母去世之后经常回来看我的幽灵。跟我说说话！但突然间，我再也听不见那声音了，我感到更加孤单。❶

当今的媒介技术强调而不是解决了普鲁斯特的主题，即人类分离的焦虑提供了交流存在的基础。在打电话之前，距离意味着一种更复杂、模糊不清的分离，在这种分离中，远方的人无法突然地、幻觉般地进入我们生活的世界。我们必须忍受这种分离，但至少我们没有感觉到他人突然闯进我们生活的不安。

普鲁斯特描述的焦虑不是我们这个世界的焦虑。我们对偶尔出现的沟通问题并不感到烦恼，更不会对听到远处另一个人的声音感到惊奇。这是因为无处不在的连接对于我们来说已经成为一种司空见惯的生活方式，我们首先需要对这样的体验进行陌生化以求更好地理解这一切。但是，我们能够提出一个问题来扰乱我们的司空见惯：为什么人们之间或多或少保持联系和交流在 21 世纪会成为一个中心问题？这样的联系交流在普鲁斯特的时代是很难想象的事情。❷

最直截了当也最有意义的答案是，科技的传播触手可及，所以我们就自然而然地习惯于使用这种科技。科技增添了生活的便利性，满足了一个更具活力、节奏更快的社会和经济世界

---

❶ Marcel Proust. Remembrance of Things Past, Vol 2. The Guermantes Way [A]. Trans. C. K. Scott Moncrieff, T. Martin. London: Chatto and Windus, 1981: 135 - 137.

❷ 正如温斯顿（Winston, 1998: 54）指出的那样，电话最初被认为是"商业的产物"，相对来说只限于在商业方面的使用。请参考比较 Standage（1999: 120f）关于 19 世纪人们使用电报进行亲密交流的叙述。

的需求，也扩展了人们对于沟通的选择。我们不应该忽视这些实事求是、朴实实用的回答，但是，我们应该注意到这类回答忽略了许多问题。其中之一就是：通信技术既是一种便利，又是一种责任。在工作过程和更广泛的社会礼仪中，有一个不成文的假设，即我们有义务成为熟练掌握科学技术的人，更重要的是，我们应该随时被联系到或者能够与他人交流。离线、不接收短信、不愿被打扰是一种忽视、没有责任感的表现。如果我们以没有手机或者手机不总是处于开机状态的方式拒绝随时被联系到，这很奇怪，我们就会被认为未尽到"沟通"义务，几乎是文化边缘化的象征。我们可以承认或者辩解，认为这是对于个人时间和空间的一种有意占用和奇怪限制。因此，这种保持联系的责任在某种程度上存在更加直接的剥削性。我们在前一章中看到，家用电脑和互联网的使用无形中剥夺了工人的时间和空间。但是，快速资本主义同时也保障了流动性创造的同时处理多种工作任务的机会：以前的"出差"旅行似乎是从工作中解脱出来的短暂"假期"，现在已经变成了移动电话网络的全方位覆盖和监管。

　　当然，这种责任和侵占，是我们不得不将远程技术视为福祸相依的原因。它们并不能让我们达到文化存在的那种无处不在的、即时的连接。为此，我们必须跳出资本主义的特性来思考，认识到它在已经建立的实践基础上运作，这个实践基础与我们反复确认我们在这个世界的存在以及稳定这种存在的关系相关联。

　　在这一领域，一个经常出现的危险是：我们过快地将远程技术的使用视为文化病理学的一种状况，或者至少将其视为一种负面的症状。例如，丧失了与他人保持距离、舒适地居住的

第五章　媒　介

能力。经常使用手机被认为是"依赖"通信媒介的报道就隐含了这种解释。例如，2003年一份关于英国青少年社会习惯研究的新闻报告指出：

> 在15～24岁的人群中，96%的人拥有手机。大多数人没有手机无法正常工作。甚至在短时间内禁止他们使用手机或访问互联网，许多人会感到孤独无聊，有一种被剥夺的感觉。有些人非常依赖手机，以至于当他们一听到手机铃声响起时，就确信他们能感觉到自己口袋里的手机在振动。❶

然而，在不屈服于这种道德恐慌的情况下，我认为我们可以顺着某条线索，将流动资本主义的庸俗因果论与（克莱尔吗？我是理查德。我正要登上去布鲁塞尔的飞机。你能给阿利斯泰尔打个电话，让他在一小时内把法兰克福合同的数字发给克劳斯吗？我星期三回到办公室）日常"联系"交流的显著增加（你好，是我，我在火车上。……）以及新生一代对近乎独占鳌头的通信媒介的那种令人难以理解的偏好联系起来。在繁忙的、紧凑的行程中充斥着各种通信设施，这些通信工具总是放在手边，告诉我们如何合理做事，由此我们可以窥见人们对于本体存在进行重复确认的需要："是我，我在这里。"

通信技术带来的即时性为我们存在的日常生活带来了新的历史契机（与重要人物一起办理登机手续或者入住酒店），但

---

❶ Robert Uhlig. Almost All Teenagers Now Own a Mobile Phone [N]. The Daily Telegraph, 2003-11-27 (11).

也不应该将其本身视为人们依赖通信技术即时性的一种表现，也没有理由认为它是当代文化中存在脆弱性的表现。我们只是把它看作对早期社会"连接"形式的一种替代。当代华裔文化地理学家段义孚（Yi-Fu Tuan）在关于"交谈"有助于维护公共关系的讨论中，用了一个对我们非常有帮助的比喻。他认为，"交谈"可以与更现代的"交流"区别开来，因为交谈的内在目的是维护现有的关系，而不是以外在的探索传统的边界和更广阔的世界为目的。交流是一种"连接宇宙的成就"（an accomplishment of the cosmos），但交谈是"围坐炉边的实践"（a practice of the hearth）：

> 人们围着餐桌、火炉，或者只是一小群人坐在一起。话语反复流动，个人的讲话融合在整体的交谈之中。人们交谈了些什么呢？其实没有谈什么。社交交谈几乎完全是无足轻重的闲言碎语，简单叙述一天中的经历和事件……当两个人偶然被吸引到一个真正的谈话中时，主人认为他有责任打破这种谈话，把他们重新融入交谈的群体。❶

正如段义孚观察到的那样，谈话最基本的是寒暄交流功能而不是它的话语内容，它更接近于几乎被遗忘的歌唱练习。我认为这是一种对于利用手机进行大量日常互动的合理的解释方式。然而，这并不意味着，没有必要对远程互动的其他表现进行批判性怀疑。

---

❶ Yi-Fu Tuan. Cosmos and Hearth: A Cosmopolite's Viewpoint [M]. Minneapolis: University of Minnesota Press, 1996: 175.

## 第五章　媒　介

社交网站如交友网站（Friendster）、脸书（Facebook）、拜博（Bebo）以及品牌领导者我的空间（MySpace）和优兔（YouTube）突然在青少年和年轻人中风靡一时，引发了一系列复杂的问题。虽然这些都超出了我们目前讨论的范围，但在结论中或许对此值得一提。总之，我们依旧需要指出这些实践的关键假设：通过建立和维护一个易于访问的个人主页，可以建立和维护可行的人际关系。在本质上所有社交网站都有这些组成部分：免费提供网页，用户可以在网页上发布照片或者粘贴插图，描述他们自己和他们的兴趣，列出他们在音乐、电影等方面的文化偏好。除此之外还有个性化的电子邮件、聊天和"介绍"功能。由此产生的用户群为运营商提供了巨大的盈利能力，既有现成的市场研究数据库，也有制作针对性广告的分析网址。

使用这些网站的冲动对于那些在复杂的文化环境中努力确立自己身份归属的青少年并非什么非常神秘的事情。这个问题更像是可以通过这种方式建立远程媒介关系的一个状态。很明显，在这种即时的模式下，200个左右的即时"朋友"在传统意义上并不是真正的、具体实在意义的"朋友"，至少意味着没有时间的付出，没有努力地维持，也没有一定程度的承诺。❶ 然而，这并不是说，通过网站代理的社交网络"友谊"一定是虚假的友谊。到目前为止，这仍然是一种类别不确定的关系。有待我们了解清楚的是，这种可以被理解为人际关系的接触形式表现出何种新意。这种接触形式可以被看作一种即时性的理想的社交方式，同时其本质上的短暂性几乎不具有那种困扰普

---

❶ 值得注意的是，许多社交网站最初都是有意建立在"真实的"关系上的。例如，拜博是效仿成功的"朋友重聚"模式，将目标锁定在学校和大学周围建立的网络。

鲁斯特的存在主义的焦虑。

## 七、结　论

在考虑通信技术的作用和远程呈现现象在即时性状况的构成中的作用时，我们特别关注而且非常明显的是，缩小人际之间的距离，这是交流的终极目标，我们也关注对我们理解更深层次的存在提出的挑战。在论证过程中，我们必须了解一些重要的背景问题，特别是快速资本主义的背景。但是，正如麦克弗森（McPherson）提醒我们的那样，重要的是要"认识到这些新兴的经验模式既不是完全无害的也不是中立的，在服务于全球资本主义模式转变的过程中却能够非常灵活地发挥作用"。❶从某种意义上说，这种背景几乎是全球现代生活的一种特定状况。例如，没有人会对 2005 年鲁珀特·默多克的新闻集团（Rupert Murdoch's News Corporation）以 5.8 亿美元收购"我的空间"而感到惊讶。❷事实上，通信媒介的远程呈现体验和即时性呈现似乎不可避免地会被挪用，并被塑造成市场牟利能力，这是生活中让人不以为意的一个事实，也是即时性条件的一个维度。

因此，我们对于通信技术的使用与我们对消费活动的参与密不可分，在接受这个前提的条件下，我们建立了与消费领域相关的即时性分析模式。这里我们的聚焦点是另一种文化和时间划分鸿沟的坍塌：物质欲望和其实现之间的鸿沟。

---

❶ Tara McPherson. Reload: Liveness, Mobility and the Web [A] //Wendy Hui Kyong Chun, Thomas Keenan. New Media Old Media. Abingdon: Routledge, 2006: 207.

❷ Jonathan Duffy. The My Space Age [N/OL]. BBC News Magazine, 2006-03-07. (news.bbc.co.uk/1/hi/magazine/4782118.stm).

## 第六章 传　　输

"我们要喝到最好的葡萄酒；就在这儿，现在就要。"电影《我与长指甲》（*Withnail and I*）❶ 的男主角"长指甲"在"朋里斯茶馆"（Penrith Tea Shop）这个优雅的环境中提出了这些要求。"长指甲"是一个落魄的失业演员，借着午餐时光的豪饮激发出来的傲慢，发号施令。我们可以感觉到，在他的胡思乱想中至少存在一丝微弱的信念，那就是它的需求可能得到满足。但是，事与愿违，那个紧张不安的老板打电话叫来了警察。

在这种情况下，幽默之处不仅在于环境的不协调，而且在于对两种截然不同的消费取向的并置。茶馆是小资产阶级自满、克制和规范的缩影，这是连一个微小的要求都需要在适当的情况下彬彬有礼地提出来的地方，也是在适当的时候恰到好处地满足要求的世界。相比之下，"长指甲"的浮华要求，虽然对贵族的傲慢风格有些影响，却是来自上流社会之外的世界的要求，伴随着急迫而桀骜不驯的欲望，这预示着更大的冲突。这些要求不仅过分，而且它们不合情理，甚至是对上流阶层的责

---

❶ 《我与长指甲》由布鲁斯·罗宾逊（Bruce Robinson）编剧和导演，理查德·格兰特（Richard E. Grant）、保罗·麦克甘（Paul McGann）和理查德·格里菲思（Richard Griffiths）主演。这部电影是一部关于成人礼的喜剧，故事围绕两位放荡的演员在湖区的"偶然假日"展开。这部电影对20世纪60年代末嬉皮士生活方式的敏锐观察让它在当时社会获得了极高的地位。

难，这个社会阶层扬扬自得且轻松随意，舒适地与资本主义秩序达成妥协。

　　这部电影拍摄的背景是1969年，以诙谐反讽的方式反映了当时青年文化中的自由反叛。正如吉尔斯·利波维斯基（Gilles Lipovetsky）所说，这种文化将"当下的现实变成了绝对的、美化的主观真实和欲望的自发性，这是一种'我现在想要一切'的文化，把不受节制的快乐变成神圣的权利，不为明天担忧"。❶ 20世纪60年代末的反主流文化，尽管短暂，却威胁到了当时的生活状态，这种生活方式是围绕平衡的却毫无意义的工作和消费组织起来的。它以典型的戏剧化和反论证的方式达到了这一点。通过要求欲望的立即满足和一下子拥有所有的东西，影片暴露出一种社会契约存在的荒谬性，这一社会契约认为用稳定的消费品流动可以公平地交换劳动时间，也就是说可以交换生活本身。

　　这与"快节奏地生活，年轻地死去"的伦理观有着明显的相似之处，因为它是对缓慢的、谨慎的、规范的、资本积累的生活目标的挑战（第3章）。出于同样的原因，这是一个几乎不可能成功的状态，但似乎注定要融入与资本主义加速相一致的生活方式。

　　本章一直关注"长指甲"打破惯例和极度荒谬的需求在某种意义上逐渐成为个人消费者和资本主义企业的常识的过程。虽然发生了一些变化，我们探讨这种即时性与主流消费文化的整合。这里的主要利害关系在于资本主义，特别是新的消费科技促进了消费需求性质的转变：从以前简单的财产积累到现今

---

❶ Gilles Lipovetsky. Hypermodern Times [M]. Cambridge：Polity, 2005：38.

强调对商品占有的速度。但同样，我们也关注消费领域的即时性状况的文化矛盾，如何理解这些矛盾可能引发我们对于有关当代消费文化的广泛态度和期望的一些传统智慧的重新思考。

## 一、消费领域的即时性

利波维斯基对"68年5月一代"（the generation of May '68）即时性的评论，是在他分析这种变化的背景下做出的，自那以后进入他所谓的"超现代性"阶段，超现代性基于"市场""技术官僚效率"和"个人"三个基本元素。❶ 超现代性在生活的各个领域表现为过度和超额的特点："超资本主义"（hypercapitalism）、"超个人主义"（hyperindividualism）、"超监视"（hypersurveillance）、"超选择"（hyperchoice）和"超消费"（hyperconsumption）。

利波维斯基的分析远比这些"超主义"（hyperbolisms）的说法要微妙得多。他尤其通过区分两种不同意义的"活在当下"，对消费和即时性之间的关系提出了独到见解。他认为，对于"及时行乐"的反文化颂扬活动最初是一个政治计划，但很快就表现出革命的冲动，成为纯粹的、叛逆的、享乐的当下主义（presentism）："这种时代精神的主调是对未来没有任何担心焦虑。……同时也反对权威和消费主义。"❷ 但这个时代已经成为历史，自20世纪90年代以来，我们进入"当下主义的第二代"（second generation presentism），这个时代更不容乐观，更容易热衷于个人表现并受其驱使，而且，被健康、就业前景、环境威胁和未来不确定性的焦虑所困扰。因此，过度消费不能

---

❶ Gilles Lipovetsky. Hypermodern Times [M]. Cambridge：Polity，2005：32.
❷ Gilles Lipovetsky. Hypermodern Times [M]. Cambridge：Polity，2005：38.

被理解为纯粹的享乐主义，而是现代性的一个内在特征。在现代性中，"未来一片光明的政治已经被作为令人陶醉的当下诺言的消费所取代"。❶ 利波维斯基对于"活在当下"的强调，将消费实践置于现代性整体特征转变的背景下，在这种转变中，"意识形态和政治层面的英雄主义"已经黯然失色。换言之，从广义上来说，在第四章讨论的流动的现代性的大背景下，"持续和不可避免的进步的神话消失……无法抵挡地朝着幸福与和平前进，新人类的乌托邦，救世主阶级，一个没有分裂的社会，这些都化为泡影"。❷ 从文化现代性本质转变的角度把消费主义语境化，使我们有了一种可行的分析方式，我们可以转而讨论与鲍曼的观点经常重叠的一些问题，从而进一步展开分析。

鲍曼（Bauman）也要求我们不要将消费主义视为简单消费行为的一种延伸，而是将其设想为一种"综合征"："一连串多样化而又紧密相连的态度、策略、认知倾向、价值判断……关于世界与生活方式的陈述，或者明显的假设。"❸ 这意味着，消费者的行为，除了在许多方面成为批评的焦点之外，在现代文化中也占据重要地位。❹ 这样的观点几乎影响了我们处理事情

---

❶ Gilles Lipovetsky. Hypermodern Times [M]. Cambridge：Polity, 2005：37.
❷ Gilles Lipovetsky. Hypermodern Times [M]. Cambridge：Polity, 2005：42.
❸ Zygmunt Bauman. Liquid Life [M]. Cambridge：Polity, 2005：83.
❹ 很多相关文献对消费文化的广泛争论超出了本章的讨论范围。若要详细了解这些内容，需要阅读其他著作，详情请见：费瑟斯通（Featherstone, 1991），斯莱特（Slater, 1997），米勒（Miller, 1998），丽兹（Ritzer, 2002）和沃德（Warde, 2002）。鲍曼在接受克里斯·罗杰克（Chris Rojek）采访时，对消费社会的社会学研究历史进行了分析（Rojek, 2004）。在这里与更广泛论点相关的讨论中，有一点或许值得注意。虽然我不同意这种消费文化批判的形式，尤其是鲍曼"强调对消费者的操纵"的观点，但我仍然把大部分的讨论用来批判而不是"褒奖"消费主义。总的来说，我同意沃德（Warde, 2002）的观点：尽管对消费文化分析的优点远远超出了其内在的不足之处，但随之而来的"稀释的批评"趋势令人遗憾，其原因有很多。

的思考方式和想象力。显然，如果我们把休闲活动的商品化作为证据的话，这一论点有很大的说服力。❶ 然而，同样明显的是，它可能有夸大消费主义关于现代文化的想象力的倾向。现在，我们将重新探讨这一点——这并不是批评鲍曼本身的方法，而是批评文化分析"行业"的"职业病"。

与利波维斯基和其他学者一样，鲍曼将"消费主义综合症"定位于资本主义从"生产主义"到"消费主义"的转变中。❷ 有必要停顿一下，探讨这一概念的确切含义，因为很明显，生产的重要性并没有完全被消费的重要性所超越。尽管全球化使得商品的流通跨越了时间与空间，但是商品的流通仍然需要生产、交换和消费。虽然这一进程已经将生产中的一些更为艰难和费力的方面转移到（并因此隐退到）发展中国家，事实上我们大多数人仍然有义务通过雇佣劳动来维持自己的生活。因此，尤其是如果我们将服务和创意/文化/教育等因素纳入生产过程中时，我们大多数人的生活都会受到工作的必要性和与生产相关的文化的极大影响。

从"生产主义"到"消费主义"的转变中隐含的主要区别是，现在需要在持续不断的商品和服务中投入更多的精力。❸ 因此，每个人都有一种与体系关联的"责任"，那就是不仅要消费，还要生产，这意味着在文化经验以及提倡或者贬抑某些相关的价值观念方面的转变。坦率地说，生产主义的文化主导涉及通过工业提升对于进步和改善的信念、劳动的尊严以及资

---

❶ Chris Rojek. Leisure and Culture [M]. London: Macmillan, 200: 93f.

❷ Zygmunt Bauman. Liquid Life [M]. Cambridge: Polity, 2005: 83.

❸ Barry Smart. Economy, Culture and Society: A Sociological Critique of Neo-Liberalism [M]. Buckingham: Open University Press, 2003: 53f.

本积累的美德。现在，这些价值观在很大程度上已经让位于消费者为避免系统性危机、需要与自由消费相一致的价值观。这一论点需要谨慎应用，因为它似乎可以假定系统性的需求和文化的变化之间存在机械论式的关系。但是，如果更宽松地来看，作为企业、市场营销以及政府试图影响个人的生活方式以便促进消费的手段，这种论点的确很有意义。

鲍曼对于消费主义综合征的分析重点就是一般价值取向的这种转变，值得我们详细引用进行说明：

> 消费主义综合征首先强调否认拖延的优点、抵制延迟满足的适当性和可取性，这是被生产主义综合征所统治的生产者社会的两个价值论支柱。消费主义综合征贬低持续的价值，推崇稍纵即逝。它认为新颖性的价值高于持久性的价值。它大大缩短了时间跨度，不仅是对于获得的期望，同时也来源于对转瞬即逝的期望……在人类欲望的目标中，占有然后很快地当作废物一样处理……一直被置于拥有和享受的最高位置，*"消费主义综合征"完全是就速度、过剩和浪费而言的*（这句在原文中作者使用斜体强调）。[1]

作为对当代消费主义的批判性概述，人们很难对其中的许多观点提出异议。显然，普遍强调从延迟满足的价值观向即时短暂满足的价值观的转变，对于理解消费领域的即时性特别具有启发性，这种满足感与利波维斯基所说的"活在当下"的概念相符。

---

[1] Iygmunt Bauman. Liquid Life [M]. Cambridge：Polity, 2005：83-84.

## 第六章 传　　输

但在我们进一步讨论之前，我想简单地回顾我之前提到的观点，即夸大消费文化涵盖一切性质的危险性。因为鲍曼和利波维斯基的表达形式似乎都表明了这一点。例如，鲍曼接着说，"市场无论触碰到什么东西，都会变成一种消费品；包括那些试图摆脱其控制的东西，甚至是在尝试脱离的过程中所采用的方法和手段"。❶ 利波维斯基也谈到社会"从上到下都由短暂、新颖和充满永恒诱惑的技术重新构建"。❷

鲍曼和利波维斯基讨论的主题都是消费过剩，这似乎是一个从于风格的模仿过渡到写作的奇特过程，在这个过程中，事情本身也变得夸张起来。然而，我相当肯定，两位作家都不想在读者中挑起这样一种想法："天哪，难道事情还不严重吗？"❸ 整体论的趋势很有趣，这肯定不局限于这两位作者，而是在该领域的批判性论述中非常常见。至少在一定程度上，它发挥着构建批评论点行为的功能：分类编辑实例目录的结果，对潜在趋势的挖掘，从这些结果中形成强有力的解释和概括——所有这些都是社会和文化分析的适当工作。但这有可能会有些冒险，得出不成熟的批评结论，与此趋势不同的一些重要的例外会被忽视。在这一情况下，消费主义综合征明显地忽略了受到影响的日常生活的很多方面（花园除草、业余戏剧、慈善工作、教孩子游泳、享受笑话、喂邻居家的猫）。这些以及其他许多常见的行为都是一个共同铁律的不可忽视的例外：它们提醒我们

---

❶ Gilles Lipovetsky. Hypermodern Times [M]. Cambridge：Polity, 2005：89.

❷ Gilles Lipovetsky. Hypermodern Times [M]. Cambridge：Polity, 2005：36.

❸ 事实上，利波维斯基明确地与决定论者的悲观立场保持距离："我完全反对那些世俗政权中的争论，它们只不过是"穷困陷阱""旋风飞行""时间切割"，它们使得任何距离和调解都变得没有可能，"思维的可逆性也一样"（2005：70，注 17）。

必须接近消费主义，无论它如何强有力地改变当代消费主义文化，它都是复杂的甚至是经常矛盾的日常"整体性"的一个方面，这是批判性写作中不易把握的一个方面。

总的来说，我认为这本书无法避免对于这些过度概括化问题的讨论。虽然我已经注意到了这个问题，但是，我将通过把重点放在当代消费的一个关键方面，尽量把过度概括化问题的讨论减少到最低限度。这就是鲍曼指出的观点，占有的瞬间越来越重要，它有别于通过延伸占有时间得到的享受。在我看来，这里还有很多可以讨论的空间。我希望更详细地了解制度/技术发明和从生产主义/持续到消费主义/短暂的转变的现象学，因为我觉得它们之间的关系将加强我们的整体理解，即时性的状况是一种与"消费主义综合征"紧密结合但又不可简单地归结为"消费主义综合征"的东西。

为此，在下面一节中，我首先指出资本主义企业试图通过将消费取向转化为即时的"消费解决方案"（consumption solutions）来维持消费需求的一些更精确的方面。[1] 我将继续论述这种新的消费期望的来源，不仅来自它们作为营销诱惑摆在我们面前的方式，也来自我们与各种即时技术的互动。

## 二、大力刺激消费的即时性

虽然我认为消费实践不是仅仅来自资本主义体系需求的表现，但我仍然认为它是不言自明的，即资本主义有体系化的需求，从而确保消费需求不会下降。由此可见，资本主义企业内

---

[1] 我在这里运用了这个听起来很实用的提法，是为了避免"满足感"，这个词会让我立即产生疑问。

部征募和部署巨大的人力和创造力，目的都是维持和增加消费需求。这是如何实现的呢？对于鲍曼来说，这是一个"欲望反复受挫"（repeated frustration of desire）的问题，通过不断购买新商品而无休止地创造实现目标的条件，而这些新商品不可避免地无法实现它们的承诺，从而使欲望保持新鲜，进而对新的消费变得迫不及待。这种解释当然是人们很熟悉的，而且在一定程度上反映了一种思潮，即社会需求有必要受到规范。这种思潮至少可以追溯到涂尔干（Durkheim）的著作。在1897年出版的《自杀论》（Suicide）一书中，涂尔干写道："不管任何监管力量，我们社会的欲望都会变得越来越深从而成为无底深渊，人们得到的越多，他们想要的也越多，因为他们得到的满足只是刺激他们想要得到更多。"❶ 在鲍曼看来，这是一个恶性循环。不是如涂尔干所论述的那样，这意味着人类的境况变得更加悲惨，或者是道德或宗教约束文化的衰落，而是因为市场营销对欲望的操纵，它涉及对消费者的蓄意欺骗："如果要继续寻找消费者的话，每一个承诺都必须是欺骗性的，至少是夸大其词的。"❷

在这一点上鲍曼是正确的，他准确地看到商业营销和广告业务在本质上是玩世不恭的（cynical），因为这两种产业无法也不能由衷地相信自己提出的对于幸福的无限承诺（promesse de bonheure）。然而，我并不完全相信鲍曼对欺骗的强调，因为这意味着消费者的欲望是盲目而不可遏制的。毕竟，21世纪的消费者已经经历了一个世纪的先进而成熟的

---

❶ Ken Morrison. Marx, Durkheim, Weber: Formations of Modern SocialThought [M]. London: Sage, 1995: 186.

❷ Zygmunt Bauman. Liquid Life [M]. Cambridge: Polity, 2005: 81.

营销策略。例如，20 世纪 20 年代早期，小阿尔弗雷德·P. 斯隆（Alfred P. Sloan Jnr）为了应对标准化汽车需求的衰退（例如福特 T 型车），通用汽车公司推出了每年一次的车型更换和换购政策。这两项举措都是纯粹的市场营销创新，不涉及生产方面对汽车引擎的改变。❶ 如果在这段时间内，消费者没有建立起对市场营销策略的常识性理解，那才是令人惊讶的，也许他们自己也对消费过程形成了一种与市场营销策略相匹配的"玩世不恭"态度（cynicalism）。我将在本章的最后一部分讨论这一点。

然而，除了这个问题，似乎很明显的是，维持消费需求涉及不断寻求新的生活领域的商品化。这对资本主义的批评者和支持者而言，都是大家认同的智慧。比尔·克林顿（Bill Clinton）政府的劳工部长罗伯特·里奇（Robert Reich）在他的《成功的未来》（*The Future of Success*）一书中指出："经济成功的未来……在于销售那些我们永远都觉得不够的商品，例如，健康、美丽和性满足。"❷ 这些营销的趋势显而易见，我们可以清楚地看到，这些趋势是如何与挖掘欲望存在基础的一般模式相符合。但是，目前难以说清楚的是，速度和即时性问题究竟是如何适应这种情况的。在鲍曼的论点中，速度在刺激、消费、挫折这个恶性循环的频率中呈现本质的上升。但在我看来，这一结论过于简单，更重要的是，这一结论往往会将太多日常消费的实践内容视为强迫性的行为。无休止地刺激消费需求表明

---

❶ L. J. K. Setright. Drive On!: A Social History of the Motor Car [M]. London: Granta, 2002: 63.

❷ William Davies. Digital Exuberance [J]. Institute for Public Policy Research, 2006: 3 (www.ippr.org.uk/articles/? id=1918).

第六章 传　　输

了制度的不合理性，但这并不意味着消费行为同样是非理性的。因此，我想探讨在消费实践中接近即时性含义的其他方法。我们可以从探究日益增长的即时性消费市场开始。

(一) 便利市场

我想在这里探讨的是，即时性的价值进入商品的构成中使商品拥有"独特卖点"的各种各样的方法。这里的即时性指的是简单意义上的立即和现成的解决方案。也许最明显的例子就是所谓的"便利商品"，像事先准备好的"快餐食品"及其相关的技术：冰箱、冷冻库和微波炉等。❶ 这里便利的主要概念是"节省时间"（尽管我们也能发现其他相关的含义）。一般而言，在忙碌而且压力较大的生活环境下，这些产品成为解决"烹饪和饮食问题"的方案。

当然，尤其是在相对富裕的职业阶层中，这引发了关于无钱也无闲的"时间贫乏族"（time poverty）的一整套问题。对这一现象的解释常常包含在生产和消费压力不断增大的总体框架中，例如林德（Staffan Linder）的早期研究成果《苦恼的有闲阶层》(*The Harried Leisure Class*, 1970)。最近，朱丽叶（Juliet Schor）的《过度工作的美国人》(*The Overworked American*, 1992) 提出了具有影响力的恶性循环理论，即人们在工作中投

---

❶ 见沃德（Warde, 1997）关于食物"方便"的一般概念。方便食品有着悠久的历史，英国商人彼得·杜兰特（Peter Durant）在 1810 年发明了罐头（Dowling, 2006，另见 Goody, 1997）。然而，"即食"是一个新颖的概念，起源于 20 世纪 50 年代美国的"电视晚餐"。2006 年海因茨（Heinz）宣布一种"烤面包机上的速溶豆子"（一种直接插入烤面包机的冷冻融合三明治）是速溶食品的代表。然而，如速溶冲泡茶一样，它的吸引力有限。咖喱、砂锅菜等劳动密集型菜肴和食品冷冻、微波再加热等关键技术是最显著的创新。

215

入更多的时间来维持高消费的生活方式,而高消费的生活方式反过来又让他们把更多的时间浪费在花钱上。因此,工作和消费从两端占用空闲时间。另一个有关压缩时间的论点来源于霍克希尔德(Hochschild),他曾这样描述:家庭生活可以变得和职场文化一样,需要用稀缺的时间有效地处理家庭生活。然而,更为讽刺的是,工作场所也带有一些家庭情感和亲密关系的特征。

伊丽莎白·肖夫(Elizabeth Shove)通过关注即时科技的常规化,提出了有趣的论点。伊丽莎白解释说,便利商品的出现并不是因为现代社会自由时间的普遍减少——正如她指出的那样(这方面的证据尚无定论),而是应对以"共有社会时间秩序被削弱"以及相应的"活动碎片化和日程安排个人化"为特征的社会的方式。❶ 对她来说,重要的是将建立和保持个人和家庭日程安排的责任转移给个人。❷ 在一个集体制度化时间的传统世界中(如朝九晚五的工作时间、限制商店营业时间、洗衣日、固定的家庭用餐时间和[VCR前]看电视节目的时间),这样的时间正在消失,这些比较规范的现代性特征倾向于与个人的日程安排相协调。伊丽莎白认为,使用便利品是使复杂的个性化日程安排发挥作用的策略,是为了协调与其他人的日程安排,"掌握全局",并保持一种履行社会义务的意识。她得出以下结论:

---

❶ Elizabeth Shove. Comfort, Cleanliness and Convenience: The Social Organization of Normality [M]. Oxford: Berg, 2003: 180, 184.

❷ 关于制度化个人主义的更广泛背景,参考贝克和贝克·格恩舍姆(Beck, Beck – Gernsheim, 2002)。

由此产生的动态变化有其自身的生命周期：每一个解决方案都被列入待处理问题的列表中……积累的效应是产生并合法化新的传统（通常是资源更密集的），这些传统围绕连续使用方便的解决方案而建立约定和期望。❶

这是一个不断升级的螺旋，但更重要的是我们需要知道消费者并不是傻瓜，而是理性地试图使用科技来控制事物（即便最终是徒劳）："在一个凡事都要自己动手的社会中，这是解决生活中永无止境的问题的不言而喻的明智的反应。"❷

这种解决消费领域即时性问题的一个优点是，它促使我们避开对强迫性消费行为的强调。这样做不仅会引起人们对时间的政治和经济方面的关注，而且会引起人们对便利商品本身的特点以及它们是如何与其他商品互动的关注。❸ 比如，像电话答录机、DVD 录音机等一些可以改变时间的技术能够影响生活的日常事务。然而，还有许多其他类型的"即时性商品"是难以融入这种"有效利用时间"（time juggling）的分析中的，我们将简单地探讨其中的某些商品，从而揭示出从"拥有"到"即时占有"转变的另一个方面。

---

❶ Elizabeth Shove. Comfort, Cleanliness and Convenience: The Social Organization of Normality [M]. Oxford: Berg, 2003: 183.
❷ Elizabeth Shove. Comfort, Cleanliness and Convenience: The Social Organization of Normality [M]. Oxford: Berg, 2003: 183.
❸ Roger Silverstone, Eric Hirsch. Consuming Technologies: Media and Information in Domestic Spaces [M]. London: Routledge, 1992.

## (二) 速度快和功能强的媒体技术

微波炉和即食性快餐可能是安排繁杂、时间稀缺的现代生活方式的显著特征,但在新媒介科技和消费文化的形势下,我们可能会发现它们是最真实的标志消费即时性的东西。MP3播放器、数码相机、多功能手机(以及访问互联网搜索引擎的各种方式)等设备提供的便利与刚才描述的实用消费品的省时性特征截然不同。它们不仅是解决功能性问题的方案,还成为便利性的保障。在更广泛意义上而言,它们也是"为人们提供舒适的服务"和"易接近性"(牛津英语大辞典)。具体来说,这些个人媒介科技提供了随手可得、易于操作、对命令作出即时性回应的"轻便"特质。就这类消费品而言,人们认为上述特质拥有最好的感官吸引力,而不是理性和功能方面的吸引力。如果要求人们按顺序列出期望商品拥有哪些特性时,人们会倾向于令人感到舒适而不是注重商品的耐用性。它们相当准确地符合即时性条件的三个关键特征:无处不在、轻松省力和速度快捷。

把这些媒介科技描述为"速度快"和"功能强"(这种描述与这些科技表面上显得"轻松省力"有些不太符合),我是想说这些媒介科技在本质上存在某些刺激消费即时性的因素。从其他方面来看,这听起来是一个颇有争议的观点,所以,让我来澄清一下这个陈述。我并不是说这些科技有产生或塑造行为的直接影响力。然而,我想说的是,与一些社会建构主义的论点相反,科技确实具有独特的、可识别的内在属性,而这些属性"邀请"我们以特定的方式对其做出回应。正如伊丽莎白·肖夫所描述的,科学技术带来了特定的"脚本"(scripts),

第六章　传　　输

也可以说，它们具有某些特定的"功能可见性"（affordance）。❶ 我的观点是，在日常生活中，人类对这些技术"脚本"的反应，会使人们对消费的本质和价值产生更广泛的想象，甚至会更普遍地影响人们看待世界的方式。

以这种方式思考科技的一个重要原因是，消费文化中的某些方面是独立于市场营销者的计谋和操纵的。因此，我认为这些策略是理所当然的：内置冗余和高频模型更新（inbuilt redundancy and high-frequency model updating）在这个领域特别显著。❷ 时尚的吸引力被无情地挖掘；蓄意尝试"锁定"消费人群从而促进消费。这些策略不仅玩世不恭，而且在其他方面也令人反感，特别是在资源浪费方面，我们稍后会探讨这一点。

---

❶ 我已经在第一章中概述了本书在技术社会学方法方面的一般立场，特别是关于"技术决定论"的问题。虽然我对这些错综复杂的争论不太感兴趣，但有必要对"功能可见性"概念进行一些扩展。伊恩·哈切比（Ian Hutchby）在《知觉心理学》（1979）一书中首次提出这一观点。关键在于，客体（包括技术和环境特征）的启示不能简单地、单独地看作主体在与客体互动的过程中有意进行建构。广义地说，这是社会建构主义的核心论点。一个物体的启示，也就是它们提供使用的可能性，应被视为该物体的一种属性，在某种意义上，这与人类的意图背道而驰："从这个意义上说，事物的使用和'价值'并不是通过解释过程或内在表象依附于它们，而是事物在运动过程中遇到的物质方面所体现出来的价值。我们能够从事物的功能可见性来认识事物，功能可见性又是事物的属性；然而，这些性质不能确定……因为它们只出现在行动者和客体之间的物质接触中。"（Hutchby, 2001：27）正如哈切比接着讨论的那样，对适宜性的关注是一种反对社会建构主义对人工制品本质的理解，但这种理解并不能使我们在理解技术时接受决定论的解读。

❷ 2001~2006 年，iPod 的款式变化了五次，偶尔还会为了迎合特定的时尚而进行一些外观上的改变，比如"U2 特别版"和"哈利波特特别版"。在此期间，苹果公司还推出了几款衍生产品：iPod "mini" 出了两代（2004 年和 2005 年），直到 2005 年 9 月才被 iPod "nano" 取代；iPod "shuffle" 也于 2005 年推出（详细信息来自维基百科条目：en.wikipedia.org/wiki/Ipod）。这些模型的变化绝对符合这一部门人为地制造冗余产品的总趋势。大多数型号的 MP3 播放器、数码相机和手机在推出后 9 个月内就停产了（Duff, 2006）。

但基于当前的论述目的,我暂时不会谈论这一问题。而且,出于同样的目的,我将这一领域与消费实践相关的其他一些考虑因素放在一边,例如,消费者经常对各种设计和格式的质量做出明智的区分和判断。❶

问题的重点是,这些之所以被称为"速度快的"科技媒介,因为它们带来了即时传送的"脚本"。MP3 设备从电脑下载音频文件后,在最短时间内播放音乐;数码相机在不经过化学处理的情况下立即传送图像;搜索引擎立即传送那些需要在图书馆找好几天的信息,其速度与宽带连接的速度一样。这些也是"功能强的"科技,因为它们提供的资讯是极其丰富的。下面是一些例子。目前,60GB 的 iPod 能够存储大约 1.5 万首长度为 4 分钟的歌曲,这需要花 1000 多个小时才可以听完。❷ 据估计,全球任何一年的数字捕获图像总量均超过了过去 160 年的全部摄影,这一情况被安格(Ang)称为"图像污染"(image pollution)。在谷歌上输入一项搜索,平台会列出数千或

---

❶ 在线留言板和"网络日志"的贡献是此类知情消费者兴趣的重要证据来源。一个例子是"卫报无限文化秃鹰"博客,它主要讨论音乐的数字下载问题,以及它与其他技术和格式如 CD 的关系(blogs.guardian.co 英国/ culturevulture /档案/ 2006/03/30)。有关这个问题的评论包括,例如,对 MP3 播放器上数字压缩音乐下载的声音质量的细微区别——与 CD 上更完整的声音频谱相比,它的音质通常会"受损"。除了这些技术上的"歧视",博客之间还就品位方面的统计数据、iPod 与其他 MP3 设备的对比炒作、录音技术的历史等问题进行交流。所有这一切表明,技术经常是活跃的、知情的、智能的,所以意味着我们所说的"底线功能"特征的不足——"它们只播放音乐","它们只是拍照",是批判消费实践本质的关键。

❷ 理查德·塞尼特(Richard Sennett)对新资本主义下的消费和政治的最新分析对 iPod 的容量过剩提出了一种不同的见解:它指出"消费者潜力"的联想吸引力。"iPod 非凡的商业吸引力恰恰在于它拥有一个人们无法用尽的东西。这种吸引力的一部分在于物质力量和个人潜在能力之间的联系。买一个小 iPod⋯⋯承诺扩大容量;所有这类机器的交易都是基于买方对机器内部过载能力的认同。"(Sennett,2006:153 – 154)

## 第六章 传　　输

者数万条搜索结果，尽管大多数用户只浏览前五项搜索结果。

从某种意义上说，这些能力只是科技的特征，但它们所附带的"脚本"远远超出这些。它们"打破"了需求和传送之间的差距期望值。例如，光化学摄影和冲洗照片的时间，或（更典型的）处理器从开始一项工作到完成它的时间。❶ 这些科技使我们将过度丰富视为常态。至少人们有理由这么说，它们在消费领域删除了早期现代性中的稀缺、等待和期望的体验。重要的是，这种删除只是科技"脚本"的功能之一，独立于任何企图对人类欲望的操纵。

可能会有人反对，说我们在这里所探讨的只是相对较小的一部分消费文化，在日常生活中只占较小的部分。但是，只有渲染它们的重要性，人们才不难看出，这些科技与世俗文化体验逐渐融合在一起，从而促进文化倾向和价值观念发生更加广泛的转变。这在对科技总体发展持比较迟钝和麻木的态度方面显得尤为明显，人们一般认为（第四章），新的创新浪潮必然会到来，而当前的创新浪潮到时候就会变成多余。

诚然，从这一点出发，我们迈出了更大的一步，这意味着与时间有关的更普遍的文化内嵌价值和态度可能因此而受到侵蚀。这并非毫无道理。以满足预期的价值为例，期待的价值一直是微妙而模糊的，并且介于愉悦和必要性之间。因此，如果没有普遍的稀缺作为驱动条件，我们可能会认为期待的价值在悄悄溜走，这是不合理的，更不用说在我们与"速度快"和"功能强"的科技接触过程中逐渐受到侵蚀。

---

❶ 这样做存在一个奇怪的后果，人们甚至不愿费心打印数码照片，而只是在相机屏幕上观看，或者（不太常见地）在电脑屏幕上以幻灯片的形式观看。这种做法引出了一个有趣的问题，即"照片"作为一种文化人工制品的性质正在发生变化。

速度文化：即时性的到来

总而言之，本节的论点是，新媒介科技具有独特的脚本，这一脚本激发了人们对即时性的期望和态度，为更广泛的即时性传送假设提供了参考的模型。尽管我一直认为这种刺激不同于营销策略，但我不是说这样的刺激具有解释上的优先性，而是说它与其他文化体验领域的行为一致（与其相呼应或者在其他领域得到加强）。❶ 最后一个例子，我想回到资本主义消费过程的一个更加核心的方面。

## （三）消费的新科技

最后我想探讨的问题是刺激消费过程中即时性的来源，这是与新科技进行日常互动的另一个方面，在这种情况下，这些新科技是建立我们核心消费的基础，即实际的交换和消费。

当人们购物时，越来越多地使用电子化的方式进行交易，例如，借记卡、信用卡或者签账卡等电子货币。❷ 无论是像买

---

❶ 其中一个值得一提的问题是，当代的电视风格和流派。这里存在大量的即时性表现，例如《时尚》杂志的"改头换面"节目探索和促进即时转变的可能性：改变你的室内装饰；创造一个即时性花园（一个特别矛盾的想法）；改变你的工作；塑造一个新的形象；还清抵押贷款，等等。但在我看来，比这些更有趣的是，在技术和风格之间似乎存在着直接联系。例如，滚动的新闻频道的功能不仅是作为一个标准的移动"标语"——屏幕下方连续带状的新闻滚动播放不管是描述还是讨论故事，它们通常利用分屏技术，一个新的"即将来临的"故事在"旧"故事仍在上演时已经出现。这种不安分、反复无常的表现手法，以及观众所要求的多任务处理，似乎是受到广播技术的能力驱动，而不是受消费者重大需求的刺激。

❷ 当然，人们也越来越多地在特定的环境下，通过网络、电话或移动电话进行远程交易。所谓的"M-shopping"是一种通过手机访问在线网站进行目录式购物的形式，它在日本已经变得特别流行，那里已经有一个目录式购物的强大传统，在那里3G 手机的拥有量达到 4300 万，使用率特别高（McCurry，2006）。选择在真正的实体店进行更传统的消费可能会让人觉得落伍。然而，有人预测未来将通过互联网转向"非物质的消费方式"（Ritzer，2001：146 f）。尽管高端零售商店可能会发生变化，迫于网上零售业的压力转型成为娱乐场所（艾布拉姆斯，Abrams，2006），似乎并没有证据表明一般的购物方式受欢迎程度在下降。我对这一问题的讨论在第五章中可以看到。一般来说，最后人们的生活方式会变成一种不断流动的而不是久坐不动的方式。

车这样的大金额交易，还是像买杂货这样的小金额交易，情况都是如此。科技消除了曾经存在于工人、中产阶级和上层阶级之间支付方式的差别，近20年来，信用卡的无处不在和充分发展的银行体系成为这种支付方式的基础。❶ 它们在很大程度上取代了个人支票，而且在很大程度上把现金支付推到了针对特定小群体的利基市场，比如，酒吧和俱乐部，但通常不会在餐馆出现；在蔬菜水果商和报摊上经常使用，但在服装店和鞋店就不那么常见了。

　　用信用卡而不是现金或支票购物有什么不同呢？当然，所有这些都是广义上的货币形式，因此在某种程度上，它们都具有相同的特征，即作为一种共同的交换媒介和价值储存手段，最终都由国家来保证。然而，除此之外，它们还表现出一些差异。现金，包括硬币和纸币，在某种意义上是相对具体和"实质性"的价值储存手段（至少在稳定的经济条件下），因为它们可以直接、实时地兑换成商品。支票更抽象地表示购买中隐含的"债务"，主要是因为它们涉及时间上的延迟。但它们与现金一样，都是可以直接兑换成商品的实物。但是信用卡和借记卡不同于现金或支票，因为它们实际上并没有在交易中交换。如果我们学究气的话，我们可能会说，从价值储存的意义上来讲，它们根本就不是真正的钱，而仅仅是存取钱的工具，这些钱可以存入持有者（借记卡）的账户，也可以存入贷款者（信

---

❶ 信用卡和借记卡历史不同，在消费领域扮演着不同的角色，对银行、零售商和消费者有着不同的吸引力。例如，20世纪80年代，银行（至少在英国）引入了借记卡，其具体目标是减少支票在销售点的使用，因为处理支票涉及成本。而信用卡，虽然它们可能有相同的功能，但是要演变出各种代币信用系统需要一个更长的历史。然而，就目前的争论而言，正如ISO 7810标准所规定的那样，两者具有相同的关键物理特性。[参见 en. wikipedia. org/wiki（/Credit_card and/Debit_card）。]

223

用卡）的账户。

在这个意义上，它们是当代经济中特有的消费技术，就像安东尼·吉登斯（Anthony Giddens）所说的，在这个经济中，钱"独立于它的表现方式，以纯粹的信息的形式存在于计算机的打印输出中"。❶ 当然，在整个现代时期，用于购买的货币逐渐以抽象的形式出现并非偶然现象。因为尽管开发、安装、维护和提供电子采购系统的安全费用很高，但采用这些技术对生产商、零售商和银行都大有益处。这是因为它们的使用降低了劳动力成本（例如在支票的处理过程中），而且最重要的是，它通过减少计算机账户借贷的中间环节，加快了资本的全面流通，从而有利于资本主义企业所有部门的盈利能力。也有某些明显的，虽然不是彻头彻尾的，速度和方便消费者的优势使得这些系统相对容易被引入。因此，有一种明显的感觉是，电子购买成为快速资本主义发展轨迹中不可或缺的组成部分。

但我想要关注的是一些与消费者采取快速、有效率地使用货币的基本策略稍有不同的东西，也就是各种塑料卡的使用改变了购物体验的方式。与其说这是让交易变得普遍、方便，不如说是让交易变得更加迅速。一般情况下，电子购物不会比现金购物更快，有时甚至会慢很多——尤其是对电脑化银行系统需求旺盛的时候，比如周六下午，或者是在随机的电脑安全检查中断交易的时候。这更多的是围绕电子购物行为在其高效运作模式下的轻盈和简易的购物氛围。

我们可以从卡片本身的轻便性开始。这当然是它具有吸引

---

❶ Anthony Giddens. The Consequences of Modernity [M]. Cambridge: Polity, 1990: 25.

力的一部分：塑料卡具有统一的规格，长度、宽度和厚度分别为 85 毫米、55 毫米和 1 毫米，它的重量和体积相对于它潜在的现金等值简直是微不足道的，但是，这张卡当然很有价值，人们必须小心保管它，虽然它的属性并没有反映出这种（潜在的）价值。毕竟，在大多数情况下，塑料是一种廉价的材料；它的形容词形式"像塑料的"（plasticky）是"奢侈的"或者"优质的"反义词。从这个意义上来说，塑料卡体现了它作为一种存取工具的特点，❶ 而不是像现金那样作为内在价值的载体。（额度限制意味着：通常丢失银行卡比丢失一卷钞票造成的灾难要小，后者更像是丢失钥匙。）这种虚拟价值与物理性、材料的轻盈性和"可忽略性"相结合，成为交易的基础。

因此，与使用现金或支票相比，使用信用卡通常是很普遍的事情。从销售这一点来说，支票涉及许多行为：书写、确定日期、签名，提供某种形式的担保，如支票担保卡或背面书写的地址。该活动还具有一定程度的仪式元素：在交易中记录购买者的身份，从而正式认识到事件的"严肃性"。在现金交易中，交易的严肃性——即使是小规模的购买，也会在检查投标金额和计算最后一分钱的变化的仪式中得到体现。在现金数额较大的情况下，这种仪式变得更加明显，交易所的重要性和严肃性也相对得到承认。在消费现代化的早期，处理现金和支票的技术进一步加强了这种销售点的接触，例如常见的做法是将销售助理的职责与收银员的职责分开。这通常伴随着，特别是在百货商店，需要使用在销售柜台和中央收银台之间转移现金

---

❶ 当然，有人可能会持反对意见，在现代的"智能卡"中，关键部件是嵌入的微处理器，它不仅在本质上比塑料载体更有价值，而且是访问的真正工具。但这可能会疏漏现象学的问题：在消费"仪式"上，信用卡本身才是金钱的物质代表。

速度文化：即时性的到来

的精密设备。这种"现金铁路系统"采用架空索道和穿梭机，或者后来的气动管道系统，为仪式增添了早期现代机械的某种沉重的内涵。❶

相比之下，人们经常观察到，信用卡购物是一种典型的无社交操作行为。客户被要求将卡片插入终端，并被提示输入密码，进行线上的电子验证和借记过程，最终按照计算结果打印收据，可以通过最小的内部交换实现，事实上，正如马克·欧杰（Marc Augé）所观察到的那样，❷ 这些过程在原则上都是在极少与人交流、不需要言语的情况下完成的。但我认为更重要的是，我们在完成这些活动时的"漫不经心"的特征。其中一个因素是，在实际操作的过程中毫不费力——随着"非接触"（contactless）卡技术的引入，这项技术很快就会被运用到极致，其需要做的只不过是拿卡片划过感应器而已。❸ 即使动作简化，在使用信用卡购物的日常活动中，几乎没有迹象表明，即使与相当大的一笔钱分开是相当严肃的一件事。相反，这个过程变得很简单。这就好像实际的支付行为伴随着整个购物行为而发生，购物业务可能涉及集中性的选择活动，在某些情况下，还涉及和扩展到与销售人员的详细互动。因此，在更持久、更激

---

❶ 我这一代的人可能只记得，这些奇妙的装置是童年购物之旅的有趣特征，直到20世纪80年代，英国的商店开始使用它们。基本上，人们对它们的历史没有很好的记录，但是你可以去看看"现金铁路网站"（ids.u-net.com/cash/）。

❷ Marc Augé. Non-Places: Introduction to the Anthropology of Supermodernity [M]. London: Verso, 1995.

❸ 预付（离线）非接触式卡支付系统利用了所谓的"近场通信技术"，已经在需要快速流量的交通应用中投入使用，例如伦敦交通的牡蛎卡。如今，这些手机正与移动电话整合，以生产所谓的"钱包手机"，被一些人视为通往迄今为止虚幻的无现金经济的可行之路。参见《经济学人：技术季刊》，2005年12月10日，第21-22页。

烈和更具吸引力的购物活动中，消费变得更加快速和轻便。

这种"漫不经心"的消费时刻会有更深层次的影响吗？好吧，如果我们正确地看待这一点，它不是技术转变单独产生的影响，而是与更广泛的消费文化的变化相一致。它导致生产领域和消费领域之间的经验联系减弱：一方面是工作挣钱，另一方面是花钱。

马克思的著名论点为：即使人类脱离了与自身生产力的真正关系，货币本身也具有异化作用。在《1844年经济学哲学手稿》（*Economic and Philosophical Manuscripts*）中，他把金钱描述为"需求与客体之间、人的生命与生存手段之间的皮条客"。"pander"指的是性交易的"皮条客"，或者是非法活动的"中间人"。之后，他引用了莎士比亚关于"风流妓女"的描述方式。❶ 在运用这些贬义的类比时，马克思并不是试图将金钱的角色阐释为一个无辜的中介，而是一个使我们与我们的本质性"物种存在"区分开来的中介：它是"人类被异化和外部化的物种生命"。在《资本论》中，马克思把金钱与商品的拜物主义联系起来，认为人类劳动的产品是独立的实体，拥有自己神秘的发展历程和自身的力量。所有这些观点的主题在于，金钱涉及人际关系的扭曲，其核心是非常神秘地把创造性劳动与交换和消费分离开来。

我们并非一定要认同马克思关于人类基本物种本性的观点才能够看到他关于货币在分离和模糊生产和消费领域之间的社

---

❶ Karl Marx. Selected Writings in Sociology and Social Philosophy ［M］. Harmondsworth: Penguin, 1963: 180 – 181.

会联系方面发挥的作用。❶ 我认为,我们似乎可以在当代消费文化中解读到这一过程的进一步发展,因为在某种意义上来说,消费行为与劳动和收入的生活世界进一步疏远了。正如马克思所言,在每周领取工钱的工人阶级世界中,金钱可能是劳动过程中让人迷惑的固有价值形式,但当货币具体呈现为周五晚上餐桌上的食物存在以及星期六令人愉悦的消费时,两个世界之间的联系得到了加强。在消费即时性条件下,消费不仅轻而易举,而且消费的环境已经成为压倒性的主导。商店成为体现个人经济的最佳场所。"现金返还"(本身是加速资本流通的功能)具有结合提款行为与消费行为的效果。实际上,商店变成了银行。银行并没有从商业街退出到纯粹的信息世界(网络、客服中心),而是变成提供金融"产品"的商店,或者是金碧辉煌的大厅和带有大量铭文的建筑。这种过去被视为古老、神圣的价值储藏之所,现在却变得(像银行柜台工作人员一样)多余,转而变成酒吧和餐馆。

重申我之前提出的警告,上述观点必须借助其他相关的过程和趋势来理解。例如,个人信贷诱因的不断增加,以及与之相关的对债务的困惑和矛盾的文化态度,这些都是现代社会中的许多典型特征。但我试图强调的是,无论是在这里还是在其他例子中,还是在刺激消费即时性的例子中,实际的消费实践仍然存在其重要性。

路易斯·阿尔都塞(Louis Althusser)现在是一个有些过时的理论家,他曾试图论证意识形态会以一种物质形式存在:如

---

❶ 对于"异化"的货币概念,可以从乔治·里策尔(George Ritzer)对齐美尔(Simmel)的货币哲学(1907/1978)的有趣解读中找到另一种理解,即货币以信贷的形式存在,"我们钱包里的现金似乎离我们更遥远"(Ritzer,2001:76)。

同不断重复的仪式。为了说明这一点，他引用了一位法国早期的哲学家布莱斯·帕斯卡（Blaise Pascal）的话："帕斯卡曾经曾说到，跪下，动动嘴唇祈祷，你就会相信。"❶ 适度的解释后，这项论述仍然有许多模棱两可之处。正如阿尔都塞所尝试的那样，这一论点可以用来支持一个相当奇怪的观点，即行动在某种程度上体现了意识形态。但以另一种更具讽刺意味的方式可以解读为，它可能意味着正式的行动取代了更深层次的信念。从这个意义上说，我们可以认为，我们在日常文化中所做的很多事情都是简单重复的实践活动，诚然，这些活动受到制度压力的影响，但就其本身而言，只不过是口是心非的主流意识形态罢了。

继第二种解释之后，消费文化不需要被认为是一种系统的意识形态欺骗状态，或者（一个更令人沮丧的想法）被视为一种深刻的存在主义承诺的状态。相反，它可以被理解为，受资本主义影响的现代机构对扩大消费的共同努力，相关技术提供的脚本，以及人们在与各种刺激互动时所带来的态度、期望和知识储备的联系。因此，我想尽量简要地回到普通的文化态度和期望的问题论述上。

### 三、快速交付：消费者期望的低限

如果消费行为的特征发生了重大转变，也就是说，从强调稳定积累和对持续占有的享受到对新产品的即时和重复占有，那么就文化态度的转变而言，这意味着什么呢？

---

❶ Louis Althusser. Lenin and Philosophy and Other Essays [M]. New York: Monthly Review Press, 1971: 168.

在大部分的讨论中，我都试图抵制这样一种观点，即它意味着一种受驱使的态度，一种购买的强烈冲动，由营销精心策划的对转瞬即逝的满足的徒劳无益的追求。当然，我并不否认存在一种一致的，而且确实存在的压力——这种压力不仅来自营销，而且来自我所讨论的其他来源，要求增加消费的数量和频率。令我不满意的是这样一种假设，这种经验上的压力，至少在一般情况下，转化为对快速资本主义制度要求的各种服从。我之所以不相信这一假设，主要原因有两个。

第一个反对意见通常与对消费主义的批评相关。正因为如此，在其他地方扮演消费者角色的人类，是知识渊博的能动者。这意味着他们很可能对消费的本质能够进行广泛的自反性理解：包括消费在日常生活中日益集中，对营销和广告战略（在不同的复杂程度上）的理解，对消费在整个资本主义体系中重要性的理解，更重要的是，对消费的潜力和局限性的理解。这种日常生活的理解有着广泛的渊源。它来源于以往消费活动中积累的知识存量，被灌输于正式或非正式的社会化实践中，强调"先发制人"的实际态度，通过媒介再现达到熟悉化，当然这也来源于许多消费者自己所扮演的角色。如果说现代文化充斥着广告意象和营销话语，那么它也充满了对消费文化的常识性理解和大众化解读。当然，这并不意味着普通消费者对消费主义具有一种成熟的批评态度，而是表明消费者以各种不同的方式"减少受骗"。

更具体地说，第二个原因与消费者陷入了一个不断重复的刺激和挫折的循环相关。这是鲍曼将消费与速度联系起来的关键概念：消费者不仅经常被消费品的承诺所欺骗，而且在一个近乎滑稽的庞大希望和喜悦中，不断地购买更多商品，从而增加了商品的循环频率。在我看来这是不可信的。不仅如此，除了极少数真正的强迫性消费行为之外，几乎没有人会承认他们的日常消费行为是这种模式（在涉及文化经验的主张时，这始终是一条有用的经验法则）。我们很难想象一种文化态度会实际对应这种消费状况。

如果我们拒绝这种重复和强迫消费的想法，以及持续和全面的消费欺骗或者某种人类普遍的不可救药，这并不意味着我们已经用尽了所有方法来解释消费即时性这一令人费解的现象。事实上，如果考虑到一种几乎相反的普遍态度，这是可以解释清楚的。这就意味着，绝大多数人对消费品提供满足的能力并没有始终抱有很高的期望——这种期望经常（实际上是系统地）落空——实际上，他们对消费品能够和应该提供什么的期望值相当低。

能够说明这点的一种说法是，当代消费的特征是对于快速交付而不是对于满足的期望。我的意思是说，人们对于消费品具有提供最终满足感的能力持普遍怀疑的态度；尽管如此，人们对于资本主义体系将会而且应该继续输送商品保持期待。因此，"快速交付"在某种意义上成为消费的目的；消费者和消费资本主义之间隐性的社会契约已经终止，（经济和文化）责任也将终止。我们期望消费品具有功能性、新奇性或者娱乐性；消费品能够流行、时髦或者质量上乘。我们越来越期待消费品能提供"生活方式符号学"功能，而这正是营销策略所强烈关注的方面。我们也期待商品的保修和售后服务。但在绝大多数情况下，这些期望并不能使我们确信，在任何深层意义上来说，它们能够满足我们最深处的欲望。然而，这并不是持续消费的障碍，特别是因为它与对快乐的期待结合在一起，新事物总是在向我们走来的路上，因此没有必要——也不用——在当下的事物上投资太多。

我们如何才能更好地描述这种情况呢？这与消费者对满足感抱有无限希望的想法是完全相反的，从这个意义上说，他们对此进行了深入的情感投资。然而，这种情况并不是以习以为常的态度（a blasé attitude）为特征，无论是一般意义上因为过度熟悉导致对消费品的乐趣和新奇相对冷漠，还是齐美尔更具诊断意义上的"不能用适当的能量对新的感受作出反应"。[1] 它活力四射，精力充沛，"非常适合"。如果人们认为消费者的态度是愤世嫉俗也不完全正确，尽管这种不引人注意的愤世嫉俗确实牵涉消费者互动的某些领域，例如客服中心的发展。[2] 也许，最好的思考方式是将此视为一种相对较低水平的期望。消费品本身平淡无奇的性质，以及关于它们的显然虚假的声明，与系统本身的消费者的低水平"满足需求"相匹配。此外，这种模式已经变得如此自然，它的存在只能通过戏剧化的荒谬行为来揭示——就像在电影《我与长指甲》中那种任性的、永不满足的系统性腐蚀欲望。

这种低门槛的消费者期望观点是如何与消费主义加速相适应的？事实上，两者相当吻合。"快速交付"与"满意"不同，但它们是相当重要的术语，它使我们了解从"拥有"向"占用"这种转变过程中某些令人费解的方面会变得清晰易懂。

---

[1] Georg Simmel. The Metropolis and Mental Life [A]. Trans. Hans Gerth//David Frisby, Mike Featherstone. Simmel on Culture. London: Sage, 1997（First published in 1903）: 178.

[2] 就工作场所文化而言，客服中心一直是大量探索的主题。它有时被描述为泰勒主义和全光监控的结合。据我所知，根据一个有趣的新闻报道，迄今为止，人们对消费者和呼叫中心工作人员之间的互动还没有深入研究（Ronson, 2006）。

## 第六章 传　输

　　例如，它有助于解释为什么在消费品中明显存在的设计冗余趋势已被接受。举一个我们之前已经提到的例子，现在电话的平均寿命是六个月多一点。如果我们把重点放在快速交付上而不是满足感上，就会更容易理解为什么消费者会容忍这种高频过时的情况。这不仅是单纯的经济，要以商品的耐用性来衡量其价值就必须把它们整合起来。把满足感想象成一种舒适、满足的状态。与此相反，期待即将到来的"快速交付"是把消费想象成一个"生命过程"，一个线性而不准时的过程，是某种串联生命的时间排列。以这种方式设想，产品中的内置冗余似乎有一定的合理性。这并不是说它失去了剥削性，但是从未来新产品的预期流量来看，这似乎不值得我们愤怒。

　　容忍不自然的过剩现象与另一项消费及时性的关键相类似，即人们对新奇事物的喜爱。在对消费主义的批判中，这是一个经常被忽视的东西，大多数被纳入较为负面的范畴中，如时尚主义、新型事物，然后被归为欲望操纵的一般性概念。但是，从快速交付的角度来思考消费主义，我们可以重新发现某些新奇事物纯真的吸引力。❶ 因为这是一种欲望，其性质与重复发生的消费品快速交付事件相匹配，而不能依靠持久的满足感来理解。当然，这种欲望的存在对于资本主义制度的要求是非常有利的，而且有充分的发展空间。但需要注意的是，认识到对新颖性渴望的合法性，对消费需求的开放性有着不同的认识。对事物或经验的新鲜感的愉悦似乎是人类的基本特征，因此，

---

❶ 虽然我并没有强调它，但是不要忽视这样一个重要事实，即消费即时性的一些现象相对来说比较普通，没有任何更深层次的意义。例如，仅仅因为可以完成某件事情就可以快速交付某件东西所涉及的新颖性。最近出现的一种做法是这方面的一个很好的例子，在音乐会结束时，可以下载甚至是出售现场音乐表演的 CD。

它是欲望的一个方面，在文化批评的过程中，我们不应该将它视为一种病态。相反，它应该提醒我们，理性的、均衡的消费文化模式无法帮助我们用来批判快速资本主义的非理性，它不能把满足想象变成某种准时的最终状态或欲望的终结。理性消费并不意味着熄灭本来就固有的欲望。

### 四、对快速交付的批判

也许有人会反对这种观点，因为它强调人类的认识能力，避免夸大消费者对操纵的易感性，对于消费领域即时性的负面后果过于轻描淡写。因此，在最后我想简短地提出一些批评快速交付文化的理由。

这并不难：许多社会问题可以合理地归咎于消费主义的加速，特别是与消费信贷推广有关的问题。❶ 例如，个人债务问题已经成为许多西方社会的一个主要问题，特别是在美国和英国。2005 年，美国的个人储蓄率全年为负值，这是自 1929~1934 年的大萧条以来首次出现负增长。❷ 2005 年发表的一份报告披露，美国的信用卡债务在五年内增长了 31%，达到 8000 亿美元，中低收入家庭的平均信用卡债务为 8650 美元。❸ 英国的情况也有类似趋势，英国央行行长于 2006 年 5 月就债务上升问题发出警告。同月，YouGov 的一项调查显示，1/5 的英国成年人（约 800 万人）的无担保债务超过 1 万英镑，大约 10 万人可

---

❶ Barry Smart. Economy, Culture and Society: A Sociological Critique of Neo-Liberalism [M]. Buckingham: Open University Press, 2003.

❷ Larry Elliott. Even China Cannot Feed a Permanent Bull [N]. The Guardian, 2006-05-15 (29).

❸ Tamara Draut et al. The Plastic Safety Net: The Reality Behind Debt inAmerica [R]. Demos US/Centre for ResponsibleLending, 2005.

## 第六章 传　输

能在一年中宣布自己破产。❶

个人负债的原因不仅可以简单地归结为消费的奢靡，而且，正如美国的调查显示的那样，可能是"运气不佳，健康状况不好，生活太艰难"的结果。在一个信用卡行业放松管制与公共福利水平普遍较低的社会中，信用卡具有"塑料安全网"（plastic safety net）的功能，这是遇到医疗账单等意外开支或者裁员导致的财务影响的第一个求助途径。这说明了对消费主义的批判，意味着对加速和放松管制的资本主义的更广泛批判：在生产文化的"劳动灵活性"不安全的条件下（第四章），以及在整体系统推动个人消费率上升的过程中。长期负债❷可能是易受这两种动力影响的无望和悲惨的后果，而它在高消费社会明显上升，必然表明放松管制的资本主义存在一个根本的问题。

债务问题引起的社会经济问题的另一个极端是浪费，鲍曼深刻地分析了这一点，认为它是对消费文化批评的核心。垃圾问题通常被理解为道德问题，即浪费宝贵资源的不道德性，特别是在其他地方存在短缺的情况下，或是涉及环境问题，例如在安全处理不需要的货物和包装材料时遇到的困难。

将这两方面紧密联系在一起的例子就是所谓的"电子垃圾"（E-waste）。电子垃圾是由电脑和手机等产品的固有冗余过剩所产生的。这些产品通常含有大量有毒废物，如铅、砷、三氧化二锑、铬和镉，这使得对它们的安全处理成为特殊而重

---

❶ Ashley Seager. Debt Problem Soars as 1m Face Threat of Bankruptcy [N]. The Guardian, 2006-05-22 (30).

❷ 请参见阿帕杜莱（Appadurai, 1996：81）对现代信贷实践对当代文化想象影响的观察：他们已经创建了一个开放式的消费者借贷，而不是一种像气候变化一样具有周期性的借贷：他们把借贷与长期的、具有增值潜力的资产，如房屋联系起来，而不是与短期的、没有增值潜力的月度或者年度收入联系在一起。

大的工作。其结果是，这些废物大部分被运往印度等发展中国家的废品场进行处理。在这里，贫困的工人在不受管制、没有健康和安全保障的小型工厂手工拆卸货物，以回收二手电子元件以及铜等金属和极少量金银。这种做法极大地损害了工人的健康，对当地环境造成灾难性的污染。根据国际公约，这是一种非法行为。在1992年提出并经139个国家（但美国不在其列）批准的《关于危险性废物越境转移及其处置的巴塞尔公约》，旨在限制此类废物的出口。然而，这项规定很难监管，而且通常被轻易规避。

在即时性消费领域，危险性废物责任转移的问题通常被视而不见，因此它看起来可能只是一个与道德有细微联系的问题，更接近于风险全球化的普遍制度趋势。然而，这里存在它与道德之间不可避免的联系，但这并不是对消费者作为道德代理人的直接挑战。对技术迅速推陈出新的现象保持轻松自满态度的消费者，同时也可能是报纸、瓶子和包装材料等勤勉的回收员。因此，道德问题可以被合理地认为是一个与制度而不是个人有关的问题：制度掩盖人为物质过剩冗余的实际代价。

负债和浪费问题只是众多例子中的典型，它们可以被认为是即时性消费领域产生的令人反感的社会后果。然而，除了这些具体的问题之外，我们还可以指出一种更普遍的文化批评。也就是说，尽管它可能不像我们所描述的那样具有强迫性、驱动力或意识形态上的操控性，但其建立在对于快速交付有限的预期上，意味着基础的消费文化仍然与快速资本主义的推动力有一定的联系。正因为如此，它不太可能对渐进的改革方式产生太多的影响。快速交付文化演变成一种与现状不相适应的文化，在这种文化中，尽管人们普遍认识到消费品本身不足以满足人类的需要，但他们积极追求满足，几乎形成了文化上的默认立场。那么，对当代消费文化最严重的批评或许是，它似乎无法在自身内部产生对美好生活的新想象。当然，消费文化的主导地位面临外部挑战，一方面来自新的社会运动，如反全球化运动（anti-globalization movement）或"新部落"青年文化（"neo-tribal" youth cultures），另一方面来自传统的宗教文化。但这些都没有对消费主义在全球现代文化中继续占据核心地位造成严重影响。像大多数探讨这些问题的人一样，我想不出一套简单的解决方案。事实上，加速消费问题可能是一个在目前全球资本主义体系中难以解决的问题：在现代文化情景下，资本主义中出现的重大危机或环境灾难引发争议。然而，本章并没有针对当代消费文化本身进行分析；它关注的是消费领域更广泛的即时性文化的转变。近期，还有其他的可能性和想象开始显现出来。

我们能否减缓消费周期，甚至减缓日常生活形成和体验过程的速度？这有可能实现吗？对我们是否有利？在最后一章，我们将研究其中的一些期望和论点。

# 第七章 减　　速？

## 一、"慢运动"的意义

在发达的工业社会中，可以窥探到一些对于生活节奏不满的迹象，已经发展成有组织的现象，形成所谓的"慢运动"（slow movement）。考虑到写作风格，我在后面将删去关于"慢运动"的一些吓人话语，但在概念上保持一致是必要的。

在许多构成"慢运动"的观点中，最成熟、最引人注目的是"慢食运动"和"慢城市运动"。这两个国际性组织具有所有常见的制度化结构特征：协调委员会、收入来源、固定的行政人员、年度股东大会、任务声明、新闻发布会等。"慢食"组织（Slow Food）于1989年在巴黎成立，但起源于意大利，这是1986年美食作家卡罗·佩里尼（Carlo Petrini）在意大利反对在罗马的西班牙广场（Piazza di Spania）开设麦当劳餐馆的计划。在此基础上，这一组织发展成拥有来自100个国家约8万名成员的国际组织，在意大利、法国、瑞士、德国、美国和日本设有办事处。这场运动的根本目的是反对标准化快餐的传播，并且促进本地的、可持续的、环境友好的高品质食品的生产，同时捍卫传统的区域美食以及（含蓄地、较慢地）享受美食文化中的欢乐（www.slowfood.com）。

"慢城市运动"（CittàSlow）最初是"慢食运动"的产物，

随后发展为强调慢节奏、地方性和欢乐性之间以及与更广泛的城市政策领域的关系。1999 年,"慢城市运动"在奥维耶托的翁布里亚城（Umbrian city of Orvieto）举行的四个意大利小城镇领导人会议上成立,旨在界定并促进传统的、慢节奏的、小城镇生活的独特品质：慢节奏城市生活。现在其原则包括保护当地传统的经济和文化习俗,在小城市节奏缓慢的环境中保持欢乐和好客的氛围,以及保护城市环境免受噪音、视觉和交通方面的污染。像"慢食"组织一样,"慢城市"已经发展成为一个国际运动,截至 2005 年,该活动已有 44 个注册成员城市（主要在意大利,也有德国、挪威和英国城市）,许多其他国家的城镇也在申请（www.cittaslow.net）。

这两个组织都建立在广泛的文化原则基础之上,反对全球现代性的文化转变。然而,把它们称为"草根"的反抗运动则是相当有问题的,不仅是因为这两个组织都来自具有成熟制度基础的发达资本主义社会（比如食品工业、地方市政发展方面）,更重要的是因为它们都在西方现代性的物质和文化经济中找到了自己的位置。尽管"慢食"活动广泛强调保护地方性和生物多样性,从而对抗全球化的食品业务,但实际上它是一个大型的商业组织,与其特定的高端美食行业和市场紧密地联系在一起。

同样地,"慢城市"组织在促进小城镇（5 万居民或更少）的发展方面,代表了特定的空间文化支持者和相关地方资本家的利益。从某种意义上讲,这两者都可以被看作捍卫某些利益的活动,而不是为更加广泛的社会变革提供合理的模式。

对于其他人来说,"慢运动"主要是一个西方社会倡导的有趣的混合物（通常强调本地的）。从探索或者倡导改变生活方式的团体，例如，澳大利亚的"时间减速协会"（Society for the Deceleration of Time）或者美国的"简单生活网络"（Simple Living Network），到以艺术和设计为导向的倡议，例如，纽约的"慢运动工作室"（Slow Lab），以及关注焦点更集中的"舒缓节奏"团体（Tempo Giusto）——这是一个由德国音乐家组成的团体，他们通过较慢却更加真实的方式演奏古典音乐。这些倡议中的大多数与"慢食""慢城市"等制度化运动组织的倡议不同，因为它们独立于特定的政治经济利益群体。它们代表着一种有趣的，而且在很大程度上，是对当代生活节奏问题的思考和对话，是值得学术界更多关注的行动。❶

但是，我感兴趣的不是这些倡议的细节，而是如何理解它们的核心，即它们在即时文化中的集体意义。为此目的，简要地澄清它们与社会运动之间的关系将是很有帮助的。这是一个有多种解释的概念，例如，阿兰·图兰（Alain Touraine）在1965年和1978年、梅鲁奇（Melucci）在1989年、埃德尔（Eder）在1993年都对这个概念进行过解释，但卡斯特（Manuel Castells）曾提出了一个非常有用的基本定义，即它是"有目的的集体行动，无论胜利或失败，其结果在于改变社会的价值观和制度"。这普遍适用于妇女运动、环境运动、和平运动、

---

❶ 《慢动作的最佳整体指南》是记者卡尔·霍诺尔（Carl Honore）关于《谬赞慢动作》（2004）的深入探究与钻研。但正如标题所示，这并不是批判性的研究。在这一类型的研究中，我们可以加入一些有关生活哲学等方面的内容，如博迪尔·荣松（Bodil Jónsson）的《关于时间的十种理性思考》（2003）。在学术文献中，涉及的范围缩小了很多。缓慢的城市运动在都市主义文学（例如，Knox，2005）中经常出现，在文化研究的广泛领域也可以采用孤立的处理方法，如蒂埃里·帕奎特（Thierry Paquot）的《午睡艺术》（2003）。但是，如果存在一种对"慢运动"全面批判的学术探索，我可能错过了，并因此而感到羞愧。

## 第七章 减　速？

民权运动和反全球化运动，等等。但要理解其对"慢运动"问题的适用性，根据卡斯特对于图兰的观点的分析，我们应该考虑"认同、敌人和社会目标"方面的类型学：

> 认同指的是该活动对"自己是什么""代表谁发言"的自我定义。敌人指的是该运动所明确指出的主要敌对者。社会目标指的是该运动对社会秩序的愿景……它希望在其集体行动的历史范围内实现这一目标。❶

如果将这种分类应用于"慢运动"很快就能够证明维持想象中的让人吃惊的"自己是什么""代表谁发言"的引用的合理性。与其他社会运动，特别是民权运动、妇女运动或者同性恋运动不同，"慢运动"没有强烈的文化认同感。它们既没有表达社会上被压迫的群体或者文化上持不同政见的群体的处境，也没有表达争取承认或解放的斗争。它们也没有表现出环保激进主义运动或者反全球化运动等的那种"身份认同"，在这些运动中，归属感往往与全球资本主义的文化价值观背道而驰。

同样地，通常很难指出其他运动中存在像"慢运动"的这种定义明确的"对手"：体制性的种族主义、父权制、同性恋恐惧症、企业资本主义，等等。尽管有时有人会批评导致生活节奏加快的各种力量，特别是全球化现象，但这种批评通常含糊不清，在政治上没有任何诉求。与我们在第二章谈到的对早期机械速度的激进饱受批评相比，当代的"慢运动"主要是利用平缓的论述话语，更多地探索个人实践的变化，并且通常避

---

❶ Manuel Castells. The Power of Identity [M]. Oxford: Blackwell, 1997: 71.

免与庞大的社会力量进行正面冲突。"资本主义"这个词很少出现在"慢运动"的网站上。几乎在所有的情况下，他们坚持认为这场运动不是反现代的。例如，最具反思性和表达能力的组织之一"慢速伦敦"（Slow London）认为："慢运动绝不是对技术或现代性的反叛。它不是反对速度，也不是反对任何东西（除了那些在街上扔口香糖的人）。"❶

这种差异反映在普遍的"社会目标"的表达上。放慢生活节奏这一明显而明确的问题，如果没有其他界线和限定条件，对于放慢生活节奏明确且清楚的社会目标实际上几乎无法实现。卡尔·奥诺雷（Carl Honore）对"慢速网站"有过典型的评价："尽管它的名称是慢速，但它并不是要让整个世界慢下来。其目标是以正确的速度做每件事：该快时加快，该慢时放慢。"❷ 当然，所有这些对冲风险都是老生常谈的话题，但它也表达了"慢运动"的一个关键特征：与以政治为中心的社会解放运动不同，它是对一种复杂的、价值模糊的文化情景的回应，而不是对一种明显的社会不公和压迫状况的回应。因此，该运动的目标通常是针对一个要面对的复杂的生活方式问题，而不是作为一个想要实现的目标：

> 这是行不通的。只是四处看看。在城市生活和工作有很多好处。尽管如此，我们看到的是不安和焦虑的面孔。我们看到有人成为痴迷速度的受害者。我们在生活中奔向何方？为什么？这种快节奏给你带来了什么好处？我们的

---

❶ slowlondon. com/whatislow. php.
❷ www. inpraiseofslow. com /slow/faq. php.

## 第七章 减速？

> 生活方式如何影响我们自己和周围的人？……
> 这是行不通的。❶

这些都是当代现代性文化的基本问题，而它们以公共表达的形式出现就其本身而言是有益的。但除此之外，"慢运动"还有什么意义呢？

我认为，首先，重要的是，不要将"慢运动"仅仅看作（生活相当舒适的）中产阶级文化焦虑的一种表达形式，以及对这些焦虑的一种非政治性、准治疗性的回应。"慢运动"主要强调自助自救（self-help），无论从分析意义还是政治意义方面来说，这些都是弱点，从而可以被理解为沉浸在复杂文化条件下的更广泛的经验，而此种经验在个人经验中最容易被发现，而不是存在于抽象的制度之中。在这样的情况下，至少在一定程度上我们就很容易从对速度的主观联系滑向它是存在于个人实践内部的认知。从这个意义上说，"慢运动"与即时性的条件是一致的，既符合其"流动"的复杂性过度确定的情绪，也符合通信媒介化和消费对塑形快速传递的个性化影响。

在任何情况下，这种"慢运动"似乎不太可能直接挑战即时性条件在体制方面的影响力。然而，它所提供的生活节奏方面的经验问题不应被忽视。因为在这篇论述中，我们有可能发现卡斯特对于社会运动影响界定的另一个方面，即某些价值观的出现。而这些价值观以后可能产生长期重大的影响。如果我们——我们肯定应该——拒绝必然性，那么探索这样的价值观，以及培养它们的条件，似乎是值得的。

---

❶ slowlondon.com/problem.php.

## 二、慢价值观

　　据我所知，文化价值观并不是精确的批判工具。它们不是能够反映道德恶习或思想错觉的程序化机器，更不能说它是用来解剖文化实践与论述文化术语的解剖刀了。其价值并非鲜明的实体，其界线并不是隐晦和柔性的，重要的是，随着磨损及老化，价值观作为文化叙事是一种可塑性的组成物，最容易被低估。在分析和争论中，需要尽可能清楚地定义价值观；但在抽象方面它仍然是没有行动力且无用的。当价值观被编织成如何追寻美好生活的故事时，它才具有影响力甚至是强制力。

　　以下是我想要探究慢价值观的方式：基于"慢运动"所构建的叙事基础，可以让我们对当代速度进行些许文化方面的理解。我对即时性状况分析的主要含义是：与机械速度的引入注目的集体故事相比，即时性缺乏这样让人信服的叙述。假设我在这里提供的叙事是很荒谬的，但我们能用一种简略概要的方式探索一些隐含的价值观，这些价值观告诉我们"慢运动"的话语，并试图评估他们的文化想象承诺。需要指出的是，这与判断它们优点的方式截然不同。我将围绕两对价值观来探讨：第一对价值观，由于各种原因而前景暗淡，第二对价值观则具有相当光明的前景。

### （一）节制与忍耐

　　"放慢生活节奏"的概念已经非常普遍，从而收入微软百科全书英语词典（*Microsoft Encarta English Dictionary*）："辞去高薪但压力很大的工作，使之能够提高其他方面的生活质量。"这在很多方面都是一个很有吸引力的想法，而不只是对当代文化产生小规模影响的实践。不难看出其中的原因。虽然人们通常对禁欲主义和自我否定的内涵轻描淡写,但节制这一具有挑战性的理念是"放慢生活节奏"的哲学核心。

因此,如"简单生活网络"将其目标描述为,"呈现与标准美国梦的……更快速……更庞大……更好……不同的一面"。对"简单"概念的各种理解阐述了这种观点。例如,"节俭朴素"意味着"削减支出,减少生活中不必要的花费";或者"整洁简单"意味着"削减微不足道的干扰琐事,关注我们独特生活的本质"。❶ 平心而论,并不是所有自愿性的简单观点都直接提倡节制,但是很难避免它的普遍含义,即节制是过另一种生活需要付出的代价。

让我重复一遍。我并不是在批评这些价值观和态度。当它们逐渐演变为其他的道德和政治立场时,例如绿色议程,或者发展中国家团结一致的立场,在我看来,它们似乎有某些非常明确清楚的优点。但我们在这里并不是评判优劣,而是探讨其文化想象的诉求。

节制(abstention)意味着出于慎重有意选择不做某事。它源于拉丁语词"abstinere",意思是"远离",这也是它具有限制意思的线索。节制的价值问题在于"远离"的意义。使自己远离主流文化(作为一种抗议,精神满足途径或个人对环境保护的贡献),象征着个人的道德责任。但问题是如何把节制变成对美好生活的积极叙事。考虑到人们对即时消费的各种压力,以及现代文化中对经验扩增的各种潜力,提倡"简单生活"和"放慢生活节奏",这似乎不太可能成为一个充实且令人满意的

---

❶ www. simpleliving. net/content/custom_ garden_of_simplicity. Asp.

现代生活叙事的组成部分。为了产生这样的强制性,他们需要援引其他的价值和想象力,比如那些由传统思想所表现出的价值观和想象力。但我们必须怀疑的是,这类团体中所倡导的精神层面、正直和社会责任的态度,与传统思想具有同等程度的文化力量。毫无疑问,自发性的简单概念有其强有力的支持者,并且在一些西方社会依然持续增长,它的吸引力似乎仍然相当有限。当我们考虑到节制与时间意味有关的概念时,这些限制就变得更加明确了。

在许多方面,忍耐(patience)是一个复杂的概念。例如,忍耐暗示着情感上的自我控制:就驾驶行为而言它是一件好事;或者在处理某些紧张状态或者困难的谈判,或者在处理各种具有挑战性行为的情景下,它是一种必要的品质。然而,除此之外,声称忍耐是一种美德就有些绝对了。例如,迪斯雷利(Disraeli)的小说《坦克雷德》(*Tacred*, 1900)中有这样一句话:"只要一个人愿意等待,一切都会发生。"撇开所有实际没有发生的情况,我们很难理解这种慎重考虑本身是有益的。我一直对以下这句古老的谚语怀有一种扭曲的敬意:"如果在河边坐的时间足够长,你会看到敌人的尸体从你身边漂过。"但我不认为这是一个品质高尚的想法。

如果忍耐被认为是一种美德,那是因为它与节制有关。良好的忍耐是在时间上表现出的克制。忍耐被理解为故意拖延和等待期间的满足,与即时性的精神相反。忍耐意味着要刻意地拉开差距。很明显,面对快速交付文化的批判时,我们看到了这种态度的吸引力。培养忍耐成为一种价值观念,意味着抑制不断冲动的消费欲望,甚至可能改变文化价值的时间,从即时性转变为长时性。

## 第七章 减　　速？

尽管存在这些吸引力，忍耐这一价值显然在现代社会中大幅消逝。要理解这一点，我们不仅要阅读前两章所讨论的科技制度和体制影响力与压力，还要探讨产生这一现象的原因，以及该现象所产生的含义。

"悲哀的忍耐，与绝望离得太近。"[1] 就像这一概念的核心定义那样："平静地忍受苦难、痛苦、拖延"，忍耐源于对苦难文化的反应。拉丁词根"patiens"也是用来表示病人接受治疗的过程。这也许是说明这项美德具有必要性的最好例子。"不能治愈的疾病只能忍受"，因此，忍耐能使人有尊严地忍受痛苦、疾病和苦难。但是，不难看出为什么这样一种文化价值会随着现代性的发展而失去其影响力，因为在现代化中，科技是解决一切事情的期望，生活中的各种变化不断增长，而且更重要的是，这种期望已经深入社会体制的合法论述之中。在这方面，容忍苦难或贫困的想法几乎没有任何道德政治价值，例如对于外科手术等待时间的关注，或者对于紧急求助中即时性的道德诉求。

在这些情景下，对于忍耐的苍白诉求很难与消费实践背景下所表现的购买疲软划分开来。当民主化的趋势深深地融入现代化时，这一点更是如此。因为对于忍耐的呼吁无法摆脱意识形态影响的可能性：听从社会上有权有势者的建议，从属阶层只能忍受自己的命运。由于现代政治上处于从属地位的人们不愿意接受死后天上有免费馅饼的说辞，这些不情愿（的确）在民主社会中得到支持，今天，人们倾向于享受更多馅饼，这一

---

[1] 马修·阿诺德的诗《学者吉普赛》可以被解读为一首挽歌，为一个秉性缓慢的失落世界所唱的挽歌，与之对比的是"这个充满怪病的现代生活，／其病因在于忙碌、分裂的目的，／身体过于操劳，内心麻痹……"

动力在平等的名义下获得了合法性。

如同我们对于节制的讨论一样,这一切并不是要谴责长期以来与容忍、宽容、尊敬相关的价值观。但是,为了避免这些价值观成为即时性条件的牺牲品,我们需要关注生活价值中更富想象力的"慢价值"因素。

(二) 专注与平衡

在"慢运动"的论述中,反复出现的主题是:为了评估和审视我们的生活,我们需要退后一步,建立一点空间……只有这样,我们才能更好地理解正在发生的事情("慢伦敦");"简单生活是一种经过检验的生活方式——在这种生活中,你自己已经决定了什么才是重要的"("简单生活网");"缓慢……描述了个体在创造过程中意识的提升状态和其结果的实际品质"("慢运动工作室")。"慢"的核心概念可以被描述为"存在的聚焦点":强化我们体验当前存在于这个世界的决心,而不是让生活的速度和流动把我们带走。但是这个想法将我们引向两个不同的方向。其中之一是,真正有价值的东西就是一种没有生成(becoming)、只有"纯粹存在"(sheer being)的体验:

> 悠闲的倒影(Rien faire comme une bête)映在水面上,平静地望着天空,"悠闲漫步、怡然自得,无须更多的解释和进一步的成就",可以取代过程、行动和满足……相较于永恒的平静,没有任何抽象概念更接近于充实的乌托邦。❶

---

❶ Theodor Adorno. Minima moralia: Reflections From Damaged Life [M]. London: Verso, 1978: 157.

# 第七章 减 速?

要体会阿多诺（Theodor Adorno）的消极幸福观，我们需要理解，他以辩证的方法提出这一论点来反对"生成哲学"（philosophies of becoming）。对阿多诺来说，现代文化中存在过度的生产力，马克思主义哲学人类学中被视为在创造性劳动中得以实现的人类潜能，在"压迫的整体性"中，变成了一种"不受约束的活动、不间断的生产、贪得无厌、疯狂喧闹的自由的概念"。❶ 对阿多诺来说，资本主义的现代性在生产和消费领域都建立了"作为盲目和愤怒活动的集体"——针对这一点，感官上的被动成为一种激进的手段。

阿多诺写于 1945 年的批判理论的严谨性仍然令人印象深刻。但随着即时性的到来，批判的对象也发生了变化。生产主义的意识形态已经衰落，消费实践受到永恒的、无处不在的快速交付的影响，变得更加轻便、缓和、轻松。因此，我们可能不得不设想一种对立的观点，即专注的焦点。这会涉及什么？一个例子可能是在消费满足感方面进行更多的自我审视，这可能会导致对系统更高水平的"满足需求"的刺激（第六章），但更普遍地说，这是一个体验道德能动性的问题，它是社会存在的核心。观察敏锐的"慢伦敦网站"一直强调这一点："更具有讽刺意味的是，在某种程度上，人们过快节奏生活的原因之一是因为懒惰。其他人都这样做，我为什么要与众不同呢？……缓慢就是一场运动。一种具有*保持平衡和从容不迫性*质的积极的运动（这里的强调是 slowlondon. com/whatisslow. php 加上的）。

---

❶ Theodor Adorno. Minima moralia: Reflections From Damaged Life [M]. London: Verso, 1978: 156.

保持平衡可能是"慢活动"中最常用的词语。通常它指的是在匆忙混乱的生活中找到平衡，让自己的情感和经验的"中心"得到定位。但是，这一概念不仅仅是精神和谐的模糊概念。由于它与积极存在的聚焦点相关，个人平衡意味着对实践和经验的反射性监督。也就是说，它取决于通过选择来决定什么是适当的，什么是足够的，什么是过量的，并通过实现这些目标，持续地控制一个人的生活。

这些都是独特的现代思想观念。这不关乎怀旧，也不关乎禁欲。与忍耐不同，平衡与安慰的哲学没有关联。平衡的生活意味着以反映现代性能量的方式把握我们周围的速度。从这个意义上来说，平衡具有各种各样吸引现代认同概念的内涵，例如，优雅的概念。优雅指的是在社交场合有风度、沉着和自信。它是一种积极的、动态的特征：随时准备行动或作出反应。在这样的联想中，培养与生活节奏相适应的平衡概念是与现代快速生活步调保持一致的要求。在加速的时代探索如何更好地生活，并为此提出"生活在不断加速的时代中"，看起来是一个充满希望的叙事。

也许它更有意义。通过实行自治、适当判断来控制一个人的生活方式，这种吸引人的概念与现代性制度中所蕴含的价值有着明显的关联。这些制度大体上是由机械的、现代性的理性话语逐渐形成的，在这种话语中，速度被认为是至关重要且具有生命力的（直接体验所有边缘锋利、嘈杂、野蛮、金属物质的特性），因此，在本质上具有危险性。这是开启加速和规范话题的重要概念。

我们讨论过的在即时性条件下生活中的许多特征已经成为例子，说明当代制度现代性已经失去了它的平衡感和比例感。

我们可以在快速资本主义的无目的性中观察到这一点；政府为应对环境威胁而陷入经济高增长政策的失败（可能是灾难性的）；但在战略和安全政策中，最引人注目的是，这些政策的回应时间越来越短，从而使审议和思考变得边缘化，且引发了先发制人的危险逻辑（第三章）。

这意味着现代运动的庞大力量和驱动力，特别是通过新科技呈现出来的力量和驱动力，已经超越了审议和监管的原则。而这一问题在现象学上更为严重，因为对于电子科技快速发展的应用已经"渗透"现代体制。我们如何调节那些我们没有完全掌握的事物？

在这种情景下，平衡、衡量和比例的观念对于现代性的治理至关重要。虽然不能保证这些价值观会在社会上盛行，但希望个人平衡的吸引力能在民主政治文化中产生共鸣。因此，在建立一个即时性的文化政治学的过程中，平衡的价值可能在于它为个人存在主义和政治领域之间提供了一个桥梁。

但这里的关键在于，把平衡作为控制的概念与减速的反应性政治学分隔开来。当务之急是在制度上执行现代性，而不是被它席卷而去。在某种意义上，"文化政治"的概念就建立在这一假设之上。正如德里达所说，"如果有谈判，我们便能假定减速、重新挂挡和加速的可能性"。如果某物有节奏，这是因为速度或加速度不均匀，因为有可能减速。[1]

减速并非均匀的，而是在一定的范围内进行干预，深思熟虑后踩下油门。这促使我们对最后一个论点进行讨论。协调也

---

[1] Jacques Derrida and Bernard Stiegler. Echographiesof Television [M]. Cambridge: Polity, 2002: 77.

必须应用于我们对加速度本身的批判性理解：在任何针对现代性节奏的干预中，速度的内在价值会一直存在。

### 三、结论：探索速度中的闪光点

当代知识分子中并没有太多人支持"加速"，但政治理论家威廉·康诺利（William Connolly）大力支持"加速"。在2002年出版的《神经政治学——思考、文化、速度》（Neuropolitics: Thinking, Culture, Speed）一书中，康诺利就当代加速发展所带来的文化政治优点，进行了新颖且具有说服力的辩护。这一大胆而微妙的分析包含很多宽泛的议题：在民主框架内重新评估尼采的重要思想；对具有康德式根源的普遍主义和当代世界主义政治立场的批评，对建设一个新颖的"深度多元主义"世界主义的设想方案。书中涵盖的内容广泛且具有重要意义。所以我要先道歉，因为根据自己论述的要点，我不得不在论述上浓缩一些要点。

"加速"是贯穿一切的主线，加速"是现代化晚期的一个恒定维度"，其本质上利弊相容，在探讨加速问题时既要了解加速对于社会的潜在威胁，也要明确它的好处。事实上，远不止这些。康诺利反对将经济减速与民主文化生活的必要条件联系起来，并提出一种截然相反的论述：更广泛形式的多元民主实际上依赖于快速的进程，并受到某些缓慢反应的威胁。

康诺利的论点贯穿全书的最后两章，他以对理论家谢尔顿·沃林（Sheldon Wolin, 1997）和保罗·维利里奥（Paul Virilio）作品的赏析为起点。这两位作家都强调速度会腐蚀民主审议。第三章探讨了维利里奥的立场。虽然沃林有着截然不同的论述风格，但他同样暗示了速度对政治的影响在不断深化，民主审议的发展会局部政治化,因此他极力主张减速。虽然康诺利在一定程度上与这两种立场达成一致(在某种程度上,他们都意识到了时间压缩天然具有的潜在危险和暴力),但他仍然反对减速的观点:

> 虽然加速确实存在一定的危险性,但它也为取得一定成就创造了可能,民主党和多元主义者重视这样的成就。因此,对我来说,问题的根本不是如何让世界慢下来,而是如何在这个抗拒与拥护并存的加速世界中,推进积极的多元主义精神。❶

那么,他认为加速的(潜在)优点是什么呢?答案有两个。人们可以在反对"慢文化"的某些恶性联想中发现优点。例如,康诺利认为,怀念"漫长的时间"具有一定的危险性,正如一些地方主义和社群主义的反对者所表达的那样,地方主义和社群主义不能与强大的社会力量相抗衡,这一力量是地方主义和社群主义的基础,尤其是快速资本主义:

> 这些推崇社群者的所作所为就像社区、家庭和教会等可以与资本、劳动力、旅游、时尚和传播相结合一样。这种选择性地对"速度"的敌视,实际上是通过传统选区主张道德权威的最终方式,将拥护者卷入一场丑陋的文化政

---

❶ William Connolly. Neuropolitics: Thinking, Culture, Speed [M]. Minneapolis: University of Minnesota Press, 2002: 143.

速度文化：即时性的到来

治战争，反对那些既缺乏制度权力又不敢挑战权威的人。❶

其结果是让"吉普赛人""犹太人""妇女""同性恋者""印第安人""妓女""福利自由主义者""黑人""无神论者"和"后现代主义者"成为替罪羊……"怨恨速度、拒绝挑战是制度最显著的来源，形成了一种文化谴责"。❷ 这种趋势最终形成的形式是"国家和宗教原教旨主义"，即利用媒体传播和种族灭绝的军事运动，回归到一个慢速发展与集中化的世界。"原教旨主义是当一个缓慢且集中化的世界还没有成熟之前，对这样的世界的渴望就会以基本教义派的形式出现"。❸

我们可以很容易地看到这种追求的危险。但是，我们为什么要以正面积极的态度拥抱速度，而反对减速过程中的负面倾向呢？康诺利提供了两种可能性。

第一种可能性来自他对尼采哲学中一些民主化主题的探索，是对存在的偶然性的一种"实验性的""即兴的"的态度。这种态度非常有必要，因为如果正如康诺利所主张的那样，时间既非线性渐进，也不是周期性渐进，而是由深刻的"裂口"和"分叉"构成，那么时间之流就会为我们带来各种意外和惊喜。因此：

明智的做法是把对惊喜和意外的期待融入我们的解释

---

❶ William Connolly. Neuropolitics: Thinking, Culture, Speed [M]. Minneapolis: University of Minnesota Press, 2002: 162.

❷ William Connolly. Neuropolitics: Thinking, Culture, Speed [M]. Minneapolis: University of Minnesota Press, 2002: 162.

❸ William Connolly. Neuropolitics: Thinking, Culture, Speed [M]. Minneapolis: University of Minnesota Press, 2002: 179.

## 第七章 减　速？

理论、解释方案、宗教身份、政治领土概念和伦理情感的结构之中。然后潜移默化地改造自己，克服对这些期望的不满。❶

现代生活节奏的加快，使我们更加意识到这种已经成为我们一部分的"时间裂缝"，迫使我们在日常生活中会时时刻刻遇到它带来的偶然性事件。因此，虽然速度会让人产生焦虑，但也会让我们养成一种积极、勇敢果断的性格。在日常生活中，我们常常会产生一种舒适的错觉，认为我们可以牢牢地抓住美好的过去、神圣的过去，或者一个展现在我们面前的未来。因此，它可以迫使我们在自己的内心找到合适的态度和生活技巧：抵制文化怨恨，体验我们所具有的各种信念和身份，并改变我们对世界的道德立场。总的来说，在道德上我们更加敏锐，加快了前进的步伐，因此，在面对文化他者具有挑战性的"世界观"时，我们也许会更加宽容。

第二种可能性是，速度可以成为产生文化—政治多元主义的催化剂。当速度打破了传统的文化确定性的假设时，它迫使我们关注其他的声音和想象，放弃任何想要垄断智慧的想法。因此，速度内在的偶像破坏性可以在深层的多元世界主义的优点中找到积极的方面。康诺利在对康德的世界主义和玛莎·努斯鲍姆（Martha Nussbaum，1996）的世界主义的精彩批判中提出了这一论点。康诺利将康德的世界主义视野从缓慢的文化节奏中抽离出来，也就是18世纪晚期的文化节奏。当时"钟表没

---

❶ William Connolly. Neuropolitics: Thinking, Culture, Speed [M]. Minneapolis: University of Minnesota Press, 2002: 145.

有秒针","一份报纸的印刷需要一周的准备时间，横渡大西洋需要几个月的时间"，借助这样的历史背景，人们可以了解现代全球化速度的发展过程。康诺利的回答是，这一点都行不通。康德身处的"同心"道德世界，最终使他在欧洲经验和基督教教义中找到了他所认为的世界主义，但在当代的全球视野下，这种道德根本无法解释：

> 当今，这种世界主义的具体术语不仅变得更具争议性，而且带有教条式的西方帝国主义的成分。在我看来，其中的关键是在于要求所有文化不管是含蓄的还是隐晦的，都必须用康德一样的方式来认同这种道德逻辑……一旦康德式的道德转变成为一个具有争议的信仰行为，就如同一个最鲜明的例子，在基督教的欧洲大陆国家以及殖民者在其他地方建立的殖民社会中产生争议一样。康德主义可以在世界主义的多元矩阵中提供一种崇高的道德信仰。但是，这种文化的特殊主义不能再假装自己就是世界主义的普遍内涵。❶

在康诺利看来，现代的速度把我们推向了一条完全不同的多元主义之路，使我们走向世界主义的道路。我希望自己能够完全同意这一点。但是，像其他许多人一样，尽管我认为有必要调和，但我仍然感到普遍主义和差异的主张之间的矛盾。但现在不适宜讨论这些问题，也没有时间。相反，我想通过探讨

---

❶ William Connolly. Neuropolitics: Thinking, Culture, Speed [M]. Minneapolis: University of Minnesota Press, 2002: 183 – 184.

## 第七章 减　速？

一个更接近我们整体关切的问题来得出我的结论。

问题在于，康诺利对速度普遍主义的"谨慎肯定"态度（总体而言，我觉得这种态度很有吸引力）如何与平衡即控制的"慢价值观"相协调，后者对我们具有同样的吸引力。在拒绝全面减速的同时，我们如何在个人存在和制度层面上保持审慎的时间和空间？或者从更广泛的意义上说，什么样的文化调节原则适用于加速？

在实际层面上，这个问题并不棘手。正如我们所知，速度是不均匀的，因此应该有可能在我们的文化制度实践之内构建缓慢地带，用于选择性的刹车形式。怀着这样的想法，康诺利建议，通过休假计划和增加中年教育机会的形式，提供"周期性逃离快节奏生活"的方式。"这样的退步让我们能够不时地重新审视那些以我们为中心的有选择性的假设和倾向，并重新激发我们的能量，重新进入激烈的竞争。"❶ 康诺利认为，这些是实际可行的好建议（既具有可行性，也具有想象性）。但康诺利意识到，这些提议本身并不充分。

因为还有一个更深层次的问题，我们在这一章中一直在讨论这个问题：这种周期性的个人思考究竟可以参考哪些美好而充实的生活故事？而且，在制度层面上，对这种美好生活的集体理解如何才能使文化或政治经济监管合法化？如果我们接受康诺利的分析，我们不能简单地尝试用速度的线性时间模式、它的掌控感和它对计划的信念，重新激活机械现代速度的旧的渐进式和可调控的叙事。这是一种怀旧的方式，就像泪眼蒙眬

---

❶ William Connolly. Neuropolitics：Thinking, Culture, Speed［M］. Minneapolis：University of Minnesota Press，2002：144.

地梦想回到"漫长而缓慢的时间"里。

因为我们所要面对的东西在康诺利的分析中并没有涉及,不仅是加速的情况,还有更广泛的即时性条件。对于后者康诺利虽然没有提供连贯的叙述,但仍然提供了许多提示、线索和启发。即时性的吸引力是强大的,因为它们确实提供了长期以来在现代性的文化想象中所承诺的舒适、便利和快乐。但从道德的角度来看,在这个快节奏、技术丰富、远程通信的世界里,需要挑战的是对轻松、无处不在和无休止的快速传输文化的假设和期望。即时性的内在自满需要被打破,因为它没有提供任何资源来回应现代存在的偶然性以及处理那些等在我们面前的惊奇。

从这个意义上说,即时性的理想主体就像信仰原教旨主义一样不具有道德能动性:被消费文化困于低水平的存在主义中,被锁定在以安全为导向、规避风险的情感之中,以维护这种状况下有限的感受力。这里似乎没有多少东西能让人们倾向于康诺利和我所推崇的那种反思式的世界主义。因此,康诺利在快速文化中发现的潜在道德活力,需要从即时性对速度的控制中释放出来。

我们都同意,这个问题很深刻,而且无法得到任何确定的答案。我的观点对于人类未来前进的贡献是相当有限和试探性的。借用康诺利的话来说,它将平衡存在的价值"融入"对加速的肯定态度。正如我之前积极主动地定义的那样,平衡是对生活的正面控制,符合康诺利的多元规范。它不是一种倒退或怀旧的"慢价值"。它并不意味着根据任何传统或固定的戒律进行自我审视或者自我控制。它不是在寻求生活模式,也不是试图达到内在和谐的稳定状态。"平衡即控制"并不代表逐渐

## 第七章 减速？

静止。恰好相反，它是一个面对偶发事件时不断自我再平衡的过程。

如果把这种平衡的原则应用到现代生活中，无论是对个人还是对社会制度而言，这种思想使得人们对"慢运动"的价值观和即时性的舒适假设感到不安。因此，问题在于如何将这种寻找存在的努力融入一个有吸引力的文化叙事中。坦率地说，为什么人们要选择这样做呢？正如科尼利厄斯·卡斯特利亚迪斯（Cornelius Castoriadis）曾经问过的那样，"人们真的愿意为了掌握自己的命运而这样做吗？他们是否有这种欲望，还是更喜欢打开冰箱或者看电视。"[1] 这是一个很难回答的问题，因为我们再也无法援引有关齐心协力朝向进步的古老的现代道德故事。

在我看来，希望不在于道德上的规劝，而在于揭示这种努力所带来的回报。这意味着挖掘那种半埋在即时性条件中的意义，即存在是一种生成的状态，既孕育着各种可能性，又脆弱而不稳定。如果把这种原始的情感放在文化叙事中，那么努力维持反馈循环和不断重新平衡我们生活的回报就会变得更加清晰。它是让我们体验到与我们快速变化的环境相适应的能力和敏感性，从而使我们在生活上更具灵活性、反应性和适应力。

机械速度叙事的承诺在于秩序和进步，即时性的吸引力则来自于稍纵即逝的舒适和满足。但面对当代加速发展带来的时间压缩而造成的偶然事件时，这两种方式都无法让生活的满足或安全得以实现。从速度中发现的优点完全不同：它，就是努力成为灵活和优雅的人生表演者，目标是平衡，回报是镇定。

---

[1] Castoriadis, Cornelius [A] //B. Bourne, U. Eichler, D. Herman. Voices: Modernity and its Discontents. Nottingham: Spokesman Books, 1987: 50.

# 参考文献

[1] Abrams, Rachel 2006: 'Are You Being Served?' *The Economist*: *Intelligent Life*, Summer 2006: 13 – 15.
[2] Ackroyd, Peter 1990: *Dickens*. London: QPD/Sinclair Stevenson.
[3] Adam, Barbara 1990: *Time and Social Theory*. Cambridge: Polity.
[4] Adam, Barbara 1998: *Timescapes of Modernity*. London: Routledge.
[5] Adorno, Theodor 1978: *Minima Moralia*: *Reflections from Damaged Life*. London: Verso.
[6] Agar, Jon 2003: *Constant Touch*: *A Global History of the Mobile Phone*. Cambridge: Icon Books.
[7] Agger, Ben 1989: *Fast Capitalism*. Urbana, IL: University of Illinois Press.
[8] Agger, Ben 2005: 'Editorial Introduction', *Fast Capitalism* (www.uta.edu/buma/agger/fastcapitalism/edintro.html).
[9] Albrow, M. 1997: *The Global Age*: *State and Society Beyond Modernity*. Cambridge: Polity.
[10] Alexander, Jeffrey 1990: 'Between Progress and Apocalypse: Social Theory and the Dream of Reason in the Twentieth Century', in Jeffrey Alexander and Piotr Sztompka (eds), *Rethinking Progress*. London: Unwin Hymand, pp. 15 – 38.
[11] Althusser, Louis 1971: *Lenin and Philosophy and Other Essays*. New York: Monthly Review Press.
[12] Ang, Tom 2005: 'Seeing the Big Picture', *Technology Guardian*, 24

November: 1.

[13] Apollonio, Umbro (ed.) 1973: *Futurist Manifestos*. London: Thames and Hudson.

[14] Appadurai, Arjun 1990: 'Disjuncture and Difference in the Global Cultural Economy', in Mike Featherstone (ed.), *Global Culture: Nationalism, Globalization and Modernity*. London: Sage, pp. 295 – 310.

[15] Appadurai, Arjun 1996: *Modernity at Large: Cultural Dimensions of Globalization*. Minneapolis: University of Minnesota Press.

[16] Armitage, John (ed.) 2000: *Paul Virilio: From Modernism to Hypermodernism and Beyond*. London: Sage.

[17] Armitage, John (ed.) 2001: *Virilio Live*. London: Sage.

[18] Auden, W. H. 1966: *Collected Shorter Poems 1927 – 1957*. London: Faber and Faber.

[19] Auge, Marc 1995: *Non – Places: Introduction to the Anthropology of Supermodemity*. London: Verso.

[20] Balint, Michael 1959: *Thrills and Regression*. New York: International Universities Press.

[21] Ballard, J. G. 1975: *Crash*. London: Panther.

[22] Bate, Jonathan 1991: *Romantic Ecology: Wordsworth and the Environmental Tradition*. London: Routledge.

[23] Baudelaire, Charles 1964: *The Painter of Modern Life and Other Essays*. London: Phaidon. (First published in 1863.)

[24] Bauman, Zygmunt 2000: *Liquid Modernity*. Cambridge: Polity.

[25] Bauman, Zygmunt 2002: 'A Postmodern Grid of the Worldmap? Interview with Milena Yakimova', *Eurozine Review*, 8 November (www.eurozine.com/articles/ 2002 – 11 – 08 – bauman).

[26] Bauman, Zygmunt 2003: *Liquid Love*. Cambridge: Polity.

[27] Bauman, Zygmunt 2005: *Liquid Life*. Cambridge: Polity.

[28] Bayley, Stephen1986: *Sex, Drink and Fast Cars*. London: Faber and Faber.

[29] *BBC Annual Report and Accounts*, 2005 – 2006. London: BBC Publishing.

[30] Beck, Ulrich 1992: *Risk Society: Towards a New Modernity*. London: Sage.

[31] Beck, Ulrich 1994: 'The Reinvention of Politics: Towards a Theory of Reflexive Modernization', in U. Beck, A. Giddens and S. Lash (eds), *Reflexive Modernization*. Cambridge: Polity, pp. 56 – 109.

[32] Beck, Ulrich 1999: *World Risk Society*. Cambridge: Polity.

[33] Beck, Ulrich and Beck – Gernsheim, Elisabeth 2002: *Individualization: Institutionalized Individualism and its Social and Political Consequences*. London: Sage.

[34] Beckman, Jorg 2004: 'Mobility and Safety', *Theory, Culture and Society*, 21 (4 – 5), 81 – 100.

[35] Benedikt, M. 1991: *Cyberspace*. Cambridge, MA: MIT Press.

[36] Benjamin, Walter 1979a: 'On Some Motifs in Baudelaire', in *Illuminations*. London: Fontana, pp. 156 – 202.

[37] Benjamin, Walter 1979b: 'The Work of Art in the Age of Mechanical Reproduction', in *Illuminations*. London: Fontana, pp. 219 – 53.

[38] Berker, Thomas, Hartmann, Maren, Punie, Yves and Ward, Katie, J. (eds) 2006: *Domestication of Media and Technology*. Maidenhead: Open University Press.

[39] Berman, Marshall 1983: *All that is Solid Melts into Air: The Experience of Modernity*, London: Verso.

[40] Bicknell, Peter (ed.) 1984: *The Illustrated Wordsworth's Guide to the Lakes*. London: Webb and Bower.

[41] Bijker, Wieber, E, and Law, John (eds) 1992: *Shaping Technolo-*

gy/Building Society: Studies in Socio - technical Change. Cambridge, MA: MIT Press.

[42] Black, Richard 2004: 'E - waste rules still being flouted' BBC News On - line (news. bbc. co. uk/1/hi/sci/tech/3549763. stm).

[43] Blakemore, Michael (ed.) 1990: *The Great Railway Show*. York: National Railway Museum.

[44] Braverman, Harry 1974: *Labor and Monopoly Capital: The Degradation of Work in the Twentieth Century*. New York: Monthly Review Press.

[45] Brennan, Teresa 2003: *Globalization and its Terrors: Daily Life in the West*. London: Routledge.

[46] Briggs, Asa and Burke, Peter 2002: *A Social History of the Media*. Cambridge: Polity.

[47] Brook, James and Boal, Iain A. (eds) 1995: *Resisting the Virtual Life*. San Francisco: City Lights.

[48] Brottman, Mikita (ed.) 2001: *Car Crash Culture*. New York: Palgrave.

[49] Callon, Michelle 1987: 'Society in the Making: The Study of Technology as a Tool for Sociological Analysis', in Wiebe E. Bijker, Thomas P. Hughes and Trevor J. Pinch (eds), *The Social Construction of Technological Systems*, Cambridge, MA: MIT Press, pp. 83 - 103.

[50] Carter, Ian 2001: *Railways and Culture in Britain: The Epitome of Modernity*. Manchester: Manchester University Press.

[51] Castells, M. 1996: *The Rise of The Network Society (The Information Age: Economy, Society and Culture; Volume I)*. Oxford: Blackwell.

[52] Castells, Manuel 1997: *The Power of Identity (The Information Age: Economy, Society and Culture: Volume II)*. Oxford: Blackwell.

[53] Castells, Manuel 2000: 'Information Technology and Global Capitalism', in Will Hutton and Anthony Giddens (eds), On *The Edge: Liv-*

ing with *Global Capitalism*. London: Jonathan Cape, pp. 52 – 75.

[54] Castells, Manuel 2001: *The Internet Galaxy*. Oxford: Oxford University Press.

[55] Castoriadis, Cornelius 1987a: *The Imaginary Constitution of Society*. Cambridge: Polity.

[56] Castoriadis, Cornelius 1987b: in B. Bourne, U. Eichler and D. Herman (eds), *Voices: Modernity and its* Discontents. Nottingham: Spokesman Books.

[57] Chun, Wendy Bui Kyong 2006: 'Introduction: Did Somebody Say New Media?', in Wendy Hui Kyong Chun and Thomas Keenan (eds), *New Media Old Media*. Abingdon: Routledge, pp, 1 – 10.

[58] Clapham, John H. 1950: *The Early Railway Age* 1820 – 1850. Cambridge: Cambridge University Press.

[59] Clark, Kenneth 1962: *The Gothic Revival*. Harmondsworth: Penguin.

[60] Clarkson, Jeremy 2004: *The World According to Clarkson*. London: Penguin.

[61] Connolly, William 2002: *Neuropolitics: Thinking, Culture, Speed*. Minneapolis: J University of Minnesota Press.

[62] Couldry, Nick 2003: 'Liveness, "Reality" and the Mediated Habitus from Television to the Mobile Phone'. Research paper: Department *of* Media and Communications, LSE.

[63] Crabtree, James, Nathan, Max and Roberts, Simon: 2003 *Mobile UK: Mobile Phones and Everyday Life*. London: The Work Foundation.

[64] Dant, Tim 2004: 'The Driver – car', *Theory, Culture and Society*, 21 (4 – 5): 61 – 80.

[65] Davies, William 2006: 'Digital Exuberance', *Institute for Public Policy Research* (www. ippr. org. uk/articles/? id = 1918).

[66] Davis, Jim, Hirschl, Thomas and Stack, Michael (eds) 1997: *Cut-*

ting Edge: Technology, Information, Capitalism and Social Revolution. London: Verso.

[67] Davis, John R. 1999: *The Great Exhibition*. Stroud: Sutton Publishing.

[68] Dayan, Daniel and Katz, Elihu 1992: *Media Events: The Live Broadcasting of History*. Cambridge, MA: Harvard University Press.

[69] Delanty, Gerard 1999: *Social Theory in a Changing World*. Cambridge: Polity.

[70] Der Derian, James (ed.) 1998: *The Virilio Reader*. Oxford: Blackwell.

[71] Der Derian, James 2000: 'The Conceptual Cosmology of Paul Virilio', in John Armitage (ed.), *Paul Virilio: From Modernism to Hypermodernism and Beyond*. London: Sage, 215 – 227.

[72] Derrida, Jacques and Stiegler, Bernard 2002: *Echographies of Television*. Cambridge: Polity.

[73] Dershowitz, Alan M. 2006: *Preemption: A Knife That Cuts Both Ways*. New York: Norton.

[74] Dickens, Charles 2002: *Dombey and Son*. London: Penguin. (First published 1848.)

[75] Disraeli, Benjamin 1900: *Tancred*. London: Longmans Green. (First published in 1847.)

[76] Dodson, Sean 2006: 'Show and Tell Online' *Technology Guardian*, 2 March 1 – 2.

[77] Donald, James 1997: This, Here, Now: Imagining the Modern City', in Sally Westwood and John Williams (eds), *Imagining Cities*. London: Routledge, 181 – 201.

[78] Dowling, Tim 2006: 'The Rise and Rise of Convenience Food', *The Guardian G*2, 19 May 6 – 9.

[79] Draut, Tamara et al. 2005: *The Plastic Safety Net: The Reality Behind*

*Debt in America*. Demos US/Centre for Responsible Lending.
［80］ Dreyfus, Hubert, L. 2001: *On the Internet*. London: Routledge.
［81］ Duff, Oliver 2006: 'Why Your MP3 Player is Already Out of Date', *The Independent*, 14 February: 16 – 17.
［82］ Duffy, Jonathan 2006: 'The MySpace Age', BBC *News Magazine*, 7 March (news. bbc. co. uk/l/hi/magazine/4782118. stm).
［83］ Durkheim, Emile 1951: *Suicide*. New York: The Free Press.
［84］ Eder, Klaus 1993: *The New Politics of Class: Social Movements and Cultural Dynamics in Advanced Societies*. London: Sage.
［85］ Elliott, Larry 2006: 'Even China Cannot Feed a Permanent Bull', *The Guardian*, 15 May: 29.
［86］ Ellul, Jacques 1964: *The Technological Society*. New York: Vintage Books.
［87］ Eriksen, Thomas Hylland 2001: *Tyranny of the Moment*. London: Pluto Press.
［88］ Featherstone, Mike 1991: *Consumer Culture and Postmodernism*. London: Sage.
［89］ Featherstone, Mike 2004: 'Automobilities: An Introduction', *Theory, Culture and Society*, 21 (4 – 5): 1 – 24.
［90］ Featherstone, Mike and Burrows, Roger (eds) 1995: 'Cyberspace/ Cyberbodies/ Cyberpunk', *Body and Society*, 1 (3 – 4).
［91］ Featherstone, Mike, Thrift, Nigel and Urry, John (eds) 2004: 'Special Issue on Automobilites', *Theory, Culture and Society* 21 (4 – 5).
［92］ Feuer, Jane 1983: 'The Concept of Live Television: Ontology as Ideology', in E. Ann Kaplan (ed. ) *Regarding Television*. Los Angeles: American Film Institute, pp. 12 – 22.
［93］ Feuilherade, Peter 2005: 'China "Ripe" for Media Explosion', BBC-*Monitoring*, 13 March.

[94] Forster, Edward Morgan 1954: "The Machine Stops", in *Collected Short Stories*. Harmondsworth: Penguin, pp. 109 – 146.

[95] Forster, Edward Morgan 1983: *Howards End*. Harmondsworth: Penguin. (First published in 1910.)

[96] Freeman, Michael 1999: *Railways and the Victorian Imagination*. New Haven and London: Yale University Press.

[97] Freud, Sigmund 1953: *Three Essays on the Theory of Sexuality*. London: The Hogarth.

[98] Press. Frisby, David 1985: *Fragments of Modernity*. Cambridge: Polity.

[99] Frisby, David 1991: *Sociobgical Impressionism*. London: Routledge.

[100] Frisby, David 2001: *Cityscapes of Modernity*. Cambridge: Polity.

[101] Frisby, David and Featherstone, Mike (eds) 1997: *Simmel on Culture*. London: Sage.

[102] Garfield, Simon 2002: *The Last Journey of William Huskisson*. London: Faber and Faber.

[103] Gibson, James J. 1979: *The Ecological Approach to Perception*. London: Houghton Mifflin.

[104] Giddens, Anthony 1972: *Politics and Sociology in the Thought of Max Weber*. London: Macmillan.

[105] Giddens, Anthony 1984: *The Constitution of Society*. Cambridge: Polity.

[106] Giddens, Anthony 1990: *The Consequences of Modernity*. Cambridge: Polity.

[107] Giddens, Anthony 1994: 'Living in a Post – traditional Society', in Ulrich Beck, Anthony Giddens and Scott Lash (eds), *Reflexive Modernization*. Cambridge: Polity, pp. 56 – 109.

[108] Gilloch, Graeme 1996: *Myth and Metropolis: Walter Benjamin and the City*. Cambridge: Polity.

[109] Gilmore, John 1997: *Live Fast, Die Young*. New York: Thunders Mouth

Press.

[110] Gissing, George 1953: *The Private Papers of Henry Ryecroft*. London: Phoenix House. (First published in 1903.)

[111] Gleick, James 1999: *Faster: The Acceleration of Just About Everything*. London: Little Brown.

[112] Gold, John R. 1997: *The Experience of Modernism: Modem Architects and the Future City*. London: E and FN Spon.

[113] Goldman, Robert, Papson, Stephen and Kersey, Noah 2005: 'Speed: Through, Across, and In The Landscapes of Modernity', *Fast Capitalism*, 1.1 (www.uta.edu/huma/agger/fastcapitalism/ll/gpk2.html).

[114] Goody, Jack 1997: 'Industrial Food: Towards the Development of a World Cuisine', in C. Counihan and P. van Esterik (eds), *Food and Culture*, London: Routledge, 338–56.

[115] Gorz, Andre 1989: *Critique of Economic Reason*. London: Verso.

[116] Gray, John 1999: *False Dawn: The Delusions of Global Capitalism*. London Granta.

[117] Green, Christopher 2006: 'The Machine', in Christopher Wilk (ed.), *Modernism 1914–1939: Designing a New World*. London: V&A Publications, pp. 71–111.

[118] Greene, Rachel 2004: *Internet Art*. London: Thames and Hudson.

[119] Grint, Keith and Woolgar, Steve 1997: *The Machine at Work: Technology, Work and Organization*. Cambridge: Polity.

[120] Gurney, Peter 2001: "An Appropriated Space: the Great Exhibition, the Crystal Palace and the Working Class", in Louise Purbeck (ed.), *The Great Exhibition of 1851: New Interdisciplinary Essays*. Manchester: Manchester University Press. 114–145.

[121] Hall, Peter 1996: *Cities of Tomorrow*. Oxford: Blackwell.

[122] Haraway, Donna 1991: *Simians, Cyborgs and Women: The Reinven-

*tion of Nature.* London: Free Association Books.

[123] Hardt, Michael and Negri, Antonio 2000: *Empire.* Cambridge, MA: Harvard University Press.

[124] Harvey, David 1989: *The Condition of Postmodernity.* Oxford: Blackwell.

[125] Harvey, David 1999: *The Limits to Capital.* London: Verso.

[126] Hassard, John (ed.) 1990: *The Sociology of Time.* London: Macmillan.

[127] Hayes, R. Dennis 1995: 'Digital Palsy: RSI and Restructuring Capital', in James Brook and Iain A. Boal (eds), *Resisting the Virtual Life.* San Francisco: City Lights, pp. 173 – 180.

[128] Held, David, McGrew, Tony, Goldblatt, David and Perraton, Jonathan (eds) 1999: *Global Transformations.* Cambridge: Polity.

[129] Hiro, Dilip 2004: *Secrets and Lies: Operation 'Iraq Freedom' and After.* New York: Nation Books.

[130] Hobsbawm, Eric 1999: *Industry and Empire: From 1870 to the Present Day.* London: Penguin.

[131] Hochschild, A. R. 1997: *The Time Bind: When Work Becomes Home and Home Becomes Work.* New York: Metropolitan Books.

[132] Holston, James 1989: *The Modernist City: An Anthropological Critique of Brasilia.* Chicago: University of Chicago Press.

[133] Honore, Carl 2004: *In Praise of Slow.* London: Orion Books.

[134] Howells, Richard 2003: *Visual Culture.* Cambridge: Polity.

[135] Hughes, Robert 1991: *The Shock of the New.* London: Thames and Hudson.

[136] Hutchby, Ian 2001: *Conversation and Technology: From the Telephone to the Internet.* Cambridge: Polity.

[137] Hutton, Will 2000: 'In Conversation with Anthony Giddens', in Will

Hutton and Anthony Giddens (eds), On *The Edge: Living with Global Capitalism*. London: Jonathan Cape, pp. 1 – 51.

[138] Hutton, Will and Giddens, Anthony (eds) 2000: On*The Edge: Living with Global Capitalism*. London: Jonathan Cape.

[139] Inglis, David 2004: 'Auto Couture: Thinking the Car in Post – war France', *Theory Culture and Society*, 21 (4 – 5): 197 – 220.

[140] Jacobs, Jane 1961: *Death and Life of Great Amercian Cities*. New York: Vintage.

[141] Jay, Martin 1993: *Downcast Eyes*. Berkeley: University of California Press.

[142] Jennings, Humphrey 1995: *Pandaemonium 1660 – 1886: The Coming of the Machine as seen by Contemporary Observers*. London: Macmillan.

[143] Jervis, John 1998: *Exploring the Modern*. Oxford: Blackwell.

[144] Jonsson, Bodil 2003: *Ten Thoughts about Time*. London: Constable and Robinson.

[145] Kaldor, Mary 1999: *New and Old Wars*. Cambridge: Polity.

[146] Katz, Jack 1999: 'Pissed Off in L. A. ', in *How Emotions Work*. Chicago: University of Chicago Press, pp. 18 – 86.

[147] Katz, James E. and Aakhus, Mark (eds) 2002: *Perpetual Contact*. Cambridge: Cambridge University Press.

[148] Kellner, Douglas 1992: *The Persian Gulf TV War*. Boulder, CO: Westview.

[149] Kellner, Douglas 2000: 'Virilio, War and Technology: Some Critical Reflections', in John Armitage (ed.), *Paul Virilio: From Modernism to Hypermodernism and Beyond*. London: Sage, pp. 103 – 125.

[150] Kern, Stephen 2003: *The Culture of Time and Space* 1880 – 1918. Cambridge, MA: Harvard University Press. (First published in 1983.)

[151] Kittler, Freidrich, A. 1999: *Gramophone, Film, Typewriter*. Stanford, CA: Stanford University Press.

[152] Knowles, L. C. A. (1921) *The Industrial and Commercial Revolutions in Great Britain during the Nineteenth Century*. London: Routledge and Kegan Paul.

[153] Knox, Paul L. 2005: 'Creating Ordinary Places: Slow Cities in a Fast World', *Journal of Urban Design*, 10 (1): 1 – 11.

[154] Kreitzman, Leon 1999: *The 24 Hour Society*. London: Profile Books.

[155] Kurzweil, Ray 2000: *The Age of Spiritual Machines*. New York: Penguin.

[156] Lasch, Christopher 1991: *The True and Only Heaven*. New York: Norton.

[157] Lash, Scott 2002: *Critique of Information*. London: Sage.

[158] Lash, Scott and Urry, John 1994: *Economies of Signs and Space*. London: Sage.

[159] Latour, Bruno 1992: 'Where are the Missing Masses? The Sociology of a Few Mundane Artefacts', in Wieber E. Bijker and John Law (eds), *Shaping Technology/Building Society: Studies in Socio – technical Change*. Cambridge, MA: MIT Press, pp. 225 – 258.

[160] Le Corbusier 1959: *Towards a New Architecture*. New York: Praeger. (First published in 1923.)

[161] Le Corbusier 1971: *The City of Tomorrow and its Planning*. London: The Architectural Press. Trans Frederick Etchells. (First published as *l'Urbanism* in 1924.)

[162] Lee, Chin – Chuan, Chan, Joseph Man, Pan, Zhongdang and Clement, Y. K. So 2002: *Global Media Spectacle*. Albany: State University of New York.

[163] Under, Staffan 1970: *The Harried Leisure Class*. New York: Columbia

University Press.

[164] Lipovetsky, Gilles 2005: *Hypermodern Times*. Cambridge: Polity.

[165] Livingstone, Sonia M. 2002: *Young People and New Media: Childhood and the Changing Media Environment*. London: Sage.

[166] Lodder, Christine 2006: 'Searching for Utopia', in Christopher Wilk (ed.), *Modernism 1914 – 1939: Designing a New World*. London: V&A Publications, pp. 23 – 69.

[167] Luke, Timothy and 6 Tuathail, Gearoid 1998: 'Global Flowmations, Local Fundamentalisms and Fast Geopolitics: "America" in an Accelerating World Order', in Andrew Herrod, Susan Roberts and Gearoid 0 Tuathail (eds), *An Unruly World: Globalization, Governance and Geography*. London: Routledge, pp. 72 – 94.

[168] Lupton, Deborah 1999: 'Monsters in Metal Cocoons: "Road Rage" and Cyborg Bodies', *Body and Society*, 5 (1): 57 – 72.

[169] Macnaughton, Phil and Urry, John 1998: *Contested Natures*. London: Sage.

[170] Maenpaa, Pasi 2001: 'Mobile Communication as a Way of Urban Life', in Jukka Gronow and Alan Warde (eds), *Ordinary Consumption*. London: Routledge, pp. 107 – 123.

[171] Maffesoli, Michel 1996: *The Time of the Tribes*. London: Sage.

[172] Manning, Robert, D. 2000: *Credit Card Nation*. New York: Basic Books.

[173] Marcuse, Herbert 1964: *One Dimensional Man*. London: Abacus.

[174] Marinetti, Filippo Tommasso 1973a: "The Founding and Manifesto of Futurism", in Umbro Apollonio (ed.), *Futurist Manifestos*. London: Thames and Hudson, pp. 19 – 24. (First published in 1909.)

[175] Marinetti, Filippo Tommasso 1973b: 'Geometric and Mechanical Splendour and the Numerical Sensibility', in Umbro Apollonio (ed.),

*Futurist Manifestos.* London: Thames and Hudson, pp. 154 – 9. (First published in 1914.)

[176] Marx, Karl 1963: *Selected Writings in Sociology and Social Philosophy.* Harmondsworth: Penguin.

[177] Marx, Karl 1973: *Grundrisse.* London: Penguin.

[178] Marx, Karl 1976: *Capital, Volume One.* Harmondsworth: Penguin.

[179] Marx, Karl 1978: *Capital, Volume Two.* Harmondsworth: Penguin.

[180] Marx Karl and Engels, Friedrich 1969: 'Manifesto of the Communist Party', in Lewis S. Feuer (ed.), *Marx and Engels: Basic Writings on Politics and Philosophy.* London: Fontana, pp. 43 – 82.

[181] McChesney, Robert W, Wood, Ellen Meiksins, Foster, John Bellamy (eds) 1998: *Capitalism and the Information Age: The Political Economy of the Global Communication Revolution.* New York: Monthly Review Press.

[182] McCreery, Sandy 2002: 'Come Together', in Peter Wollen and Joe Kerr (eds), *Autopia: Cars and Culture.* London: Reaktion Books, pp. 307 – 311.

[183] McCurry, Justin 2006: 'Handset Brings the Mall to You in Japan's M – Shopping Craze', *The Guardian*, 13 February: p. 28.

[184] McKay, George 1996: *Senseless Acts of Beauty: Cultures of Resistance since the 1960s.* London: Verso.

[185] Mcleod, M. 1983: ' "Architecture of Revolution": Taylorism, Technocracy and Social Change' *Art Journal*, 43 (2): 132 – 147.

[186] McLuhan, Marshall 1964: *Understanding Media. : The Extensions of Man.* London: Routledge and Kegan Paul.

[187] McPherson, Tara 2006: 'Reload: Liveness, Mobility and the Web', in Wendy Hui Kyong Chun and Thomas Keenan (eds), *New Media Old Media.* Abingdon: Routledge, pp. 199 – 208.

[188] McQuire, Scott: 1998: *Visions of Modernity.* London: Sage.

[189] Melucci, Alberto 1989: *Nomads of the Present: Social Movements and Individual Needs in Contemporary Society.* London: Hutchinson Radius.

[190] Merleau‐Ponty, Maurice 1979: *Phenomenology of Perception.* London: Routledge and Kegan Paul.

[191] Meyrowitz, Joshua 1985: *No Sense of Place: The Impact of Electronic Media on Social Behavior*, New York: Oxford University Press.

[192] Millar, Jeremy and Schwarz, Michiel 1998: 'Introduction: Speed is a Vehicle' in Jeremy Millar and Michiel Schwarz (eds), *Speed – Visions of an Accelerated Age* London: The Photographers Gallery/The Whitechapel Art Gallery, pp. 16 – 23.

[193] Millar, S. 2001: 'Internet "Could Damage Children's Ability to Learn"' *The Guardian*, October 12: 6.

[194] Miller, Daniel (ed.) 2001 *Car Cultures.* Oxford: Berg.

[195] Miller, Daniel, Jackson, Peter, Thrift, Nigel, Holbrook, Beverley and Rowlands Michael 1998: *Shopping, Place and Identity.* London: Routledge.

[196] Mirzoeff, Nicholas 2002: *The Visual Culture Reader.* London: Routledge.

[197] Moores, Shaun 1996: *Satellite Television and Everyday Life.* Luton: University of Luton Press.

[198] Morgan, Bryan (ed.) 1963: *The Railway Lover's Companion.* London: Eyre and Spottiswoode.

[199] Morley, David 2000: *Home Territories: Media, Mobility and Identity.* London: Routledge.

[200] Morley, David and Robins, Kevin 1995: *Spaces of Identity: Global Media, Electronic Landscapes and Cultural Boundaries.* London: Routledge.

[201] Morrison, Ken 1995: *Marx, Durkheim, Weber: Formations of Modern Social Thought*. London: Sage.

[202] Mumford, Lewis 1946: *Technics and Civilization*. London: George Routledge and Sons.

[203] Musil, Robert 1995: *The Man Without Qualities*. Trans. Sophie Wilkins and Burton Pike. London: Picador.

[204] Neill, Monty 1995: 'Computers, Think ing, and Schools in the "New World Economic Order"', in James Brook and Iain A. Boal (eds), *Resisting the Virtual Life*. San Francisco: City Lights, pp. 181–194.

[205] Nisbet, Robert 1980: *History of the Idea of Progress*. London: Heinemann.

[206] Nussbaum, Martha 1996: *For Love of Country: Debating the Limits Of Patriotism*. Boston: Beacon.

[207] Paquot, Thierry 2003: *The Art of the Siesta*. London: Marion Boyars.

[208] Parkin, Frank 1982: *Max Weber*. London: Tavistock.

[209] Perkin, Harold 1970: *The Age of the Railway*. London: Panther.

[210] Perloff, Marjorie 2003: *The Futurist Moment*. Chicago, IL: University of Chicago Press.

[211] Peters, John Durham 1999: *Speaking into the Air: A History of the Idea of Communication*. Chicago: University of Chicago Press.

[212] Poster, Mark 1995: *The Second Media Age*. Cambridge: Polity. Proust, Marcel 1981: *Remembrance of Things Past*, Vol 2. *The Guermantes Way*. Trans.

[213] C. K. Scott Moncrieff and T. Martin. London: Chatto and Windus. Pryke, Michael and Allen, John 2000: 'Monetized time–space: derivatives – money's "new imaginary"', *Economy and Society*, 29 (2): 264–284.

[214] Radford, T. 2000: 'Robotic Future Rushes Towards Us', *The Guardi-*

an, 1 May: 5.

[215] Rai, Milan 2002: *War Plan Iraq*. London: Verso.

[216] Rheingold, Howard 1994: *The Virtual Community*. London: Minerva.

[217] Rifkin, Jeremy 1987: *Time Wars: The Primary Conflict in Human History*. New York: Henry Holt and Company.

[218] Rippin, Hannah 2005: 'The Mobile Phone in Everyday Life', *Fast Capitalism*, 1.1 (www.ute.edu/huma/agger/fastcapitakim/1_1/rippin.htm).

[219] Ritzer, George 1995: Expressing America: A Critique of the Global Credit Card Society. Thousand Oaks, CA: Pine Forge Press.

[220] Ritzer, George 2000: *The McDonaldization of Society*. Thousand Oaks, CA: Pine Forge.

[221] Ritzer, George 2001: *Explorations in the Sociology of Consumption: Fast Food, Credit Cards and Casinos*. London: Sage.

[222] Ritzer, George 2002: 'Revolutionizing the World of Consumption', *Journal of Consumer Culture*, 2 (1): 103 – 118.

[223] Robbins, Michael 1962: *The Railway Age in Britain and its Impact on the World*. London: Routledge and Kegan Paul.

[224] Robertson, Roland 1992: *Globalization: Social Theory and Global Culture*. London: Sage.

[225] Rojek, Chris 1987: *Capitalism and Leisure Theory*. London: Tavistock.

[226] Rojek, Chris 2000: *Leisure and Culture*. London: Macmillan.

[227] Rojek, Chris 2001: *Celebrity*. London: Reaktion Books.

[228] Rojek, Chris 2004: 'The Consumerist Syndrome in Contemporary Society: An Interview with Zygmunt Bauman', *Journal of Consumer Culture*, 4 (3): 291 – 312.

[229] Ronson, Jon 2006: 'Cold Sweat', *The Guardian Weekend*, 28 January: 20 – 26.

[230] Ross, Kristin 1995: *Fast Cars, Clean Bodies.* Cambridge, MA: The MIT Press.

[231] Royle, Tony 2000: *Working for McDonald's in Europe.* London: Routledge.

[232] Russell, Bertrand 1967: *In Praise of Idleness and other Essays.* London: Unwin Books. (First published in 1935.)

[233] Saatchi, Maurice 2006: "The Strange Death of Modern Advertising", *Financial Times*, 22 June.

[234] Schiller, Dan 1999: *Digital Capitalism.* Cambridge, MA: The MIT Press.

[235] Schivelbusch, Wolfgang 1980: *The Railway Journey: Trains and Travel in the Nineteenth Century.* Oxford: Basil Blackwell.

[236] Schlosser, Eric 2002: *Fast Food Nation.* New York: Penguin.

[237] Schor, Juliet 1992: *The Overworked American: The Unexpected Decline of Leisure.* New York: Basic Books.

[238] Seager, Ashley 2006: 'Debt Problem Soars as 1m Face Threat of Bankruptcy', *The Guardian*, 22 May: 30.

[239] Sennett, Richard 1998: *The Corrosion of Character.* New York: W. W. Norton.

[240] Sennett, Richard 2000: 'Street and Office: Two Sources of Identity', in Will Hutton and Anthony Giddens (eds), On *The Edge: Living with Global Capitalism.* London: Jonathan Cape, pp. 175 – 190.

[241] Sennett, Richard 2006: *The Culture of the New Capitalism.* New Haven: Yale University Press.

[242] Setright, LJ. K. 2002: *Drive On!: A Social History of the Motor Car.* London: Granta.

[243] Sheller, Mimi 2004: 'Automotive Reactions: Feeling the Car', *Theory, Culture and Society*, 21 (4 – 5): 221 – 242.

[244] Shepard, Benjamin and Hayduk, Ronald (eds) 2002: *From ACT UP to the WTO: Urban Protest and Community Building in the Era of Globalization*. London: Verso.

[245] Shields, Rob 1997: 'Flow as a New Paradigm', *Space and Culture*, 1: 1–4.

[246] Shove, Elizabeth 2003: *Comfort, Cleanliness and Convenience: The Social Organization of Normality*. Oxford: Berg.

[247] Sillitoe, Alan 1973: *Saturday Night and Sunday Morning*. London: W. H. Allen.

[248] Silverstone, Roger and Hirsch, Eric 1992 (eds): *Consuming Technologies: Media and Information in Domestic Spaces*. London: Routledge.

[249] Simmel, Georg 1978: *The Philosophy of Money*. Trans. Tom Bottomore and David Frisby. London: Routledge and Kegan Paul. (First published in 1900.)

[250] Simmel, Georg 1997a: 'The Philosophy of Fashion'. Trans. Mark Ritter and David Frisby, in David Frisby and Mike Featherstone (eds), *Simmel on Culture*. London: Sage, pp. 187–205. (First published in 1905.)

[251] Simmel, Georg 1997b: "The Metropolis and Mental Life". Trans. Hans Gerth, in David Frisby and Mike Featherstone (eds), *Simmel on Culture*. London: Sage, pp. 174–185. (First published in 1903.)

[252] Simmons, Jack 1968: *The Railways of Britain: An Historical Introduction*. London: Macmillan.

[253] Simmons, Jack and Biddle, Gordon (eds) 1997: *The Oxford Companion to British Railway History*. Oxford: Oxford University Press.

[254] Slater, Don 1997: *Consumer Culture and Modernity*. Cambridge: Polity.

[255] Smart, Barry 2003: *Economy, Culture and Society: A Sociological Critique of Neo-Liberalism*. Buckingham: Open University Press.

[256] Soros, George 1998: *The Crisis of Global Capitalism*. London: Little, Brown.

[257] Spigel, Lynn 1992: *Make Room for TV: Television and the Family Ideal in Postwar America*. Chicago: University of Chicago Press.

[258] Spufford, Francis and Uglow, Jenny (eds) 1996: *Cultural Babbage: Technology, Time and Invention*. London: Faber and Faber.

[259] Stallybrass, Oliver 1983: 'Editor's Introduction' to *Howards End*. Harmondsworth: Penguin, pp. 7 – 17.

[260] Standage, Tom 1999: *The Victorian Internet*. London: Phoenix.

[261] Strange, Susan 1996: *The Retreat of the State: The Diffusion of Power in the World Economy*. Cambridge: Cambridge University Press.

[262] Sun, Tzu 1998: *The Art of War*. Trans. Yuan Shibing. Ware: Wordsworth Editions.

[263] Sztompka, Piotr 1993: 'Vicissitudes of the Idea of Progress' in *The Sociology of Social Change*. Oxford: Blackwell, pp. 24 – 40.

[264] Taylor, Frederick Winslow 1967: *The Principles of Scientific Management*. New York: W. W. Norton. (First published in 1911.)

[265] Therborn, Goren 1995: *European Modernity and Beyond*. London: Sage.

[266] Thompson, Edward, P. 1991: 'Time, Work Discipline and Industrial Capitalism', in *Customs in Common*. London: The Merlin Press, pp. 352 – 403.

[267] Thompson, John B. 1995: *The Media and Modernity*. Cambridge: Polity.

[268] Thrift, Nigel 1997: 'The Rise of Soft Capitalism', *Cultural Values*, 1: 29 – 57.

[269] Thrift, Nigel 2005: *Knowing Capitalism*. London: Sage.

[270] Tilly, Charles 2002: *Stories, Identities, and Political Change*. Oxford: Rowman and Littlefield.

[271] Tisdall, Caroline and Bozzolla, Angelo 1977: *Futurism*. London: Thames

and Hudson.
[272] Toffler, Alvin 1971: *Future Shock*. London: Pan.
[273] Tomlinson, John 1991: *Cultural Imperialism*. London: Cassell.
[274] Tomlinson, John 1999: *Globalization and Culture*. Cambridge: Polity.
[275] Tomlinson, John 2001: 'Proximity Polities', in Frank Webster (ed.), *Culture and Politics in the Information Age*. London: Routledge, pp. 52 – 62.
[276] Tomlinson, John 2002: 'Interests and Identities in Cosmopolitan Polities', in Steve Vertovek and Robin Cohen (eds), *Conceiving Cosmopolitanism*. Oxford: Oxford University Press, pp. 240 – 253.
[277] Touraine, Alain 1965: *Sociohgie de Vaction*. Paris: Seuil.
[278] Touraine, Alain 1978: *The Voice and the Eye: The Analysis of Social Movements*. Cambridge: Cambridge University Press.
[279] Tuan, Yi – Fu 1996: *Cosmos and Hearth: A Cosmopolite's Viewpoint*. Minneapolis: University of Minnesota Press.
[280] Twist, Jo 2005: 'Gadget Growth Fuels Eco Concerns', *BBC News Online* (news.bbc.co.uk/go/pr/fr/71/hi/technology/4183969.stm).
[281] Uhlig, Robert 2003: 'Almost All Teenagers Now Own a Mobile Phone', *The Daily Telegraph*, 27 November: 11.
[282] Urry, John 2000: *Sociology Beyond Societies: Mobilities for the Twenty – first Century*. London: Routledge.
[283] Urry, John 2003: *Global Complexity*, Cambridge: Polity.
[284] van Dijk, Jan 2005: *The Deepening Divide: Inequality in the Information Society*. London: Sage.
[285] Virilio, Paul 1986: *Speed and Politics*. New York: Semiotext (e).
[286] Virilio, Paul 1997: Open*Sky*. London: Verso.
[287] Virilio, Paul 2000a: *Strategy of Deception*. London: Verso.
[288] Virilio, Paul 2000b: *Polar Inertia*. London: Sage.

[289] Virilio, Paul 2000c: 'From Modernism to Hypermodernism and Beyond' (interview with John Armitage) in John Armitage (ed.), *Paul Virilio: From Modernism to Hypermodernism and Beyond*. London: Sage, pp. 25 – 56.

[290] Virilio, Paul 2001a: *Desert Screen: War at the Speed of Light*. London: The Athlone Press.

[291] Virilio, Paul 2001b: 'Perception, Politics and the Individual' (interview with Neils Brugger) in John Armitage (ed.), *Virilio Live: Selected Interviews*. London: Sage, pp. 82 – 96.

[292] Walzer, Michael 1994: *Thick and Thin: Moral Argument at Home and Abroad*. Notre Dame, IN: University of Notre Dame Press.

[293] Ward, Mark 2006: 'Searching for the Net's Big Thing', BBC *News On – line* (news.bbc.co.uk/1/hi/technology/4780648.stm).

[294] Ward, Mark 2006: 'Teen Craze over Networking Sites', BBC *New On – line*, 23 March (news.bbc.co.uk/1/hi/technology/4826218.stm).

[295] Warde, Alan 1997: *Consumption, Food and Taste*. London: Sage.

[296] Warde, Alan 2002: 'Setting the Scene: Changing Conceptions of Consumption', in Steven Miles, Alison Anderson and Kevin Meethan (eds), *The Changing Consumer: Markets and Meanings*. London: Routledge, pp. 10 – 24.

[297] Weber, Max 1970: 'The Social Psychology of the World Religions', in HJi. Gerth and C. Wright Mills (eds), *From Max Weber*. London: Routledge and Kegan Paul, pp. 267 – 301.

[298] Weber, Max 1978: *Economy and Society* (Vols 1 and 2). Guenther Roth and Claus Wittich (eds). Berkeley: University of California Press.

[299] Webster, Ben 2005: 'March of Speed Cameras Halted', *The Times*, 5 November. (www.timesonline.co.uk/article/0, 1858368, 00).

[300] Wells, H. G. 1924: *Ann Veronica*. London: T. Fisher Unwin Ltd.

[301] Wells, H. G. 1980a: 'Preface' in *The Time Machine and Other Stories*, London: Book Club Associates, pp. 15 – 17. (First published in 1933.)

[302] Wells, H. G. 1980b: 'In the Days of the Comet' in *The Time Machine and Other Stories*, London: Book Club Associates, pp. 551 – 709. (First published in 1906.)

[303] Williams, Raymond 1963: *Culture and Society* 1780 – 1950. Harmondsworth: Penguin.

[304] Williams, Raymond 1977: *Marxism and Literature*. Oxford: Oxford University Press.

[305] Williams, Raymond 1981: *Culture*. London: Fontana.

[306] Williams, Raymond 1983: 'Culture and Technology', in *Towards 2000*. London: Chatto and Windus, pp. 128 – 152.

[307] Williams, Raymond 1989: *Resources of Hope: Culture, Democracy, Socialism*. London: Verso.

[308] Williams, Raymond 1989: 'Problems of the Coming Period' in *Resources of Hope: Culture, Democracy, Socialism*. London: Verso, pp. 161 – 174. (First published in 1983.)

[309] Wilson, A. N. 2002: *The Victorians*. London: Hutchinson.

[310] Winston, Brian 1998: *Media Technology and Society: A History from the Telegraph to the Internet*. London: Routledge.

[311] Wolin, Richard 1982: *Waiter Benjamin: An Aesthetic of Redemption*. New York: Columbia University Press.

[312] Wolin, Sheldon 1997: 'What Time Is it?', *Theory and Event*, 1 (1).

[313] Wollen, Peter 1998: 'The Crowd Roars – Suspense and the Cinema', in Jeremy Miller and Michiel Schwarz (eds), *Speed – Visions of an Ac-*

*celerated Age.* London: The Photographers Gallery/The Whitechapel Art Gallery, pp. 77 – 86.

[314] Wollen, Peter 2002: 'Cars and Culture', in Peter Wollen and Joe Kerr (eds), *Autopia: Cars and Culture.* London: Reaktion Books, pp. 10 – 20.

[315] Wollen, Peter and Kerr, Joe (eds) 2002: *Autopia: Cars and Culture.* London: Reaktion Books.

[316] Wordsworth, William (1844) 'Kendal and Windermere Railway: Two Letters to the Morning Post', in Peter Bicknell (ed.), *The Illustrated Wordsworth's Guide to the Lakes.* London: Webb and Bower.

# 英文版索引

Aakhus. Mark 103

Abrams, Rachel 145n. 13

abstention 150 – 151

acceleration 1, 6, 7, 11, 23, 25, 26, 32, 39, 63, 67, 73, 74, 78, 86, 88, 124, 140, 154 – 155, 156

Ackroyd, Peter 15

Actor Network Theory 11

Adam, Barbara 13n. 2

Adams, John 94

Adorno, Theodor 15 2 – 3

advertising 31, 103, 120, 121n. 6, 129

affordances 132, 143n. 7

Agar, Jon 103

Agger, Ben 81

Albrow, Martin 92n. 5

Alexander, Jeffrey 41 n. 18

Allen, John 82

Althusser, Louis 137

*American Nervousness; Its Causes and Consequences* 36

Ang, Tom 132

annihilation of space by time 17

anticipation 83, 133

*Apocalypse Now* 56

Apollonio, Umbro 45, 68n. 1

Appadurai, Arjun 75, 145n. 21

appropriation 80, 125, 128, 137

Annitage, John 69n. 20

*The Art of War* 57

Auden, W. H. 19

Auge, Marc 135

automaton 83

Babbage, Charles 16, 40n. 5

balance 153, 154, 158

balance – as – control 152 – 154

Balint, Michael 49

Balla, Giacomo 45

Ballard, J. G. 69n. 15

bargain with capitalism 86 – 87

bargain with modernity 22

'Basel Convention on the Transboundary Movements of Hazardous Wastes

and their Disposal' 141
Bate, Jonathan 23
Baudelaire, Charles 36, 92n. 3
Bauman, Zygmunt 75, 76, 77, 78, 79, 80, 91, 92, 104, 126, 127, 128, 129, 138, 141
Baumeister, Willi 51
Bayley, Stephen 50
BBC *Annual Report and Accounts* 122n. 12
Beard, George M. 36
Beck, Ulrich 66, 68n. 6, 142, 143n. 6
Beck – Gernsheim, Elisabeth 143n. 6
Beckman, Jorg 70n. 29
Benedikt, M. 103
Benjamin, Walter 40n. 10, 43n. 33, 56, 63 – 64, 68n. 8, 122n. 13, 123n. 20
Berker, Thomas 95 Berman, Marshall 32 – 33, 76, 79
Bicknell, Peter 24, 42nn. 21, 22
Biddle, Gordon 40n. 4
Bijker, Wieber E. 11
Black, Richard 141
Blair, Tony 23
Blakemore, Michael 41n. 12
blase attitude 37, 133, 139
*Bleak House* 19
Boccioni, Umberto 45, 57

Bogart, Humphrey 53
Bozzolla, Angelo 45, 46, 57, 68n. 2, 69n. 12
brain chemistry and modem speed 48
Braverman, Harry 28, 29, 30
Brennan, Teresa 42n. 23, 83, 84, 85, 88, 89, 142
Briggs, Asa 121n. 3
British Trades Union Congress 27
Britten, Benjamin 19
Brottman, Miktta 53
bureaucracy 6
Burke, Peter 121n. 3
Burrows, Roger 51
*Cache* (Michael Haneke) 101
Callon, Michelle 11
Campbell, Donald 54 – 55
Campbell, Malcolm 54 – 55
*Capital* 5, 25, 136
capitalism 5 – 6, 25 – 26, 28, 31 – 32, 79, 148
capitalist market economy 82
Carter, Ian 15, 40n. 4, 122n. 17
cashback facilities 136
Castells, Manuel 8, 75, 82, 83, 121n. 1, 122n. 8, 147 – 148
Castoriadis, Cornelius 89, 159
Chan, Joseph Man 100

285

change, ideology of 22, 85
Chaplin, Charlie 28, 42n. 24
Charles (Prince of Wales) 1
cheques 134, 135
China 17, 22, 121n. 1, 141
Chun, Wendy Hui Kyong 121n. 4
*CittaSlow*movement 146, 147
see also slow cities movement city see metropolis
Clapham, John H. 40n. 4
Clark, Kenneth 104
Clarkson, Jeremy 48, 66, 68n. 5, 70n. 32
Clement, Y. K. So 100
'closure of the gap' 74, 90, 91, 120
Cold War 58, 59
communications technologies 58, 75, 80, 94, 103, 105, 106
see also keyboards; keypad; mobile phone technology; screens
*The Communist Manifesto* 6, 14, 75 – 76
Connolly, William 154, 155, 156, 157, 158
conquest of space 78
consumer expectation low horizons in 137 – 140

consumer immediacy, concerted incitements to 128 – 137
market for convenience 130 – 131
media technologies, as impatient and immoderate 131 – 133
spending, new technologies 133 – 137
consumerism 89, 126, 128, 138, 140, 141
consumerist syndrome 126, 127
consumption 88 – 89, 111, 129, 131, 132, 138 – 139, 142, 144n. 10
importance 138
sphere, immediacy in 125 – 128
in teletechnologies 117 – 120
contemporary consumerism 127, 136
criticism 142
see also consumerism
contrivance of redundancy 139 – 140
convenience goods 130 – 131
Corn Laws (1815) 25 – 26
cosmopolitanism 157
Couldry, Nick 99
Crabtree, James 103
credit card 134, 135 – 136, 141, 145n. 14
cultural imagination 19, 91
cultural modernity 8, 149

cultural – political pluralism 156
cultural politics 154
cultural significance 1
cultural values 3, 5, 149
cyborg culture 50 – 52
cynicism 20, 54, 129, 139
*The Daily News* 15
Dant, Tim 51, 52, 69n. 11
Davies, William 129
Davis, Jim 82
Davis, John R. 40n. 9
Dayan, Daniel 100
Dean, James 53
debit card 134, 135 – 136, 145n. 14
deceleration 146
and democratic cultural life, connection 155 – 159
slow movement, significance of 146 – 149
slow values 149 – 154
Delanty, Gerard 41 n. 15
deliberate slow working 29
delivery 111, 124
concerted incitements, to consumer immediacy 128 – 137
market for convenience 130 – 131
media technologies, impatient and immoderate 131 – 133

spending, new technologies of 133 – 137
critique 140 – 142
immediacy, in consumption sphere 125 – 128
low horizons, in consumer expectation 137 – 140
Der Derian, James 69nn. 20, 21
deregulation 86, 141
Derrida, Jacques 92n. 4, 100, 154
Dershowitz, Alan M. 63, 70n. 24
*Desert Screen: War at the Speed of Light* 59
'Destruction of Syntax—Imagination without Strings—Words – in – Freedom' (Marinetti) 46
Dickens, Charles 14, 15, 19
Disraeli, Benjamin 151
Dodson, Sean 120
*Dombey and Son* 14
Donald, James 33
Dowling, Tim 14 3 n. 5
'downshifting' 150
Draut, Tamara 141
Dreyfus, Hubert L. 114 – 115, 116, 123n. 25
'driver – car' concept 51, 52
Duchamp, Marcel 51

Duff, Oliver 144n. 8
Duffy, Jonathan 120, 121
Durkheim, Emile 5, 128 – 129
dynamic money economy 7
dynamism 23, 158
*Economic and Philosophical Manuscripts* 136
*Economy and Society* 6
Eder, Klaus 147
electronic media 98, 99, 105, 122n. 11
electronic purchase
*see* credit card; debit card Elliott, Larry 140
Ellul, Jacques 41 n. 17
Emerson, Ralph Waldo 21
Engels, Friedrich 6, 14, 75 – 76
eotechnology 16
Eriksen, Thomas Hylland 13n. 2
European Union 27
'E – waste' 141
existential focus 152, 153
Fascism 45, 63
fashion 7
fast capitalism 81 – 89, 111, 118, 120, 138, 142, 155
*Fast Capitalism* 81
fast – short life 53 – 55
Featherstone, Mike 51, 65, 66, 70n. 29, 143n. 2
Ferrari, Enzo 50
Feuer, Jane 99
Feuilherade, Peter 121 n. 1
First World War 44
fluidity 75 – 76, 92n. 2
fluid modernity 80, 91, 103
Forster, Edward Morgan 112, 113, 114, 115, 116, 123n. 24
Foster, John Bellamy 122n. 8
Freeman, Michael 17, 24, 25, 39 – 40n. 3, 40nn. 4, 6, 41n. 20, 104, 122n. 17
Freud, Sigmund 49, 68n. 7
Frisby, David 7, 34, 37, 40n. 10, 42n. 29, 92n. 3
frugal simplicity 150
fundamentalism 156
*The Future of Success* 129
*Future Shock* 8
Futurism 45, 46 – 47, 68n. 1
Futurist 8
modern speed, celebration of 47
movement 44
*Futurist Manifesto AA*, 56, 112
Garfield, Simon 40n. 4
Gibson, James J. 143n. 7
Giddens, Anthony 8, 13n. 2, 38,

52, 58, 68n.6, 69n.18, 82, 93nn.7, 8, 134
Gilloch, Graeme 36
Gilmore, John 53
Gissing, George 42n.23
glacial time 2
Gladstone, William 23
Gleick, James 13n.2
global fluids 76
globalization 8, 46, 83, 148
globalized capitalism, Brennan's critique 84
global modernity 11, 81
Gold, John R. 33, 42n.32, 43n.34
Goldblatt, David 8, 82
Goldman, Robert 82, 84
Goody, Jack 143n.5
Gorz, Andre 126
Graham, Thomas 26
Gramsci, Antonio 9
Gray, John 82
The Great Exhibition (1851) 18
Green, Christopher 51
Greene, Rachel 101 – 102
Grierson, John 19
Grint, Keith 11
*Grundrisse* 5, 17
Gulf War (1991) 59, 64

Gurney, Peter 40n.9
Hall, Peter 42n.32
handsets
*see* mobile phone technology
Haneke, Michael 101
Haraway, Donna 51
Hardt, Michael 28
*Hard Times* 19
*The Harried Leisure Class* 130
Hartmann, Maren 95
Harvey, David 6, 13n.2, 93n.7
Hassard, John 13n.2
Hayduk, Ronald 142
Hayes, R. Dennis 112
heavy modernity 77 – 78
hedge funds 82 – 83
Held, David 8, 82
Hiro, Dilip 62, 70n.25
Hirsch, Eric 95, 131
Hirschl, Thomas 82
Hobsbawm, Eric 15
Hochschild, A. R. 130
Holbrook, Beverley 143n.2
Holston, James 42n.32
Honore, Carl 148, 159n.1
*Howard's End* 115, 116
Howells, Richard 123n.19
Hughes, Robert 45, 51

human—machine interaction 50 – 52
Hutchby, Ian 143n. 7
Hutton, Will 82
hyperconsumption 125
hypermodernity 125
imaginary significations 89
immediacy 106, 107, 119, 158
　condition of 10, 12, 72, 149 – 150
fast capitalism 81 – 89, 111, 118, 120, 138, 142, 155
fluidity 75 – 76, 92n. 2
lightness 79 – 81, 91, 111, 135
speed without progress, arrival without departure 89 – 92
consumer immediacy, concerted incitements to 128 – 137
market for convenience 130 – 131
media technologies, as impatient and immoderate 131 – 133
spending, new technologies 133 – 137
and media 97 – 102
　professional/stylistic developments 99 – 100
　technical improvements and innovations 99
　technological and professional/ stylistic developments, mediation of 100 – 110

in sphere of consumption 125 – 128
India 141
individualism 65, 66, 85
industrialization 16, 17 – 18, 104, 105, 109
industrialization of war 58
industrial production 18, 25
Inglis, David 33
instantaneity culture 74, 91
instrumental rationality 34, 78
Iraq War (2003) 57
irrationality 58, 65, 129
Italy 146
Jackson, Peter 143n. 2
Jacobs, Jane 42n. 32
James, Henry 109
Jay, Martin 123n. 19
Jennings, Humphrey 17, 18, 23, 40 – 1n. 11, 79
Jeremijenko, Natalie 102
Jervis, John 79, 122n. 13
Jones, Sir Digby 27
onsson, Bodil 159n. 1
Juggernaut of modernity (Giddens) 38
Kaldor, Mary 58, 69n. 19
Katz, Elihu 100
Katz, Jack 71n. 34, 100
Katz, James E. 103

## 英文版索引

Kellner, Douglas 69, 70
Kern, Stephen 13n. 2, 36, 38, 39, 123nn. 28, 29
Kersey, Noah 82, 84
keyboards 107 – 111
keypad 73, 81, 94, 108
Kierkegaard, Soren 115
Kilgore, Lieutenant – Colonel 56
Kittler, Freidrich A. 108, 109, 110, 123n. 21
*Knock on any Door* 53
Knowles, L. C. A. 40n. 8
Knox, Paul L. 159n. 1
Kosovo conflict (1999) 59
Kreitzman, Leon 13n. 2
Kurzweil, Ray 123n. 25
*A la Recherche du Temps Perdu* 117
Lasch, Christopher 41n. 18
Lash, Scott 93n. 7, 122n. 10
Latour, Bruno 11
Law, John 11
law of proximity 90
Le Corbusier 32 – 36, 37, 38, 39, 42nn. 28, 30, 31, 32
Lee, Chin – Chuan 100
*Le Figaro* 44
legerdemain 80 – 81
Lenin, Vladimir 9

'life getting Faster' 2
lightness 79 – 81, 91, 109, 111, 135
Linden Staffan 130
Lipovetsky, Gilles 124, 125, 126, 127, 143n. 3
liquefaction 76
liquidity 75 – 79
liquid modernity 76, 77, 78
*Little Dorrit* 19
'live fast, die young' 53, 54, 55, 124
'*Lives of the Engineers* (1861) 19
*Live Wire* 102
Livingstone, Sonia M. 121 – 122n. 6
Lodder, Christine 42n. 32, 68n. 1
Luke, Timothy 75
Lupton, Deborah 51, 67
*l'Urbanisme* 32, 33
machinery 18
bureautic organization, comparison with 6
and progress of culture 20 – 25
machines 15 – 20
machine speed 14
cultural contradictions, in unruly culture 64 – 68
machines 15 – 20
metropolis 32 – 39

291

money 25–32, 134
  and progress of culture 20–25
  sensuality of 47–52
*The Machine Stops* 112–113, 116
Mackendrick, Alexander 21
Macnaughton, Phil 16
MAD (Mutually Assured Destruction) 58
Maenpaa, Pasi 103
Maffesoli, Michel 142
Manning, Robert D. 137
*The Man Without Qualities* 37
Marcuse, Herbert 89
Marinetti, Filippo Tommasso 8, 33, 44–45, 46, 51, 52, 56, 57, 63, 64, 68nn. 2, 4, 69n. 17
marketing 128, 129, 133, 137, 139
Marx, Karl 5–6, 14, 17, 25, 40n. 8, 9, 75–76, 80, 136
*Maschinenbilder* 51
mass society 7
Mayhew, Henry 18
McChesney, Robert W. 122n. 8
McCreery, Sandy 70n. 32
McCurry, Justin 144 n. 13
McDonald's restaurants, labour relations in 29–30
McGrew, Tony 8, 82
McKay, George 142

Mcleod, M. 35
McLuhan, Marshall 122n. 10
McPherson, Tara 99, 120
McQulre, Scott 41 n. 18
mechanical modernity 67, 80–81, 90, 109, 153–154
  changing terminals in 102–107
  mechanical speed 17, 20, 23, 74, 89, 149–150
  versus natural speed 15–17
  mechanical velocity 19, 74, 78, 109
media 74–75, 94
  connections 111–116
  dispensability of 96
  and immediacy 97–102
  integrating with physical mobility in fluid modernity 102–107
  as intervening substance 98
  keeping in touch 117–120
  keyboards, assessing and communicating with 107–111
  proportion, sense of 95–97
  reification of 98–99
  spatial separation 97–98
media technologies 88, 94, 95, 96, 97, 99, 107, 108, 118
  as impatient and immoderate 131–133
  speed in 11–12

Melucci, Alberto 147

Menezes, Jean Charles de mis-identified killing of 62

Merleau-Ponty, Maurice 8, 115, 123n. 26

metropolis 32-39, 65, 105

MeyTowitz, Joshua 122n. 9

Millar, Jeremy 68n. 1

Millar, S. 112

Miller, Daniel 65, 112, 143n. 2

Milton, John 17

Mirzoeff, Nicholas 123

mobile phone technology 91, 103, 106, 112, 116, 119, 120

modern cultural imagination, themes 15, 47, 126, 158

sensuality of machine speed 47-52

speed-heroism 52-56

violence and war 56-64

see also cultural imagination

modernity 65, 74, 78, 153, 154, 158

speed in 5-9

see also individual entries Modern Times 28

money 7, 25-32, 37, 134, 135

Marx's view 136

Moores, Shaun 103

Morgan, Bryan 40n. 4

Morley, David 95, 122n. 9

Morrison, Ken 6, 93n. 8, 129

'M-shopping' 144-145n. 13

Mumford, Lewis 17, 44

Musil, Robert 37-38, 39

Mussolini, Benito 45, 69n. 17

Nathan, Max 103

natural soldiering 29

natural speed versus mechanical speed 15-17

Naysmith, James 17-18, 40n. 7

'near field communication technology' 145n. 17

Negri, Antonio 28

Neill, Monty 112

neurasthenia 36

*Neuropolitics: Thinking, Culture, Speed* 154

'New Labour' 23, 25, 27

'New Man' 43n. 34, 46, 51

Nietzsche, Friedrich 109, 115

*Night Mail* 19, 20, 41n. 13

Nisbet, Robert 20, 21

*Nixon in China* 94

normalizing of technologies of immediacy 130

Nussbaum, Martha 157

ocnophiles 49
*On the Internet* 114
organic time, myth of 84
Ó Tuathail, Gearoid 75
*The Overworked American* 130
pace of life 1 – 3, 5, 7 – 8, 22, 25, 32, 36, 44, 111, 146, 148, 156
'Paleotechnic Age' 17
Pan, Zhongdang 100
*Pandaemonium* 17
Papson, Stephen 82, 84
Paquot, Thierry 159n. 1
Parkin, Frank 6
patience 151 – 152
Paxton, Joseph 15, 18
Penrith Tea Shop 124
Perkin, Harold 40n. 4
Perloff, Marjorie 45
Perraton, Jonathan 8, 82
personal indebtedness 140 – 141
Peters, John Durham 99, 122n. 7
Petrini, Carlo 146
philobats 49
*Philosophy of Money* 7
Picabia, Francis 51
plastic cards
*see* credit card; debit card

Poster, Mark 121n. 4
*In Praise of Slow* website 148
pre – eminence of the present 125, 127
Preemption: A Knife That Cuts Both Ways 63
preemption culture 61 – 62
Preemptive doctrine, Kofi Annan, criticism of 70n
prepaid (offline) contacdess card payment systems 14 5 n. 17
primum mobile 25, 60
*The Principles of Scientific Management* 28, 29, 44
production 31 – 32, 46, 82, 88, 126
productivism 153
professional/stylistic developments, in media 99 – 100
and technological developments, mediation of 100 – 101
progress of culture and machinery 20 – 25
proportionality 95 – 97, 106, 115
proto – cyborg fantasy 51
*see also* cyborg culture
Proust, Marcel 117 – 118, 120
Pryke, Michael 82

Psychoanalysis and modern speed 49–50
Punie, Yves 95 'pure war' 58
Radford, T. 123n. 18
Rai, Milan 70
Railroad Mania 14
The Railway Companion (1833) 16
Railway Movement 26
rationality 34, 39, 44, 57, 65, 113, 131
rational – progressive speed 17, 39, 47, 57, 153–154
and unruly speed, distinction between 51–52
Ray, Nicholas 53
*Rebel without a Cause* 53
redundancy 90, 91, 140, 141
Reich, Robert 129
retail therapy 89
Rheingold, Howard 103
Rifkin, Jeremy 13n. 2
Rippin, Hannah 103, 119
Ritzer, George 29, 137, 140, 143n. 2, 144–145n. 13, 145n. 18
road – rage 3
road safety 65–66
Robbins, Michael 40n. 4, 122n. 9
Roberts, Simon 103
Robertson, Roland 8
Robins, Kevin 122n. 9
Rojek, Chris 54, 126, 143n. 2
Ronson, Jon 14 5n. 19
Ross, Kristin 42n. 32, 70n. 33
Rowlands, Michael 143n. 2
Royle, Tony 29
Ruskin, John 23, 24, 93n. 14
Russell, Bertrand 20, 41 n. 13
Russolo, Luigi 45, 57
Saatchi, Maurice 121–122n. 6
Saddam Hussein 61–62
Sant'Elia, Antonio 57
*Saturday Night and Sunday Morning* 30
Schiller, Dan 82, 122n. 8
Schivelbusch, Wolfgang 15, 16, 25–26, 40n. 4, 93n. 14, 104–105
Schlosser, Eric 29
Schor, Juliet 130
Schwarz, Michiel 68n. 1
Scientific Management 28
screens 73, 99, 101, 144nn. 11, 12
Seager, Ashley 141
secularization 54, 122n. 16
sedentary life 3, 103, 112, 114
sedentary speed *see* sedentary life
Sennett, Richard 1, 82, 85, 86,

93n. 13, 144n. 10
sensuality of machine speed 47 – 52
reasons described using brain chemistry 48
using 'ergonomic' pleasure concept 50
using psychoanalysis 49 – 50
Setright, LJ. K. 16, 129
Shelter, Mimi 50, 69n. 10
Shepard, Benjamin 142
Shields, Rob 75
Shove, Elizabeth 130, 131, 132
Sillitoe, Alan 30, 42n. 26
Silverstone, Roger 95, 131
Simmel, Georg 7, 37, 39, 43n. 33, 139
Simmons, Jack 40n. 4
*Simple Living Network* 147, 150
simplicity 150, 151
Sitte, Camillo 34, 42n. 29
Slater, Don 143
sleep function 96
slow cities movement 2, 147, 159n. 1
see also *CittaSlow* movement
Slow Pood movement 2, 146, 147
*SlowLab*147
*slowlondon*website 147, 148 – 149, 152, 153
slow movement 1, 10, 22, 146 – 149

aims 148 – 149
categorization 148
characteristics 148
cultural value 149 – 154
significance of 146 – 149
societal goal 148
see also slow cities movement;
Slow Food movement
slow values 149 – 154
abstention 150 – 151
balance – as – control 152 – 154
focus 152 – 153
patience 151 – 152
Smart, Barry 126, 140
Smiles, Samuel 19
social constructivism 12, 85, 143n. 7
*Society for the Deceleration of Time* 147
soft capitalism 79
softness 80, 88, 109, 110
soldiering 29
Soros, George 83
space 59, 74, 77, 78, 104 – 105, 118
speed 2 – 5
as cultural value 3 – 4
and modernity 5 – 9
as physical movement 2 – 3
see also *individual entries*

*Speed and Politics* 58, 59
speed cameras 65–66
speed – heroism 52–56
speed – inflected disposition 53
Spigel, Lynn 95
Spufford, Francis 40n. 5
Stack, Michael 82
Stallybrass, Oliver 123n. 27
Standage, Tom 121 n. 5, 123n. 30
Stephenson, George 15, 39nn. 2, 3
Stiegler, Bernard 92n. 4, 100, 154
Strange, Susan 82 *Strategy of Deception* 59
*Suicide* 128
Sun Tzu 57
systematic soldiering 29
Sztompka, Piotr 41n. 18
task orientation 87–88
Taylor, Frederick Winslow 28, 29, 30, 44
Taylorism 9, 28–30, 35, 38, 42n. 25, 87, 145n. 19
critique 29
technical improvements and innovations, in media 99
technological determinism 11, 12, 143n. 7
criticism 122n. 10

telemediated society 10
telemediatization 74, 94, 102, 103, 106, 107, 108, 111–120
and immediacy 97–102
naturalization of 101
proportion, sense of 95–97
*see also* media
telepresence 111–116, 121
Hubert Dreyfus, critiques of 114–115
presencing, existential mode of 117–120
television 94–95, 100, 121–122n. 6, 144n. 12
*Tempo Giusto* 147
terminal 103–106
Therborn, Goren 92n. 5
Thompson, Edward, P. 42n. 23, 87, 88
Thompson, John B. 122n. 9
Thrift, Nigel 65, 79, 82, 122n. 7, 143n. 2
*Thrills and Regression* 49
Tilly, Charles 30, 42n. 27
time 5, 31, 33, 45, 59, 74, 77, 87–88, 118, 130, 156
*see also individual entries*
'Time is Money' 26–27
time poverty 22, 130

*The Times* 15

time saving 130

Tisdall, Caroline 45, 46, 57, 68n.2, 69n.12

Toffler, Alvin 7 – 8

*Top Gear* 66, 68n.5

Touraine, Alain 147

*Towards a New Architecture* 33

traditional values, preservation of 22

transgressive speed 67

transportation systems 6

*A Treatise on Internal Intercourse and Communication in Civilised States* 26

Tuan, Yi – Fu 119

Twist, Jo 141

typewriter 109, 110, 123n.21

Uglow, Jenny 40n.5

Uhlig, Robert 119

uncluttered simplicity 150

United Kingdom 16, 27, 29, 62, 140, 141, 146

United States 29, 140

unruly speed 9, 44

cultural contradictions, of machine speed 64 – 68

Futurism 44 – 47

and rational – progressive speed, distinction between 51 – 52

sensuality of machine speed 47 – 52

speed – heroism 52 – 56

violence and war 56 – 64

urbanism 11, 22, 32, 33, 35 – 38, 42nn.31, 32, 43n.33, 146, 159n.1

Urry, John 16, 51, 65, 75, 76, 93n.7, 103, 123n.19

utilitarianism 19

value of speed, in relation to other social goods 24 – 25

van Dijk, Jan 121 n.1

velocity 5, 14, 15, 19, 20, 54, 74, 78, 89, 109

violence 56 – 64

Virilio, Paul 8, 58, 59 – 60, 69n.20, 21, 90, 91, 93nn.14, 15, 102 – 103, 104, 123n.18, 155

virtual mobility 103

virtual travel 103

virtuous patience 151, 152

VoisinPlan 34, 42n.31

wallet phones 145n.17

Walzer, Michael 157

war 56 – 64

Ward, Katie J. 95

Ward, Mark 120, 132

Warde, Alan 143nn.2, 5

war on terror 61

Watt, Harry 19
weapons of mass destruction (WMDs) 58, 61-62
Weber, Max 6, 93n. 8
Webster, Ben 66
Wells, H. G. 112, 123nn. 22, 23
Williams, Raymond 11, 40n. 7, 67, 98-99, 102, 122nn. 10, 11, 16
Wilson, A. N. 18-19, 39n, 1, 104, 122n. 16
Winston, Brian 95, 96, 121 n. 3, 123n. 30
*Withnail and I* 124, 143n. 1
Wolin, Richard 43n. 33
Wolin, Sheldon 155

Wollen, Peter 49
Wood, Ellen Meiksins 122n. 8
Wood, Nicholas 16
Woolgar, Steve 11
Wordsworth, William 23-24, 42nn. 21, 22
work – home life integration 87-88
working class, attitude of 18
working long hours 27, 28
work narrative 85-86
World Health Organization report, for road safety 65, 66
Wright, Basil 19
youth 18, 52-53, 54, 73, 93n. 12, 103, 124